Pete A. Sanders jr.

# Die Geheimnisse übersinnlicher Wahrnehmung

Wie man außergewöhnliche Fähigkeiten
entwickeln und zur Steigerung von Kreativität,
zur Selbstheilung, zur Bereicherung von Partnerschaften u.v.m.
bewußt einsetzen kann



WINDPFERD
Verlagsgesellschaft mbH.

Titel der Originalausgabe *You are Psychic*
Erschienen bei *Macmillan Publishing Company (USA)*

*Published by arrangement with Rawson Associates, an Imprint of Macmillan Publishing Company, USA*
Übertragen aus dem Amerikanischen von Manuela Pervez

3. Auflage 1997

Umschlaggestaltung: Wolfgang Jünemann,
unter Verwendung einer Illustration von Peter Ehrhardt
Gesamtherstellung: Schneelöwe, Aitrang

ISBN 3-89385-092-9

Printed in Germany

Dieses Buch ist dem Teil in jedem von uns gewidmet,
der weiß, daß wir grenzenlos sind,
und der danach strebt,
unser volles Potential und
unsere Freiheit zu erforschen

# *Danksagungen*

Mein Dank geht in erster Linie an die vielen Ausbilder und Studenten von Free Soul, die ihre persönliche Erfahrung und Unterstützung während der Vorbereitung dieses Buches eingebracht haben. Ohne ihre Offenheit und Aufrichtigkeit wäre das Projekt in seiner endgültigen Form nicht möglich gewesen.

An meine Frau Debbie dafür, daß sie mir sowohl in den ersten anstrengenden Jahren als auch später während dem Streß und dem Druck der Reisen und den wachsenden Anforderungen an meine Zeit zur Seite stand.

Mein tiefster Dank geht auch an die folgenden außergewöhnlichen Menschen, die dazu beigetragen haben, an immer mehr Menschen die Techniken und Methoden zu vermitteln, die mein Lebenswerk sind:

An meine Agentin Sheila Tronn Cooper, für ihren unerschöpflichen Enthusiasmus, den sie vom ersten Tag unserer Begegnung an zeigte. Ihre Unterstützung ist unersetzbar gewesen.

An John Diamond für die vielen Stunden weiser Beratung sowohl in rechtlichen Dingen als auch privat als Freund. Seine Gegenwart ist wirklich ein Segen für mein Leben gewesen.

An Eleanor Rawson von Rawson Associates für ihre Vision, diese Durchbrüche der Öffentlichkeit zu vermitteln und dafür, daß sie höchste literarische Ansprüche an mich stellte und mir auch half, sie zu erfüllen.

An Norman Lobsenz, ein außergewöhnlich bewanderter Herausgeber, sowohl für seine Unterstützung bei der endgültigen Fassung des Textes als auch für seine literarische Objektivität bei seiner Durchsicht.

An Margaret Pinyan, meine literarische Assistentin und außergewöhnliche Meisterin der Textverarbeitung, für die Jahre des Eingebens und der Editierhilfe, vom allerersten Entwurf bis zum endgültigen Druck.

An meine persönliche Assistentin Mary Kendzierski, sowohl für die Jahre ihres treuen Dienstes, als auch für ihre anfängliche Hilfe, die Bereiche der übersinnlichen Wahrnehmung zu beschreiben.

Ein besonderer Dank geht auch an die folgenden Free Soul Ausbilder, die in diesem Buch Hauptrollen spielen, sowohl für ihre Beiträge, als auch für ihre Jahre der harten Arbeit. Ich danke ihnen für ihre wirkliche Hingabe an die Prinzipien von Free Soul, die darin bestehen, anderen zu zeigen, wie sie ihre eigenen Lehrer sein können: Eddy Cettina, John Duker, Gerry Eitner, Elaine Gibbs, Ali Habib, Gail Johnston, Sue Leonard, Scott Maley, Fran Mandell, Mimi Miller, Kathy Neal, Luce Neyra, Terry Padilla, David Pierce, Ann Stacy Russell, Marlene Shiple, Marybeth Spain, Marianne Stanley, Carol Swersky und Barbara West.

# *Inhalt*


| | | |
|---|---|---|
| | ***Vorwort -*** | |
| | Bevor Du dieses Buch liest | 9 |
| 1 | Die vier übersinnlichen Wahrnehmungsbereiche | 19 |
| 2 | ***Mediales Fühlen -*** | |
| | Der Körper als übersinnliche Antenne | 39 |
| 3 | ***Intuition -*** | |
| | Die Gabe des prophetischen Wissens | 61 |
| 4 | ***Mediales Hören -*** | |
| | Die Stimme, die aus unserem Inneren spricht | 102 |
| 5 | ***Mediales Sehen -*** | |
| | Die Gabe des Hellsehens | 133 |
| 6 | ***Das Wahrnehmen der Aura -*** | |
| | Die Sprache des feinstofflichen Körpers | 165 |
| 7 | ***Selbstheilung -*** | |
| | Die jüngsten Durchbrüche mit Biofeedback | 192 |
| 8 | ***Du bist eine Seele, die einen Körper hat -*** | |
| | Das Erforschen tieferer Dimensionen | 222 |
| 9 | ***Was vor uns liegt -*** | |
| | Die Straße zu völliger Freiheit | 248 |
| 10 | ***Antworten*** | |
| | auf die 36 häufigsten Fragen | |
| | zu übersinnlichen Phänomenen | 271 |
| | ***Adressen*** | 318 |

*Es ist wichtig, nicht mit dem Fragen aufzuhören.*

ALBERT EINSTEIN

*Sei Dir immer darüber bewußt, daß Deine eigene Entschlossenheit wichtiger als alles andere ist.*

ABRAHAM LINCOLN

*Selbst-Überwindung ist der größte aller Siege.*

PLATO

# *Vorwort*
## *Bevor Du dieses Buch liest*

Wenn Du jemals den Wunsch gehabt hast, über die alltägliche Welt hinausgreifen zu können, um wirklich grenzenloses Wissen und Kontrolle über Dein Schicksal zu erfahren, ist die Zeit des bloßen Wünschens vorüber. Wenn Du jemals davon geträumt hast, übersinnliches Verstehen und Weisheit anzapfen zu können, wann immer Du es benötigst, ist die Zeit, nur davon zu träumen, vorbei.

Die Fähigkeiten, dieses Ziel zu erreichen, sind jetzt zum Greifen nahe.

Stell Dir vor, wie es wäre, wenn Du jeden Morgen aufwachen würdest und wüßtest, was der Tag für Dich bereithält. Du wärst in der Lage, im voraus die Stimmungen der Menschen, mit denen Du zusammentreffen wirst, zu erahnen und genau die Schritte zu unternehmen, die Dir helfen werden, erfolgreich in allem zu sein, was Du tust.

Jene Macht kann jetzt Dir gehören. In dem Moment, an dem Du dieses Buch zu Ende gelesen hast, können die Fähigkeit, die Charakterneigungen und Persönlichkeiten anderer Menschen zu erahnen und die Fähigkeit Ereignisse zu erahnen, zu fühlen, zu hören und zu sehen, bevor sie eintreten, für Dich zu Deinen alltäglichen Fähigkeiten werden.

Ich weiß, das ist eine ungewöhnliche Behauptung. Aber während der Jahre meines Studiums der biomedizinischen Chemie und der Gehirnforschung am Massachusetts Institute of Technology (MIT) habe ich die grundlegenden Prinzipien und Trainingsmethoden entdeckt, die diese übersinnlichen Fähigkeiten für jedermann verfügbar machen, der sie haben möchte. Später habe ich die Methoden verfeinert und erfolgreich auf der ganzen Welt getestet. Ich habe sie Tausenden von Männern und Frauen gelehrt. Jetzt, in diesem Buch, stelle ich sie Dir zur Verfügung.

Du mußt Dich nicht länger darauf beschränken, über die Idee außersinnlicher Wahrnehmung zu sprechen oder über die zufälligen übersinnlichen Erfahrungen anderer zu staunen und Hilfe oder Rat von ein paar wenigen natürlich begabten Personen zu suchen, die "Medien" genannt werden. Die übersinnliche Welt ist real, und Du kannst ein Teil von ihr sein.

Die Freiheit, Deine höheren ESP (extrasensory perception = außersinnliche Wahrnehmung) Potentiale zu erforschen, ist nicht nur Dein Geburtsrecht, sondern die wichtigste Deiner persönlichen Freiheiten. Das Wissen, wie Du jene Potentiale praktisch anwenden kannst, wie Du auf Wunsch die übersinnlichen Fähigkeiten, die bisher in Dir schlummerten, anzapfen kannst, wird Dir lebensverändernde und lebensbereichernde Möglichkeiten bringen.

Das Recht, Deine übersinnlichen Talente zu erforschen und zu entwickeln, und sie auf Dein tägliches Leben anzuwenden, ist Tausende von Jahren unterdrückt worden. Aberglaube und Dogma, Spott und Zynismus haben gemeinsam dazu beigetragen, daß ESP und das, was man im Laufe der Zeit dann "paranormale" Fähigkeiten nannte, mit einem Schleier aus Angst, Geheimnis und Mißverständnissen verdeckt wurde. Der Mythos, daß ESP nur ein paar wenigen "Medien" zugänglich ist oder sich nur auf zufällige, unkontrollierbare Erfahrungen beschränkt, hat die Tür zu einem der größten menschlichen Abenteuer versperrt.

Diesen Hindernissen zum Trotz, florierte der Glauben an paranormale Fähigkeiten und ESP-Phänomene. Eine kürzlich durchgeführte Untersuchung der Universität von Chicago berichtete, daß 67% der Befragten (2 von 3 Personen) behaupteten, eine übersinnliche Erfahrung gehabt zu haben. Ich glaube, daß wir alle übersinnliche Fähigkeiten haben und in der Lage sind, ESP auf Wunsch , mit der gleichen Leichtigkeit anzuwenden, mit der wir mit den Augen zwinkern oder einen Gedanken denken.

Betrachten wir einmal die Tatsache, daß wir in einem Zeitalter leben, in dem die meisten führenden Physiker die Existenz von Phänomenen anerkennen, die aus Bereichen jenseits der drei Dimensionen unserer physischen Umgebung stammen. Wissenschaftler, die die neue "Superstring Theorie" der subatomaren Physik befürworten, glauben, daß Materie, einschließlich menschlicher Wesen, in 10 Dimensionen existiert, und das alles Materielle und Energie in der Lage sein könnten, auf subatomaren Ebenen miteinander zu "kommunizieren".

Du besitzt ebenfalls die Macht grenzenloser Kommunikation, durch Deinen persönlichen hochentwickelten internen Empfänger und Sender, Deinem Gehirn. Die meisten von uns nutzen nur etwa 10 % seiner unermeßlichen Fähigkeiten. Die anderen 90 % seiner Fähigkeiten bleiben im wesentlichen unerschlossen.

Das Ziel dieses Buches ist, Dir zu zeigen, wie Du die grenzenlose Energie Deines Gehirns erschließen und zu den dahinter liegenden Dimensionen durchbrechen kannst. Ich weiß, daß Du das erreichen kannst, weil ich es selbst geschafft habe, und Tausenden anderen dabei geholfen habe. Laß mich kurz von den Anfängen meines persönlichen Glaubens an ESP und vom Beginn meiner Suche nach Wegen, ESP für ein besseres und erfüllenderes Leben einzusetzen, berichten.

## *Mein übersinnliches Erwachen*

Als Kind war ich fasziniert von dem ersten Fernsehprogramm über ESP, welches den Namen "Alcoa Presents" trug (später wurde es umbenannt in "One Step Beyond"). Jede Woche wurde eine wahre Geschichte gezeigt, die mit paranormalen Erfahrungen zu tun hatte. Ich erinnere mich noch immer an eine Geschichte, die von übersinnlicher Kommunikation über weite Entfernungen handelte und an eine andere, bei der es um Vorahnungen vom Sinken der Titanic ging und an eine weitere, von einem Traum, der einen Mann vor einer körperlichen Gefahr warnte. Als Folge davon begann ich am Ende zu glauben, daß die außersinnliche Welt real ist, doch unrichtigerweise dachte ich, daß nur die, die besondere Gaben hatten, auf sie zugreifen können, oder daß sie nur durch Zufall wahrgenommen werden könne.

Dieser Glaube an ESP wurde während meiner Jugend bekräftigt, als meine verwitwete Mutter, Aurora, mich auf ihrer Suche nach spiritueller Unterweisung zu Besuchen bei einer Vielzahl von Medien und Mystikern mitnahm.

Immer wieder hörte ich, wie Informationen weitergegeben wurden, die den körperlichen Sinnen nicht bekannt sein oder von ihnen nicht wahrgenommen werden konnten. Obwohl die meisten Medien behaupteten, von Geburt an diese Fähigkeiten gehabt zu haben, hatten sie zumindest einen Weg gefunden, ihre außersinnlichen Wahrnehmungen zu kontrollieren. Wenn sie das lernen konnten, folgerte ich, müßte es für jeden möglich sein, ein Medium zu sein, auch für jemanden, der wie ich keine automatischen oder "natürlichen" paranormalen Fähigkeiten gezeigt hatte. Es stellte sich heraus, daß ich mit meinen Folgerungen recht hatte.

Meine erste eigene übersinnliche Erfahrung machte ich einige Jahre später im Alter von Fünfzehn. Meine Mutter hatte einen witzigen alten medial begabten Mann eingeladen (nennen wir ihn Sam), um einer Gruppe von uns beizubringen, eine Aura zu sehen. Die Aura ist das Energiefeld, welches den Körper umgibt, und sich als "Glorienschein" in verschiedenen Farben manifestiert. Sams Kleider waren unordentlich, und er zappelte ständig herum, aber er erklärte, daß er alles wüßte, was man über das Aurasehen wissen könne. In Wahrheit war er ein Meister darin und konnte Auras auf Wunsch sehen. In dieser Nacht wollte er uns seine Geheimnisse anvertrauen.

Sam sagte uns, wir sollten entspannt auf Cecile schauen, die an diesem Abend unser “Auramodell” war. Sam wies uns dann an, auf die Stellen unseres eigenen Körpers zu achten, an denen wir ein Kribbeln fühlten und wir sollten uns dann die gleichen Stellen an Ceciles Körper anschauen, um zu sehen, was wir dort wahrnahmen. Ich dachte mir: ”Das ist wohl die lächerlichste Art und Weise, mit dem Aurasehen anzufangen, von der ich je gehört habe!” Ich war mir sicher, daß diese verrückte Methode unmöglich klappen könnte, also versuchte ich es gar nicht erst. Ich entspannte mich einfach und ließ mich in das Geschehen hineinfallen.

Zu meiner Überraschung sah ich plötzlich Ceciles Aura. Um ihren Kopf herum waren leuchtende Hellblautöne mit aufleuchtenden dunkelroten Farbblitzen. Um ihren Körper herum war die Aura matt grau, mit zwei dunklen narbenähnlichen Linien in der Bauchgegend, wo ich einige Augenblicke zuvor ein Kribbeln empfunden hatte. Hinterher erklärte uns Sam, daß das blaue Licht um Ceciles Kopf ihre grundsätzlich ruhige Persönlichkeit widerspiegelte, und die roten Blitze ihre Tendenz widerspiegelten, sich manchmal zu Wutausbrüchen hinreißen zu lassen. Sie hatte auch kürzlich zwei Magenoperationen durchgemacht.

Mir bewies dieses Erlebnis, daß Auras tatsächlich existieren, obwohl die “Kribbel-Technik” mir nicht die beste Methode zu sein schien, sie wahrzunehmen. Nur zwei andere aus unserer Gruppe sahen etwas von Ceciles Aura. Ich hatte das Gefühl, daß mich in meinem Fall die Lächerlichkeit von Sams Methode davon abgehalten hatte, mich zu sehr anzustrengen, so daß ich im Endeffekt wirklich entspannt war. Ich glaube, daß es dieser total entspannte Zustand war, der es zu Beginn ermöglichte, daß sich meine Hellsicht entfalten konnte. Ich lernte bald, den Dreh mit dem Kribbeln wegzulassen, einfach zu entspannen und mein “Drittes Auge” natürlich zu öffnen.

## *Der übersinnliche Marktplatz*

Da ich im Süden Kaliforniens aufgewachsen bin, hatte ich die Gelegenheit allen nur vorstellbaren Typen medial begabter Menschen zu begegnen. Jene Erfahrungen auf dem übersinnlichen Marktplatz überzeugten mich davon, daß während einige Medien begabt und aufrichtig waren, andere ihre Fähigkeiten offensichtlich übertrieben. Ich erinnere mich an eine Frau aus Kalifornien (nennen wir sie Helen), deren medialer Ruf so weit verbreitet war, daß sie und ihr Mann nächtliche Sitzungen für Gruppen überall in Kalifornien abhielten. Während dieser Sitzungen pflegte Helen zu einem geistigen Führer, den sie Tomar nannte, "einen Kanal zu öffnen" und durch ihn Fragen zu beantworten und Nachrichten zu übermitteln.

Ich war beeindruckt von der Art und Weise wie Helens Aura sich veränderte, während sie verschiedene Fragen beantwortete. Eine Frau sagte ihr z.B., daß sie das Gefühl hätte, ihr Mann wäre besorgt, aber sie könne nicht mit ihm kommunizieren. "Wie bekomme ich ihn dazu, mit mir darüber zu sprechen, was ihn beunruhigt?", fragte die Frau.

Helen channelte leicht und selbstsicher Informationen und Rat (wobei die Fragende später berichtete, daß es zutreffend war und effektiv geholfen hatte), und während sie das tat, blieb ihre Aura kräftig, weit und leuchtend. Als jedoch eine andere Frau eine Frage über eine mögliche Veränderung ihrer Karriere stellte, verblaßte und schrumpfte Helens Aura. Es schien, als ob sie nicht in der Lage war zu antworten. Ich erwartete dann, daß Helen etwas Ähnliches sagen würde wie: "Darauf bekomme ich keine Antwort, also müssen Sie vielleicht selbst eine Entscheidung treffen." Stattdessen gab Helen der Frau spezielle Anweisungen, nach welcher Art von Arbeit sie sich umsehen sollte, und sogar die Empfehlung in eine andere Stadt zu ziehen. Diesmal blieb ihre Aura während sie sprach eng und trüb. Ich war von dem Unterschied beeindruckt, aber da ich noch ein Anfänger im Aurasehen war, sagte ich nichts. (Später erfuhr ich, daß die Frau tatsächlich mit katastrophalen Ergebnissen umgezogen war: sie verbrachte neun Monate arbeitslos, auf der Suche nach einem Arbeitsplatz, der sich nie materialisierte.)

Als ich später die anderen in der Gruppe dazu befragte, sagten sie entweder, daß sie keine Aura gesehen, oder keine Veränderung bemerkt hatten. Da sie offensichtliche keine eigenen medialen Fähigkeiten besaßen, setzten diese Menschen ihr ganzes Vertrauen in Helen, von der sie glaubten, sie sei "begabt". Die meisten von ihnen gingen auch zu anderen Medien und sie verließen sich völlig auf deren Antworten auf ihre Fragen.

Ich erkannte, daß das Traurigste an dieser ganzen Angelegenheit die psychische Abhängigkeit war, die sowohl bei den Medien als auch bei ihren Klienten auftrat.

Zu einem Zeitpunkt beschrieb Helen Aspekte meines Lebens, die sie ohne ESP nicht hätte wissen können und ich wußte, daß sie medial extrem geöffnet war. Die Antworten, die sie gab, wenn ihre Aura leuchtete, erwiesen sich als sehr treffend. Aber die, die sie gab, wenn ihre Aura trübe war, erwiesen sich als fehlerhaft, und ich glaube Helen wußte das. Sie war genauso gefangen in der Falle der übersinnlichen Abhängigkeit, wie ihre Klienten.

Ich möchte Folgendes damit sagen: Menschen, die nicht wissen, daß sie übersinnliche Fähigkeiten haben oder diese entwickeln können, belasten die Helens der Welt, d.h. die Menschen, von denen sie glauben, daß sie ESP benutzen können, um ihnen zu helfen, mit riesigen Erwartungen. Der Druck dieser Erwartungen verleitete Helen zweifellos dazu, ihre natürlichen übersinnlichen Fähigkeiten zu übertreiben. Das war für alle Beteiligten schädlich.

Über die Jahre hinweg verblieb mir als Eindruck aus diesem und ähnlichen Beispielen von übersinnlicher Abhängigkeit und Erwartungen, die Tatsache, daß es so viele Menschen gab, die ein starkes Verlangen danach hatten, Informationen über die Welt des Übersinnlichen zu bekommen. Ich glaubte daran, daß diese Menschen etwas Besseres verdienten, als falsche Gurus, kommerzielle Ausbeuter und unverblümte Scharlatane, die so häufig den übersinnlichen Markt zu beherrschen schienen. Ich glaubte daran, daß verläßliches Wissen über die übersinnliche Welt und praktische Anleitung, wie man es bekommen kann, jedermann zur Verfügung gestellt werden sollte. Du solltest Dich nicht darauf verlassen müssen, daß jemand anders für Dich übersinnliche Wahrnehmungen empfängt! Du solltest fähig sein, selbst eine freie Seele zu sein! Ich begab mich ins College, um wissenschaftliche Methoden zu finden, diesen Wunsch zu verwirklichen.

## *Was ist eine freie Seele und wie fing alles an?*

Obwohl ich als Student im Vorklinikum am MIT die grundlegenden "harten" Wissenschaften wie Biologie, Chemie, und Biochemie studierte, fand ich meinen wirklichen Platz in der psychologischen Abteilung. Dort vertiefte ich mich in die Kurse und die Laborarbeit der klinischen Psychologie und der Gehirnforschung. Einfacher ausgedrückt studierte ich alles, was wir über das menschliche Gehirn und die Sinne wissen und all ihre bis jetzt noch unerschlossenen und grenzenlosen Fähigkeiten.

Als ich mein Studium am MIT beendet hatte, wurde ich eingeladen, die Harvard Medical School zu besuchen. Nachdem ich jedoch lange mein Inneres befragt hatte, lehnte ich ab und entschied mich, eine andere Karriere einzuschlagen.

Im folgenden Kapitel gehe ich näher darauf ein, wie ich am MIT die Prinzipien und Techniken entdeckt habe, von denen ich glaubte, daß sie hilfreich sein würden das übersinnliche Talent, welches in jedem von uns ungenutzt schlummert, zugänglich zu machen. Mir war klar, daß es notwendiger war, in diesem Feld verantwortungsbewußt zu forschen, als im Feld der traditionellen Medizin. Ich hatte das Gefühl, ich könnte mehr Leben berühren und bereichern, wenn ich diese Art von Arbeit leistete. Ich glaubte, daß Individuen, die sich um übersinnliche Entfaltung bemühen, das Recht zu lernen haben, ohne riesige Summen zahlen zu müssen oder einer Sekte beitreten zu müssen. Mein Ziel war es, einen Weg zu finden, um preiswerte, unkonfessionelle übersinnliche Ausbildung auf breiter Basis verfügbar zu machen. Nachdem ich in viele Teile der Welt gereist war, um meine Theorien und Techniken in einer großen Vielzahl von Umgebungen und Kulturen zu testen, erreichte ich dieses Ziel 1980 dadurch, daß ich Free Soul gründete. Free Soul ist eine gemeinnützige Organisation, welche neuartige Selbsthilfe-Techniken zur Verfügung stellt, um außersinnliche Talente zu entwickeln und das menschliche Potential zu erweitern.

Free Soul verfügt mittlerweile über Hunderte von Leherinnen und Lehrern, die überall in den Vereinigten Staaten Kurse durchführen. Natürlich gibt es auch Tonbandkassetten mit Kursmaterial und dazu die geeigneten Lehrbücher. Interessenten mögen sich bitte an die folgende Adresse wenden: Free Soul, P.O.BOX 1762, Sedona, AZ. 86339, U.S.A.

Es gibt keinen Zweifel daran, daß übersinnliches Potential existiert. Die Frage ist, ob Du für Dich dieses höhere Potential entwikkeln wirst, oder es weiterhin zuläßt, daß es blockiert und ungenutzt bleibt? Die Antwort liegt in diesem Buch. Es enthält die fundamentalen Elemente der Lehren von Free Soul, eine Reihe von Selbstentdeckungs- Übungen und eine Fülle persönlicher Erfahrungen aus einer medialen Lebensweise. Es wird Dir zeigen, wie Du Deine eigenen übersinnlichen Fähigkeiten entfalten und verfeinern kannst.

An dieser Stelle möchte ich Dir einen Überblick vermitteln, was Dich im Weiteren erwartet. Kapitel 1 berichtet davon, wie ich die vier übersinnlichen Wahrnehmungsbereiche entdeckte und welche 4 übersinnlichen Kanäle sie Dir eröffnen. Die Kapitel 2 bis 5 erläutern im Detail, wie diese vier außerkörperlichen Sinne zu gebrauchen sind. Jedes Kapitel beschreibt außerdem, welche Persönlichkeitsmerkmale mit jedem dieser vier medialen Stärken verbunden sind. Du wirst daraus lernen, wie Du am besten mit anderen Menschen umgehst, und wie Du neue Schlüssel zu Deiner Karriere und Deinem persönlichem Erfolg erlangst.

Das 6. Kapitel erforscht das Gebiet der Aura: wie Du das Energiefeld des Körpers wahrnehmen und deuten kannst, und wie Du

Dein neues Wissen zu Deinem persönlichen Vorteil nutzen kannst. Die Kapitel 7 und 8 führen Dich über die normale übersinnliche Wahrnehmungsfähigkeit hinaus zu noch höheren Potentialen, die Dir helfen können, Streß zu reduzieren, Dich selbst zu heilen, Deine Kreativität zu erhöhen, und die Grenzen des Bewußtseins über die dreidimensionale Welt hinaus auszuweiten.

Kapitel 9 ist Dein Tor zur Zukunft. Durch Beispiele von Absolventen von Free Soul wirst Du lernen, wie Du Deine neu entdeckten übersinnlichen Fähigkeiten ausweiten und einen evolutionären Schritt in Richtung auf die Kontrolle Deines Schicksals machen kannst.

## *Was vor Dir liegt*

Wenn Du die Herausforderung annehmen kannst, Deine höchsten Potentiale zu entfalten, beginnt das größte Abenteuer Deines Lebens. Vor Dir liegt das unbegrenzte Gebiet des Geistes, der Psyche und der Seele. Diese Reise in ein neues Gebiet ist weder gesundheitsschädlich noch schwierig. Es erfordert jedoch den Mut zu forschen, sich zu verändern und zu wachsen. Dieses Buch und die Schlüssel, die es enthält, werden Dich mit den Grundlagen und der Unterstützung versorgen, die Du benötigst, um diese Reise wirklich werden zu lassen.

Wisse, daß das, was Du durch dieses Buch zu erreichen trachtest, möglich ist. Wisse darüber hinaus, daß es von unschätzbarem Wert ist zu lernen, wie man erfahren kann, was man sucht. Die Weisheit, die Du aus der Erfahrung schöpfst, wird Dein bloßes Wissen um die Dinge weit übersteigen.

# 1

# *Die vier übersinnlichen Wahrnehmungsbereiche*

Erinnerst Du Dich an das letzte Mal, als Du auf einer großen Cocktailparty oder einer großen Geschäftsversammlung warst, auf der Dutzende von Gesprächen zur gleichen Zeit stattfanden? Da buchstäblich Tausende von Schallwellen im Raum waren, die von allen Seiten reflektiert wurden, war der Lärm für Dich wahrscheinlich überwältigend.

Aber wenn Du jemanden in den Brennpunkt Deiner Wahrnehmung gerückt und aufmerksamer zugehört hast, warst Du in der Lage, die Person, mit der Du gesprochen hast gut zu verstehen und das andere zum großen Teil auszublenden. Wenn Du wolltest, konntest Du sogar etwas aufschnappen, was jemand anderes ganz auf der anderen Seite des Raumes sagte. Das ist ein einfaches Beispiel dafür, wie selektives Fokussieren Deine Wahrnehmungsfähigkeit erhöht. Ein anderes Beispiel ist die Art und Weise, wie Du auf etwas starrst, wenn Du es klarer sehen willst. Das Starren "fixiert" den empfindlichsten Bestandteil der physischen Sehkraft, die Zentralgrube Deines Auges, auf das, worauf Du schaust.

Diese geläufigen Beispiele zeigen, wie der Gebrauch selektiven Fokussierens in Verbindung mit Deinen fünf körperlichen Sinnesorganen (Augen, Ohren, Hände [als Teil der Haut], Zunge und Nase) Dir hilft, Deine Fähigkeit zu sehen, zu hören, zu fühlen, zu riechen und zu schmecken zu schärfen, wenn Du mehr Information haben möchtest oder mehr Einzelheiten. Der Gebrauch dieser Brennpunkte ist Dir so selbstverständlich, daß Dir selten bewußt ist, was Du tust.

In ähnlicher Weise haben die medialen Sinne Brennpunkte auf oder um ihren Körper herum, welche Deine übersinnlichen Fähigkeiten verstärken und erweitern werden. Ich nenne sie die "übersinnlichen Wahrnehmungsbereiche". Dies sind die Wahrnehmungsbereiche für verstärktes mediales Fühlen, Hellsehen, Hellhören und Intuition. Genauso wie das körperliche scharfe Einstellen der Ohren auf der Cocktailparty Dir geholfen hat, eine spezielle Unterhaltung zu hören, die zuvor nur Hintergrundgeräusch war, kann Dir das Fokussieren auf einen übersinnlichen Wahrnehmungsbereich ermöglichen, übersinnliche Eindrücke mit größerer Klarheit zu erfahren.

Wenn Du erst einmal weißt, wo sich die übersinnlichen Wahrnehmungsbereiche befinden und wie Du sie benutzen kannst, wirst Du in der Lage sein, auf Deine vier medialen Sinne auf Wunsch zurückzugreifen, d.h., wann immer Du willst. Als Folge davon wirst Du die Menge an Informationen verdoppeln, die Du über Menschen, Orte und Ereignisse erhältst, da Du neun Sinne benutzt (fünf körperliche und vier mediale), statt nur fünf.

Stell Dir einmal vor, was das bedeutet. Bist Du jemals in ein Zimmer gekommen, nachdem zwei Menschen sich darin gestritten hatten und hast Du die "dicke Luft" wahrgenommen? Das hast Du sicherlich schon erlebt. Aber Auseinandersetzungen sind nicht die Ursache dafür, daß die Dichte der Luftmoleküle sich erhöht. Das war ein mediales Gefühl. Und was ist mit den ganzen Situationen, in denen das Telefon läutete und Du schon wußtest, wer Dich da anruft, noch bevor Du den Hörer abgenommen hattest? Intuition macht dies möglich. Wärst Du nicht gerne in der Lage, die Wahrheit über ein Produkt zu hören, wenn ein Verkäufer versucht, Dir etwas zu verkaufen? Das kannst Du mit Hellhören erreichen. Und mediales Sehen hat den Vorteil, daß Du durch diese Fähigkeit in der Lage bist, die Wahrheit zu sehen, die sich in der Aura einer Person widerspiegelt.

Bis zum heutigen Tage hast Du wahrscheinlich nur zufällige Erfahrungen mit ESP gemacht. Aber dieses Buch wird Dir helfen, die Fähigkeit zu entwickeln, ständig auf übersinnliche Art wahrzunehmen. Dadurch, daß Du lernst, Deine Aufmerksamkeit auf die übersinnlichen Wahrnehmungsbereiche zu lenken, wirst Du stärkere übersinnliche Eindrücke erhalten, die auch stark genug sind, Deine Aufmerksamkeit von den körperlichen Sinnen zu lösen. Durch Übung werden sogar feinere Energiemuster erkennbar. Du wirst Deine außersinnlichen Fähigkeiten sicher und gleichmäßig entwikkeln können. Wenn Du in der Lage bist, sie nach Willen einzuschalten, wirst Du sie auch willentlich ausblenden können, um so die Möglichkeit einer übersinnlichen Überladung zu verhindern. Du erhältst außerdem die gesteigerte Zuversicht, die größere Bewußtheit und Fähigkeit stets mit sich bringt.

## *Wie die medialen Sinne funktionieren*

Alle unsere Sinne, die körperlichen und die medialen, funktionieren in gewissem Maße dadurch, daß sie eine bestimmte Art von Energie empfangen und auf sie ansprechen. Das körperliche Sehvermögen ist davon abhängig, daß die Energie der Lichtwellen auf das Auge treffen. Das physische Ohr nimmt die schwingende Energie von Klangwellen wahr. Tastsinn und Geruch funktionieren aufgrund chemischer Energieumwandlungen, die zwischen bestimmten Molekülen und den Rezeptorzellen der Zunge und den Schleimhäuten stattfinden. Die medialen Sinne folgen einem ähnlichen Schema, bis auf die Tatsache, daß die Energien, mit denen sie in Wechselwirkung stehen, körperlich nicht wahrnehmbar und mit den gegenwärtigen technischen Möglichkeiten nicht meßbar sind.

Das sollte Dich nicht davon abhalten, Deine übersinnliche Fähigkeit zu erforschen. Viele Energiearten beeinflussen Dein Leben unabhängig davon, ob Du sie verstehst oder nicht. Vor 200 Jahren verstand man noch wenig von der Elektrizität, trotzdem existierte elektrische Energie. Obwohl man keine wissenschaftliche Erklärung dafür hatte, schlugen Blitze ein, gaben elektrische Aale Stromstöße ab, und das Nervensystem funktionierte ebenfalls. Vielleicht verstehst Du heute noch nicht völlig wie Strom funktioniert, obwohl Du ihn regelmäßig verwendest.

Stell Dir vor, was passiert, wenn Du ein Licht anschaltest. Du mußt nicht verstehen, wie die Elektronen in den Drähten hin und her wandern. Genausowenig muß es Dir bewußt sein, daß für jeden Deiner Gedanken und Bewegungen elektrische Energie, d.h. Dein Gehirn und Deine Nerven Millionen von Botschaften verarbeitet haben. Du mußt auch nicht wissen, daß jede dieser Botschaften Deines Gehirns Billionen komplexer Austauschvorgänge chemischer Energie in elektrische Energie erfordert. Stattdessen hast Du, obwohl Du also vielleicht nicht weißt, wie diese Dinge funktionieren, durch Erfahrung gelernt, wie Du diese Energieformen dazu bringen kannst, auf praktische Art und Weise für Dich zu arbeiten. Du hebst einfach Deine Hand, legst den Schalter um, und das Licht geht an.

Mache Dir beim Gebrauch Deiner medialen Sinne die gleiche Herangehensweise zu eigen. Diese Sinne empfangen die übersinnliche Energie, welche von allen Menschen, Orten und Dingen abgestrahlt wird. Da Du selbst auch Energie bist, kannst Du diese übersinnlichen Schwingungen empfangen und identifizieren.

Vieles über das menschliche Gehirn ist noch unbekannt, und wir benutzen den Ausdruck "Mind" als eine Art Kurzwort, um die geistigen Fähigkeiten zu beschreiben, die über das hinausgehen, was wir über die physische Verdrahtung des Cortex wissen. Gehirnforscher können bis heute noch nicht genau erklären, warum oder wie wir träumen, wie das Gedächtnis strukturiert ist, oder wie wir einen kreativen Gedanken formen. Jedoch träumen wir täglich, erinnern uns und denken. Oder denke an das Phänomen der Hypnose. Es wurde mehr als hundert Jahre lang studiert und erfolgreich angewandt, um Schmerzen zu lindern oder zu eliminieren (sie wurde bei Operationen anstelle von Betäubungsmitteln verwandt), um uns zu helfen, Süchte zu überwinden, um unterdrückte Gedächtnisinhalte hervorzuholen. Dennoch haben wir noch immer keine präzise Idee davon, wie oder warum Hypnose funktioniert.

Tatsache ist, daß die Wissenschaft heutzutage wahrscheinlich weniger als 10% dessen versteht, was unser Gehirn und unser Mind vollbringen. In einer Welt, in der viele Wissenschaftler jetzt an Dinge glauben, die einmal unvorstellbar gewesen sind, z.B. daß alles Materielle in 10 Dimensionen existiert, daß Zeit sich verlangsamt, wenn man sich schneller bewegt, daß Teilchen tatsächlich existieren können, die Tachyonen genannt werden, am Bestimmungsort ankommen können, bevor sie ihren Ursprungsstandort verlassen haben, daß das Universum buchstäblich ein Meer austauschbarer und sich gegenseitig beeinflussender Energie ist. In so einer Welt ist das Konzept von übersinnlicher Sensibilität, von ESP, keine weit hergeholte Fantasie mehr.

Daher ist es nicht einsichtig, daß Du Dich damit abfindest zu warten, bis irgendein Forscher verkündet:" Wir haben jetzt genau herausgefunden, wie außersinnliche Wahrnehmung funktioniert. Du hast jetzt die Erlaubnis, Deine außerkörperlichen Sinne zu gebrauchen." Auch wenn die Wissenschaft bis heute noch nicht versteht, wie übersinnliche Botschaften verarbeitet werden, kannst Du sie empfangen und in Deinem täglichen Leben einsetzen.

## *Die wissenschaftliche Erforschung von ESP*

Von meinen frühen Erfahrungen her wußte ich, daß übersinnliche Fähigkeiten tatsächlich existierten. Mehr als alles andere wollte ich einen Weg finden, um allen Menschen zu helfen, ihre eigenen außersinnlichen Wahrnehmungen auf eine praktische Art und Weise zu entwickeln. Hauptsächlich deswegen fühlte ich mich zur Gehirnforschung und zu den biomedizinischen Chemiekursen am MIT hingezogen. Ich wollte wissen, was die Wissenschaft über das Gehirn, den Mind und die Schaltungen des Nervensystems wußte. Ich hoffte, dort Hinweise zu finden, wie man erhöhte mediale Empfindungsfähigkeit stimulieren konnte.

Mein Lieblingsprofessor am MIT war Dr. Jerome Letvin, ein liebenswürdiger Exzentriker, aus dem man nicht klug wurde. Stell Dir den Komödianten Lou Costello vor, mit spärlicher werdenden, grauen Haaren in der typischen Hippielänge, mit schlotternden Hosen und alten abgetragenen Tennisschuhen und Du hast ein Bild von Professor Letvin in den 60er Jahren.

Dr. Letvin war ein Pionier in der Erforschung der exakten Funktionsweise der Nervenzellen. Er hinterfragte ständig, was die Wissenschaft wußte und hieß die Herausforderungen des Unbekannten willkommen. Ich erinnere mich bis zum heutigen Tage noch an seine eröffnenden Worte an die Studenten im Nervenseminar: "Ich werde Ihnen nicht beibringen, was wir über Nerven wissen," sagte er. "Ich würde etwa zwei Unterrichtseinheiten brauchen, um Ihnen alles zu erzählen, was wir über Nerven wissen, und es ist relativ langweilig. Stattdessen werde ich darüber sprechen, was wir nicht über Nerven wissen."

Dr. Letvins Herangehensweise veränderte meine Einstellung zum Leben. Ich begann im Unbekannten nach Antworten zu suchen, nicht nur im Bekannten. Wissenschaft aus Büchern sollte nicht länger mein einziger Zugang zur Erforschung der übersinnlichen Welt sein. Persönliche Erfahrung und unorthodoxe Untersuchungen sollten für mich einen ebenso gültigen Zugang darstellen.

Ich experimentierte, wie viele andere zu dieser Zeit mit Biofeedback, die damals neue Methode solche automatischen Körperfunktionen wie Blutdruck und Pulsfrequenz bewußt zu beeinflussen. Wir im Westen lernten gerade, was die Yogis in Indien seit Jahrhunderten schon wußten: der Mind konnte das autonome Nervensystem beeinflussen, das diese Funktionen steuerte. Im Seminar von Dr. Letvin lernte ich, daß die Verbindungen des Nervensystems so zahlreich sind, daß jede Nervenzelle im Grunde genommen mit jeder anderen Nervenzelle im Gehirn oder im Körper "kommunizieren" kann. Die möglichen gegenseitigen Verbindungen sind tatsächlich unbegrenzt.

Im Zusammenhang mit meiner Untersuchung dieser Idee, probierte ich bei meinen Biofeedback-Tests eine andere Herangehensweise aus, um meine Pulsfrequenz zu senken. Anstatt nur daran zu denken, ruhig zu sein, richtete ich meine ganze Aufmerksamkeit auf mein Herz. Ich bewegte mich auf jenen unbegrenzten Nervenverbindungen, kanalisierte mein ganzes Bewußtsein in mein Herz und stellte mir vor, wie es langsamer wurde. Zu meiner Überraschung verlangsamte ich meine Herzfrequenz auf 39 Schläge pro Minute. In den vorangegangenen Wochen war ich nicht in der Lage gewesen, sie über 50 zu bekommen und dazu mußte ich häufig eine halbe Stunde in Ruhe meditieren.

Wenn ich dieses Ergebnis dadurch erreichen konnte, daß ich meine Aufmerksamkeit auf den Ort des Herzschlages richtete, konnte ich vielleicht auch meine übersinnlichen Fähigkeiten mit einer ähnlichen Art lokaler Fokussierung verbessern. Während des nächsten Jahres fiel mir auf, daß all meine übersinnlichen Eindrücke scheinbar in vier Kategorien hineinfielen: jene, die ich fühlte, sah, hörte oder einfach intuitiv "wußte". Und mit jeder Art übersinnliche Erfahrung wurde meine Aufmerksamkeit zu einem anderen Teil meines Körpers hingezogen.

Um den Ort der größten übersinnlichen Empfindsamkeit genau zu bestimmen, übte ich mich darin, meine Aufmerksamkeit auf immer präzisere Stellen meines Körpers zu fokussieren, und beobachtete, wie entsprechend meine übersinnliche Empfindsamkeit zu- oder abnahm. Das Ganze ähnelte einem übersinnlichen "heiß und kalt" -Spiel. Ich arbeitete jeden Tag an einer anderen Art übersinnlicher Wahrnehmung, wobei ich lernte, diesen speziellen übersinnlichen Kanal in meinem täglichen Umgang mit Menschen und in den täglichen Entscheidungen, die ich treffen mußte, anzuzapfen. (Die Methoden, durch die ich dies lernte, und durch welche Du lernen wirst, das Gleiche zu tun, werden in den folgenden Kapiteln im Detail beschrieben.)

Der Durchbruch war bahnbrechend, aber im Grunde einfach. Er umfaßte zwei Aspekte: 1. das Auffinden der präzisen Brennpunkte, an denen die übersinnlichen Schwingungen empfangen werden und 2. die Erkenntnis, daß wir vier mediale Sinne haben, statt wie zu dieser Zeit allgemein geglaubt wurde, nur einen "6. Sinn". Es gibt für jeden dieser vier medialen Sinne einen speziellen Bereich am Körper (oder in seiner näheren Umgebung), der ihm als natürliche Antenne dient, um die übersinnlichen Signale aufzunehmen und zu verstärken. Ich habe diese speziellen Stellen "übersinnliche Wahrnehmungsbereiche" genannt.

## *Das Experiment, welches die Theorie bewies*

Während ich in einem Sommer in der biologischen Abteilung des California Institute of Technology (Cal Tech) arbeitete, ereignete sich ein Schlüsselexperiment, welches meine Theorie bekräftigte, daß ESP effektiv über die übersinnlichen Wahrnehmungsbereiche angezapft werden könne. Ein Gehirnforscher testete Linkshänder in Bezug auf ihre Fähigkeit räumliche Beziehungen zu erkennen. Neurologische Entdeckungen legten nahe, daß das Sprachzentrum im Gehirn vieler Linkshänder sich sowohl in die rechte, wie auch die linke Hemisphäre erstreckt (im Gegensatz zu Rechtshändern, deren Sprachzentrum scheinbar nur in der linken Hemisphäre liegt). Der Forscher folgerte, daß wenn dies wahr sei, die überfülltere linke Hemisphäre der Linkshänder bei ihren anderen Aufgaben weniger effektiv arbeiten müsse.

Der Forscher konzentrierte sich auf die Funktion der rechten Hemisphäre räumliche Beziehungen zu erkennen. Er stellte eine Reihe Experimente auf, in denen die Versuchsperson verschiedene nicht sichtbare gekrümmte Formen fühlen sollte und sich entscheiden sollte von welchem der verschieden unterschiedlich großen Kreise sie stammten. Wenn die Theorie stimmte, sollten Linkshänder dabei weniger gut abschließen als Rechtshänder. Und das taten sie auch. Rechtshänder brachten es auf 16 - 17 richtige Antworten bei 20 Versuchen, Linkshänder erzielten es nur 11 oder 12 "Treffer".

Als Linkshänder erkannte ich, daß dies eine perfekte Gelegenheit war, um meine übersinnlichen Fähigkeiten und meine Theorie des selektiven Fokussierens zu testen. Ich bekam die Erlaubnis des Forschers an seinem Versuch teilzunehmen und alle Wahrnehmungsmethoden meiner Wahl zu verwenden, um meine Entscheidungen zu treffen. Dadurch, daß ich mich auf die übersinnlichen Wahrnehmungsbereiche konzentrierte, um Unterstützung bei der Identifizierung der nicht sichtbaren Formen zu erhalten, verbuchte ich 19 Treffer bei 20 Versuchen im ersten Test und 20 von 20 in allen weiteren. Der Leiter des Experiments war verständlicherweise irgendwie verwirrt. Ich wurde aller möglicher Dinge beschuldigt, von Betrügerei bis hin zu "die Ausnahme zu sein, die die Regel bestätigt".

Natürlich hatte ich nicht geschummelt. Ich hatte einfach meine vier medialen Sinne benutzt, um meine Fähigkeiten zu erweitern. Von diesem Zeitpunkt an öffnete sich mir die Welt der übersinnlichen Wahrnehmung immer mehr und mein einst begrenztes ESP kräftigte und vertiefte sich.

## *Die Entdeckung wird an anderen getestet*

Ich wollte jetzt herausfinden, ob die übersinnlichen Wahrnehmungsbereiche bei anderen die gleiche Wirkung hatten, wie bei mir. Meine ersten Versuchspersonen waren Kommilitonen am MIT und Mitglieder der Boston-area psychic community. Marie, eine Leiterin der Boston-area psychic community, war für die Genauigkeit ihrer Vorahnungen bekannt. Sie erzählte mir jedoch, daß sie gelegentlich Zeiten hatte, in denen sie sich "blockiert" fühlte und in denen sie für ihre Klienten keine intuitiven Eindrücke wahrnehmen konnte. Sie gab ihnen dann ihr Geld zurück, fühlte sich jedoch schlecht darüber, daß sie ihnen nicht helfen konnte. Ich respektierte Maries Aufrichtigkeit. Es war mir bekannt, daß alle Medien dieses Problem hatten und daß die weniger Aufrichtigen Informationen erfanden.

Ich erzählte Marie, wo sich der übersinnliche Wahrnehmungsbereich für Intuition befand und brachte ihr bei, wie sie ihn geistig anzapfen konnte. Als ich sie zwei Wochen später wiedersah, war sie wieder voller Lebenskraft und Enthusiasmus. Sie erzählte mir, daß sie in den vergangenen zwei Wochen drei Mal übersinnliche "Blokkaden" erlebt hatte. In jedem der Fälle hatte sie sich, wie ich es ihr gezeigt hatte, auf den übersinnlichen Wahrnehmungsbereich konzentriert und jedes Mal strömten intuitive Eindrücke in ihren Mind. Zwei Klienten, deren Treffen mit Marie mit ihrem Gebrauch des übersinnlichen Wahrnehmungsbereichs zusammenfielen, berichteten, daß sie in diesen Sitzungen die zutreffendsten Informationen erhielten, die sie je von ihr bekommen hatten.

Während ich weiter meine Entdeckungen testete, fand ich heraus, daß der Gebrauch der übersinnlichen Wahrnehmungsbereiche buchstäblich jedermanns übersinnlichen Erfolg vergrößerte. Und was am Wichtigsten war, die Methode erwies sich als genauso effektiv bei Männern und Frauen, die zuvor noch nicht übersinnlich ausgebildet worden waren. Ich traf mich z.B. an einem Abend mit einer Gruppe von Personen, die seit einiger Zeit versucht hatten, Auras zu sehen, die aber unglücklicherweise überhaupt nicht erfolgreich gewesen waren. Ich vermittelte der Gruppe mein Wissen über den übersinnlichen Wahrnehmungsbereich des medialen Sehens. Fast unmittelbar danach waren alle von ihnen, bis auf einen, zum ersten Mal in der Lage eine Aura zu sehen.

Die Nachricht von meinen Erfolgen mit Marie und der Gruppe brachte mir viele eifrige freiwillige Versuchspersonen. Sie fanden ebenfalls heraus, daß das Wissen um die Stellen, an denen sich die übersinnlichen Wahrnehmungsbereiche befinden, ihnen neue übersinnliche Fähigkeiten eröffnete, oder ihre bereits vorhandenen übersinnlichen Fähigkeiten verbesserte. Carol, eine Krankenpflegerin, benutzte z.B. den übersinnlichen Wahrnehmungsbereich des medialen Fühlens, um medial die Körperpartien ihrer Klienten zu erfühlen, die am dringendsten Massagen oder Dehnungsübungen brauchten. Carol ließ ihre Hände den Gefühlen, die sie empfing, folgen und sie massierte die Gebiete, die am meisten Anregung benötigten. Als Folge hiervon war sie häufig in der Lage, die Genesungszeit eines Patienten zu halbieren. Außerdem sagten einige Klienten, die sich manchmal bisher nach den Sitzungen ausgelaugt gefühlt hatten, daß sie sich jetzt nach den Sitzungen aufgeladen fühlten. Carols guter Ruf und in Verbindung hiermit der der Ärzte, mit denen sie zusammenarbeitete, verbreitete sich und bald war sie Dank zusätzlicher Empfehlungen beschäftigter denn je.

Ich entdeckte, daß sogar die praktischsten Bemühungen einer Person durch ihr Wissen um die übersinnlichen Wahrnehmungsbereiche unterstützt wurden. Ich erinnere mich an einen Mann namens Ben, dem in einem Vorort von Boston ein Autohandel gehörte. Er benutzte den Wahrnehmungsbereich des übersinnlichen Hörens, um bei den gebrauchten Autos, die er in Zahlung nahm, beim Anhören der Motoren mehr Informationen über die Autos zu erhalten. Ben benutzte seine Hellhörigkeit auch, wenn die Besitzer über ihre Autos sprachen. In einem Fall hörte er in seinem Mind das unmißverständliche Geräusch eines krachenden Getriebes und er brachte den Besitzer dazu, zuzugeben, daß in der Vergangenheit das Auto häufig Übersetzungsfehler gehabt hatte. Durch die Verwendung des Wahrnehmungsbereichs des medialen Hörens, nahm Ben weniger unbrauchbare Modelle in Zahlung!

Das Kennen der übersinnlichen Wahrnehmungsbereiche verstärkte bei Neulingen ihre angeborenen übersinnlichen Fähigkeiten, bis zu einem Grade, an dem sie sie erkennen und einsetzen konnten. Jene die mit ESP bereits Erfahrungen gemacht hatten, stellten fest, daß die Geschwindigkeit, die Genauigkeit und die Kontrollmöglichkeiten angestiegen waren. Ich habe seit dieser Zeit die übersinnlichen Wahrnehmungsbereiche in Feldstudien in vielen Teilen der Welt getestet. Während meiner freiwilligen Dienstzeit als Offizier der Marine, besuchte ich mediale Gruppen in verschiedenen Ländern und verfeinerte meine Methoden, um sie für Menschen aus allen Kulturen und mit jeder Art von Hintergrund durchführbar zu machen. Sie können und werden auch für Dich funktionieren.

Mediales Fühlen ist mit unserem körperlichen Sein am meisten verflochten. Sein übersinnlicher Wahrnehmungsbereich liegt auf der Vorderseite des Körpers und erstreckt sich vom oberen Teil des Zwerchfells bis direkt unter den Nabel. Dieser Bereich, der auch oft Solarplexus genannt wird, ist der Sitz vieler Nervenverbindungen. Die übersinnlichen Wahrnehmungen, die hier empfangen werden, sind buchstäblich "Bauch"-Gefühle. Oft gehen sie Hand in Hand mit unangenehmen körperlichen Empfindungen, angefangen mit einem vagen Unwohlsein bis hin zu tatsächlicher Übelkeit oder gar Magenschmerzen.

Da eine Opernsängerin aus New York wußte, daß diese Symptome eine Warnung vor bevorstehenden Gefahren sein konnten, erkannte sie eine Botschaft, die ihr mediales Gefühl ihr vermitteln wollte. Sie versuchte daraufhin verzweifelt das Leben ihres Mannes zu retten. Stella hatte sich selten Sorgen über das Fliegen gemacht. Sie nahm schließlich routinemäßig Linienflüge, um ihre Auftritte in den vielen weitverstreuten Opernhäusern wahrzunehmen. Nachdem sie jedoch Paul, einen internationalen Geschäftsmann, geheiratet hatte, der meist in kleineren Firmenjets flog, bekam Stella jedesmal Panikgefühle, wenn sie zusammen flogen, und jedesmal wenn er alleine flog, fühlte sie sich sogar noch unwohler und ängstlicher.

Nachdem Paul ihre dringenden Bitten, er möge keine kleinen Flugzeuge mehr benutzen, abgewiesen hatte, gelang es Stella über Jahre hinweg ihre Besorgtheit für sich zu behalten. Eines Tages rief ihr Mann sie an, um ihr zu sagen, daß er in dem kleinen Flugzeug seines Klienten nach Saudi Arabien fliegen würde. Stella fühlte sofort wie ihr Magen sich zusammenkrampfte. Es fiel ihr schwer zu atmen, und sie erlebte ein totales Panikgefühl in ihren Eingeweiden. Da sie diese körperlichen Empfindungen als eine übersinnlichen Warnung deutete, rief sie ihren Mann zurück und bat ihn eindringlichst den Flug nicht zu nehmen. Sie hörte sich so beunruhigt an und bestand so sehr darauf, daß er fast einwilligte, auf einen Linienflug umzusteigen. Da Paul aber nicht an ESP glaubte, erklärte er Stella zum Schluß jedoch, sie sei einfach überemotional. Paul erfuhr zu spät wie real Stellas übersinnliche Gefühle waren. Der Linienflug kam heil in Saudi Arabien an, aber sein kleines Flugzeug zerschellte ohne Überlebende in der Wüste

Intuition, oder einfach "Wissen" ist der flüchtigste und feinste der vier medialen Sinne. Es ist eine innere Bewußtheit, die nicht von irgendeiner inneren Empfindung bekräftigt oder einem äußeren Reiz abhängt. Man weiß einfach! Der übersinnliche Wahrnehmungsbereich für Intuition befindet sich am oberen Teil des Kopfes und dem Bereich darüber. Stellen Sie sich vor, daß ein offener Trichter vom Zentrum des Gehirns sich aufwärts erstreckt, wobei er umso weiter wird, je weiter er sich über dem Kopf erhebt. Dieser Trichter ist in der Tat eine direkte Verbindung zum Corpus Callosum, dem Nervenstrang, der die beiden Gehirnhälften miteinander verbindet. Um mediale Intuition anzuzapfen, denke einfach aufwärts und stelle fest, welchen Eindruck oder intuitives Wissen Du erhältst.

Die meisten von uns haben schon gelegentlich einmal "gewußt", was eine andere Person sagen würde, bevor sie oder er es aussprach oder wir "wußten" wie eine Situation enden würde, bevor das Ereignis selbst stattgefunden hatte. Dr. Marlene Shiple, eine Psychotherapeutin aus Phoenix, Arizona, und eine Lehrerin von Free Soul, beschreibt ein bemerkenswertes Beispiel von Intuition und wie ihr Vertrauen darin eine Katastrophe verhinderte:

"Ich fuhr mit etwa 100 km/Std. auf einer ungeteilten 4-spurigen Autobahn, als ich plötzlich "wußte", daß das Auto links von mir gleich auf meine Spur herüber kommen und mich schneiden würde. Es gab in den Handlungen des Fahrers nichts, was mich warnen konnte, denn das Auto fuhr mitten auf seiner Spur, es bewegte sich gleichmäßig und sein Blinker war aus. Ich wußte jedoch, daß es passieren würde."

Marlene trat in die Bremsen und im gleichen Augenblick zog das Auto rüber auf ihre Spur. “Wenn ich nicht gebremst hätte, wäre ich entweder gerammt worden, oder ich wäre in eine Frontalkollision mit dem Verkehr links von mir gezwungen worden.”

Die Wahrnehmungsbereiche für mediales Hören (manchmal auch Hellhören genannt), liegen auf beiden Seiten des Kopfes, direkt über den Ohren. Dies ist die Gegend der Schläfenlappen des Gehirnes, der Bereich des zentralen Nervensystems, der in engem Zusammenhang steht mit der Verarbeitung der Hörwahrnehmungen. Übersinnliches Hören manifestiert sich als innerer Ton: Worte, Redewendungen und ganze Absätze inneren Dialoges mögen sich Dir offenbaren, als ob Du sie durch übersinnliche Stereokopfhörer hörst.

Manchmal kann sogar die hellhörige Wahrnehmung eines bekannten Liedes bedeutungsvoll sein. Dazu möchte ich die Geschichte einer Frau erzählen, von der ich weiß, daß sie seit drei Jahren geschieden und bereit war, eine neue Beziehung einzugehen. Sie fragte sich jedoch, ob sie je wieder einen passenden Mann kennenlernen würde. Während sie an einem kalten, windigen Märztag an einem offenen Bahnsteig wartete, hörte Gloria, wie ein Lied gespielt wurde. “Ich werde zur Apfelblüte bei Dir sein.”

Gloria schaute sich um. Sie war allein auf dem Bahnsteig, weit weg vom jedem Radio oder jeder anderen Musikquelle. Da sie spürte, daß das Lied in ihrem Mind war, fragte sie sich folgendes: ”Wann ist Apfelblüte?” und sie konzentrierte sich darauf, über dem Ohr zu hören. wieder spielte ihr inneres Radio: “An einem Tag im Mai, wird mein Weg den Deinen kreuzen... zur Apfelblüte.”

Gloria vergaß den Vorfall bis Anfang Mai, als sie einen Freund auf dem Land besuchte und ihr auffiel, daß die Apfelbäume blühten. Zwei Tage später hatte sie eine Verabredung mit einem Unbekannten und traf den Mann, von dem sie wußte, daß sie auf ihn gewartet hatte.

Um den übersinnlichen Wahrnehmungsbereich für mediales Sehen zu finden, schließe einfach Deine Augen. Du wirst bemerken, daß wenn Deine Augen sich schließen, Dein visuelles Bewußtsein sich automatisch nach oben verlagert. Es bewegt sich von Augenhöhe auf die Höhe der Stirn. Dies ist der Ort, den die alten Philosophen das "dritte Auge" nannten. Öffne und schließe Deine Augen ein paar Mal, bis Du sicher bist, daß Du diese Veränderung der Aufmerksamkeit wahrnehmen kannst.

Es gibt zwei Arten von medialem Sehen. Die eine ist das Aurasehen, welches Dir ermöglicht, das Energiefeld zu sehen, welches jeden von uns umgibt. Wenn Du die Aura einer anderen Person siehst und deutest, machst Du in Wirklichkeit eine übersinnliche Röntgenaufnahme seiner oder ihrer Persönlichkeit, Motive und Absichten. Die zweite Art nenne ich hellsichtigen Bildempfang, wobei visuelle übersinnliche Eindrücke direkt auf dem Auge des Minds wahrgenommen werden, als Bilder, Vorstellungen oder Symbole. Es ist fast so, als ob Du auf einen inneren Fernsehschirm schaust.

Hellsehen ist zufällig meine größte übersinnliche Stärke (obwohl jeder alle vier medialen Sinne besitzt, hat jeder von uns ein oder zwei, die stärker ausgeprägt sind). Eine meiner eindrucksvollsten Erfahrungen mit medialem Sehen ereignete sich vor einigen Jahren, als ich hoffte, meinen ersten Vortrag über ESP in Los Angeles zu halten. Ich gab mich dem Tagträumen hin und schaute auf meinen Kalender, als ich plötzlich die Worte "Vortrag in L.A." auf dem leeren Platz vom Donnerstag, dem 20. November, erscheinen sah.

Ich entschied, meiner Vision zu folgen, stieß aber schnell auf massive Hindernisse. Jede Talkshow im Radio oder im Fernsehen, die ich anrief, um Vorankündigungen für meinen Vortrag zu arrangieren, wies mich entweder ab, oder war schon voll ausgebucht. Trotzdem erschien jedesmal, wenn ich unter Verwendung von medialem Sehen auf meinen Kalender schaute, dasselbe Bild auf dem Feld für den 20. November. Also fuhr ich trotz allem nach Los Angeles.

Wieder begann ich herum zu telefonieren. Dieses Mal sagte mir ein Produzent einer der größten Fernseh-Talkshows:"Wir haben gerade für morgen früh eine Absage erhalten. Wir würden Sie gerne reinnehmen, doch wird es nur für ein paar Minuten sein." Das waren die guten Nachrichten. Die schlechten Nachrichten waren, daß ich noch mehr Schwierigkeiten hatte, eine Räumlichkeit für meinen Vortrag zu finden. So kurzfristig fand ich nur zwei verfügbare Räume. Der eine lag zentral, war günstig im Preis, faßte aber nur 75 Personen. Der andere lag am Stadtrand, war teuer und hatte Platz für 200 Personen, was mehr als doppelt so viele Menschen waren, als ich bisher je durch ein Fernsehinterview in einen Vortrag bekommen hatte.

Ich dachte: "Ich brauche wirklich ein Zeichen (engl. sign = Zeichen, Schild), welchen der beiden Räume ich nehmen soll." Fast augenblicklich erschien vor meinem inneren Auge ein Werbeschild an einer Autobahn. Darauf standen die Worte: "ESP Vortrag - Heute abend - Hier!" und ein Pfeil zeigte auf das Hotel mit dem größeren Raum. Ich wußte, daß es in Wirklichkeit kein solches Werbeschild gab. Dann erkannte ich, daß ich ja nach einem Schild gefragt hatte! Mit erneuertem Vertrauen verwandelte ich das Fernsehinterview in einen großen Erfolg, und das Publikum, welches zu dem Vortrag kam, füllte den großen Raum. Dadurch, daß ich meinem medialen Sehen gefolgt war, hatte ich sowohl Tausenden von Menschen über das Fernsehen die Botschaft praktisch anwendbarer medialer Empfänglichkeit vermittelt, sowie das erste Free Soul Training in Los Angeles erfolgreich durchgeführt.

## *Lerne Deine übersinnlichen Stärken kennen*

Jeder kann lernen, die Aufmerksamkeit auf die übersinnlichen Wahrnehmungsbereiche zu fokussieren, um alle seine übersinnlichen Fähigkeiten zu verstärken. Während Du darin aber mehr und mehr zu einem Meister wirst, wirst Du herausfinden, daß einer Deiner vier medialen Sinne dominant, d.h. leichter anzuwenden und verläßlicher ist. Dies bedeutet, daß Du dabei bist,

Deine übersinnlichen Stärken zu entdecken. Die Stärken unserer physischen Sinne sind auf ähnliche Art und Weise unterschiedlich. z.B. lernen einige Menschen am besten, wenn sie eine Lektion sehen oder lesen können, sie lernen visuell. Andere lernen durch Zuhören effektiver und wieder andere dadurch, daß sie ihren Tastsinn benutzen, um ein Gefühl für die bevorstehende Arbeit zu bekommen. Die Lehrer, die die frühen Lese- und Schreibfähigkeiten vermitteln, werden trainiert, diese Unterschiede zu bemerken und auf eine Art und Weise zu lehren, daß es den sinnlichen Bedürfnissen der Schüler am meisten entgegenkommt.

Diejenigen von Euch, die besonders gut im medialen Sehen sind, nennen wir Free Soul-Hellseher. Diejenigen, die ihre übersinnlichen Eindrücke im wesentlichen Fühlen, werden Fühlende genannt. Diejenigen, deren Stärke das mediale Hören ist, sind Hellhörende. Diejenigen, die übersinnliche Eindrücke intuitiv empfangen, nenne ich Propheten.

Jeder besitzt alle vier medialen Sinne. Der Einfachheit und Effizienz wegen ist es jedoch wichtig zu wissen, welche medialen Sinne Deine besten Kanäle für ESP sind.

Eine brauchbare Analogie hierzu ist die Tatsache, daß eine Radio- oder Fernsehstation immer auf eine Art und Weise am klarsten empfangen werden kann. Es macht keinen Sinn einem unklaren Empfang zuzuhören, wenn es eine klarere Alternative gibt. Das gleiche trifft im Übersinnlichen zu. Es ist z.B. unsinnig, wenn Menschen, die stark im Bereich des medialen Fühlens sind, Zeit und Energie damit verschwenden, zu versuchen ausgedehnte hellsichtige Fähigkeiten zu entwickeln und dabei ihren klareren Gefühlskanal ignorieren. Prophetische Menschen werden weniger effektiv sein, wenn sie ihre schnellen intuitiven Eindrücke ignorieren, während sie versuchen, lautere mediale Hörwahrnehmungen zu haben.

Wenn dieses Konzept der verschiedenen medialen Stärken nicht verstanden wird, ist dies die häufigste Ursache für langsame mediale Entwicklung. Der Versuch auf einem der schwächeren ESP-Kanäle medial tätig zu sein, ist wie stromaufwärts schwimmen und kann sehr frustrierend sein. Ich treffe häufig Männer und Frauen, die das Gefühl haben, mediale Versager zu sein, weil sie keine Aura sehen können. Jedoch erweisen sich genau die gleichen Person jedesmal als medial stark in anderen Bereichen.

Nehmen wir einmal Bill, einen früheren Schüler von mir in Tucson, Arizona. Fünf Jahre lang hatte er versucht, Auras zu sehen und war völlig frustriert. Was die ganze Sache noch schlimmer machte, war, daß er mit einer Gruppe von Personen studiert hatte, die ihre Stärken offensichtlich im medialen Sehen hatten. Sie sahen häufig Auras und hatten lebhafte visuelle Bilder in ihren Meditationen, während er selbst nichts zu sehen bekam. Bill war an dem Punkt ankommen, wo er von sich behauptete, medial zurückgeblieben zu sein und ganz und gar aufgeben wollte.

Als ich ihn darauf aufmerksam machte, daß seine Aura andeutete, daß er natürliche Anlagen im medialen Fühlen habe, erinnerte sich Bill daran, wie er Eindrücke von Menschen immer als Gefühlsempfindungen bekommen hatte, ohne ihre Auren zu sehen. Weiter erinnerte er sich daran, wie Gefühle während seiner Meditationen durch ihn hindurchflossen, die sich häufiger als informativer erwiesen, als die Bilder, die seine Mitstudenten empfingen.

Bill fühlte sich, als ob die Last der Jahre, in denen er versucht hatte, auf die falsche Art und Weise wahrzunehmen, von seinen Schultern genommen wurde. Er verließ die Klasse mit dem Wissen, daß er tatsächlich medial war und sah außerdem ganz klar, wie er seine Fähigkeit trainieren und verbessern konnte. Weiterhin entschloß er sich, in seinem Beruf als Berufsberater mit dem Versuch aufzuhören, den richtigen Beruf für seine Klienten hellsichtig in Erfahrung zu bringen und stattdessen von nun an seinen inneren Gefühlen zu vertrauen, zu welchen Einstellungsgesprächen er sie schicken sollte. Als ich Bill ein paar Monate später das nächste Mal traf, erzählte er mir, daß sich seine Vermittlungsquote verdoppelt hatte. Zum ersten Mal in seinem Leben, machte ihm seine Arbeit wirklich Spaß. Zusätzlich waren seine Meditationen für ihn jetzt eher entspannende

Erfahrungen, statt angespannte Leistungsprüfungen. Dadurch, daß er den inneren Gefühlen folgte, die er während seiner täglichen Meditation vor der Arbeit hatte, erkannte er häufig Gelegenheiten im voraus. Die bemerkenswertesten Beispiele waren die Situationen, in denen er freie Stellen für seine Klienten fühlte und fand, noch bevor diese Stellen ausgeschrieben waren.

Wenn Du einmal, wie Bill, Deine natürlichen ESP Stärken entdeckt hast und sie richtig nutzt, wirst Du gleichermaßen in der Lage sein durch sie Deine klarsten und zutreffendsten übersinnlichen Informationen zu erhalten.

## *Entdecke Deine mediale Persönlichkeit*

Während Du die folgenden Kapitel über die einzelnen medialen Sinne liest und die Berichte meiner Schüler und Ausbilder hörst, wirst Du anfangen, Dich mit Deinen persönlichen medialen Stärken zu identifizieren und mit ihnen vertraut zu werden. Du wirst auch neue Einsichten in Deine übersinnliche Persönlichkeit bekommen.

Ich habe gelernt, daß die Reihenfolge, in der jemand seine medialen Sinne einsetzt, direkte Auswirkungen darauf hat, wie jemand sein Leben lebt. Wenn Du z.B. sehr intuitiv bist, wirst Du es automatisch vorziehen, Deiner inneren Gewißheit zu folgen. Wenn Deine Stärke das mediale Sehen ist, ist das Visualisieren und Durchsehen all Deiner Möglichkeiten bevor Du Entscheidungen triffst, Deine Art zu leben. Medial Fühlende lieben es den Puls des Lebens zu fühlen, jedoch fühlen sie sich häufig von den Eindrücken, die auf sie einstürmen, überwältigt. Es ist für sie essentiell, ihre eigenen medialen Gefühle von denen, die sie von anderen aufschnappen, zu trennen. Diejenigen, die ein starkes mediales Gehör besitzen, werden natürlicherweise dazu neigen, mit sich selbst zu sprechen und die Welt um sie herum mit Hilfe dieser inneren Gespräche zu analysieren. Wenn Du Deine medialen Stärken und Persönlichkeit verstehst, wird jeder Tag für Dich eine Abenteuerreise zu gesteigerter Selbsterkenntnis und größerer Vollendung sein. Und wenn Du die übersinnlichen Persönlichkeiten um Dich herum besser verstehst, kannst Du mit ihnen leichter, effektiver und liebevoller kommunizieren und umgehen. Hier sind einige Dinge, nach denen Du Ausschau halten kannst:

● Gibt es Menschen in Deinem Leben, die sich weigern vorausschauend zu planen? Es könnte sein, daß sie nicht verantwortungslos sind, sondern daß sie natürlich intuitiv begabte Menschen sind, die wissen, daß sie wissen werden, was zu tun ist, wenn die Zeit dafür kommt. Wenn sie "Ich weiß" sagen, bevor Du mit der Ausformulierung Deiner Gedanken am Ende bist, sind sie nicht unhöflich. Sie wissen es tatsächlich.

● Da Hellseher stets ein inneres Bild davon haben, wie die Dinge sein sollten, werden sie nicht leicht eine neue Idee annehmen. Wenn Du versuchst, sie zu einer sofortigen Entscheidung zu bewegen, wirst Du fast immer eine negative Antwort erhalten. Gib ihnen Zeit, es in ihr Bild einzuarbeiten und dann wirst Du eine positivere Antwort bekommen.

● Medial Fühlende müssen sich mit allem, was sie tun, wohl fühlen. Es ist fast schmerzhaft für sie, in einer Umgebung zu sein, die sich unangenehm anfühlt. Eine Berührung oder eine Umarmung ist für sie so wichtig, wie das bevorstehende Geschäft.

● Hellhörige Menschen sind das direkte Gegenteil zu den medial Fühlenden. Da sie von dem, was sie innerlich hören und verstehen ausgehen, haben sie die Neigung, Gefühle auszuschalten. Als Ergebnis hiervon sind sie analytisch, bestimmt und eventuell sogar schroff. Da Hellfühlige selten erkennen, wie sehr sie auf andere einwirken, könnte es sein, daß Du fälschlicherweise annimmst, daß sie Dich nicht mögen.

Dies ist nur Vorgeschmack auf einige der Einsichten, die Du in das Leben bekommen kannst, wenn Du die Welt von einer übersinnlichen Perspektive aus betrachtest. Jedes der nächsten vier Kapitel über die einzelnen vier medialen Sinne wird Dir nicht nur helfen, diese spezielle Form des ESP zu lernen, sondern Dir auch die Ursachen vieler Deiner Persönlichkeitsmerkmale und Deine Reaktionen auf die Menschen um Dich herum verständlich machen.

# 2
# *Mediales Fühlen*
## *Der Körper als übersinnliche Antenne*

Das mediale Gefühl ist von den vier medialen Sinnen am leichtesten zugänglich. Es teilt sich leicht mit und ist einfach zu deuten. Bestimmt hast Du es auch schon einmal erlebt, daß Du eine gefährliche Situation im voraus geahnt hast, noch bevor die Gefahr offensichtlich wurde? Oder Momente nach dem Aufwachen, in denen Du gespürt hast, daß an diesem Tag etwas wundervolles passieren würde, und es tatsächlich so eintraf? Diese ganzen inneren Empfindungen, von denen Du gedacht hast, es seien "Gefühle aus dem Bauch" oder "Instinkte", sind in Wirklichkeit übersinnliche Eindrücke, die Du von dem Dich umgebenden Energiefeld aufgenommen hast.

Alle Menschen, Plätze und Objekte senden ständig Schwingungsmuster aus, und Dein physischer Körper ist wie eine große Antenne, die in der Lage ist, sie zu registrieren und ihre Bedeutung in innere Gefühlen umzuwandeln: Ich habe das Gefühl, daß es mit diesem Projekt Probleme geben wird... Alles fühlt sich gut an... Ich habe das Gefühl, daß im Kinderzimmer etwas nicht in Ordnung ist... (Es gibt kaum eine Mutter, die dieses Warnsignal nicht schon einmal wahrgenommen hat, danach gehandelt hat und gerade noch rechtzeitig gekommen ist, um einen Unfall zu verhindern).

Genau so eine Situation hat Sue Leonard, eine Free Soul Ausbilderin aus Evergreen Colorado, erlebt. Beim Zelten in den Rocky Mountains mit ihrem Mann und zwei kleinen Kindern, war Sue dabei, ihr kleines Baby Lisa fürs Bett fertig zu machen, während ihr

Mann und ihr Sohn Holz für das Abendfeuer sammelten. Als Lisa in ihrem kleinen Schlafsack nicht zur Ruhe kommen wollte, holte Sue den Autositz für das Baby, in welchem es regelmäßig tief und fest einschlief, lehnte in gegen die Zeltwand und schnallte Lisa darin fest.

Nach dem Abendessen brach Sue's friedliches Gefühl in der Abenddämmerung in den Bergen plötzlich abrupt ab. Sie fühlte sich, als ob sie ersticken müßte. "Ich wußte sofort, daß es Lisa war." Erinnert sich Sue. "Ich rannte zum Zelt und entdeckte, daß das Baby sich im Autositz so gedreht hatte, daß die Gurte des Sitzes sich um ihren Hals gewickelt hatten, so daß sie weder atmen noch schreien konnte. Lisas Gesicht wurde langsam blau." In höchster Eile entwirrte Sue die Gurte gerade als das Baby dabei war, das Bewußtsein zu verlieren. "Sie begann wieder zu atmen, und ihre Gesichtsfarbe kehrte zurück. Ich wußte, daß mein mediales Gefühl das Leben meines Babys gerettet hatte."

Wenn Du natürlich begabt in medialem Fühlen bist, wird Dein Persönlichkeitsprofil etwa so aussehen:

- In erster Linie bist Du besorgt um und interessiert an anderen Menschen.
- Du kannst es normalerweise fühlen, wenn andere wegen etwas beunruhigt sind und Du bist gerne bereit etwas von Dir zu geben, um zu helfen.
- Du vertraust ohne weiteres auf Deine Gefühle.
- Du bist relativ wenig um Zeit und Termine besorgt.
- Du nimmst jede Anstrengung auf Dich, um für andere eine gefühlsmäßig ungezwungene Umgebung zu schaffen und erwartest von anderen, daß sie sich genauso sehr um Deine Gefühle kümmern.

Medial Fühlende müssen sich zur gleichen Zeit jedoch gegen die übersinnliche Umweltverschmutzung in ihrer Umgebung schützen, die in Form von Schwingungen auf sie einstürmt. Viele Deiner negativen Gefühle wie Spannung, Depression oder Angst, sind eigentlich gar nicht Deine. Es sind die Gefühle anderer Menschen, die Du aufnimmst. In den meisten Fällen wirst Du schnell von den

Auswirkungen dieser übersinnlichen Störungen befreit sein, sobald Du einmal verstehst, was dabei mit Dir passiert.

Eine andere Free Soul Ausbilderin, Dr. Fran Mandell, berichtete von einer Klientin, die aus einer Kleinstadt nach Manhattan umgezogen war: “Fünf Jahre lang ging Jill in New York City von Arzt zu Arzt, auf der Suche nach Abhilfe für ihre Müdigkeit, ihre Angst, und ihre unerklärlichen Wutgefühle. Alle ihre körperlichen Tests waren normal. Als naturheilkundige Ärztin dachte ich, daß sie vielleicht an einer Nahrungsmittelallergie litt, aber auch das war eine falsche Fährte.”

Seltsamerweise sagte Jill, daß sie sich wohler fühlte, wenn sie zuhause blieb. Die Symptome kehrten nur wieder, wenn sie nach draußen ging. “Ich begann zu ahnen, daß Jill intensiv medial fühlte, und daß das Herumlaufen auf den Straßen von Manhattan sie den Erschöpfungs-, den Angst- und den Wutschwingungen von Hunderten von Fremden aussetzte”, erzählte Fran. Nachdem Jill gelernt hatte, ihre Senisibilität für übersinnliche Gefühle zu verstehen und zu kontrollieren, war sie in der Lage in Manhattan genauso gesund zu leben, wie zuvor in der Kleinstadt. “Die übersinnliche Sensibilität, vor der Jill gar nicht wußte, daß sie sie besaß, hatte gegen sie gearbeitet, statt für sie.” folgerte Dr. Mandell richtig. “Sie hatte angenommen, daß die ganzen negativen Gefühle, die sie überwältigten, ihre eigenen waren.”

## *Der übersinnliche Wahrnehmungsbereich des Fühlens*

Mediales Fühlen ist der übersinnliche Kanal, der am häufigsten mit einer körperlichen Empfindung verbunden ist. Sue fühlte sich, als ob sie ersticken müßte, Jill erlebte tatsächlich die körperlichen Symptome von Anspannung und Ärger. Obwohl Dein ganzer Körper als Antenne für das mediale Fühlen dienen kann (deswegen kannst Du es fühlen, wenn sich jemand von hinten anschleicht), liegt der Brennpunkt im Bauch und zwar vom oberen Teil des Zwerchfells bis direkt unter dem Nabel, genauer gesagt dem Solarplexus. Was Du empfindest, kann so sanft wie "Schmetterlinge" oder so stark wie ein Knoten in der Magengrube sein.

Es sollte nicht überraschen, daß der Solarplexus die Funktion der "Hauptantenne" beim medialen Fühlen übernimmt. Zahlreiche Nervengeflechte, die mit dem autonomen (oder unwillkürlichen) Nervensystem in Verbindung stehen, befinden sich hier und breiten sich über den Bauch wie ein Gitterwerk feiner Drähte aus. Das autonome Nervensystem sorgt nicht nur für einen direkten Zugang übersinnlicher Eindrücke zum unbewußten Mind, sondern es ist auch mit jedem größeren Organ und den meisten endokrinen Drüsen verbunden. So erhält und reguliert es sämtliche lebensnotwendigen automatischen Funktionen, wie z.B. den Puls, den Blutdruck, den Flüssigkeitsausgleich, die Atmung, den Metabolismus, usw. Man geht sogar in der Medizin davon aus, daß das autonome Nervensystem ein natürliches Überwachungssystem ist.

In der Metaphysik östlicher Glaubenssysteme geht man ferner davon aus, daß der Solarplexus das Energiezentrum (oder Chakra) ist, welches am engsten mit Kreativität und Emotionen verbunden ist. Dies soll der Ort sein, an dem die spirituellen und körperlichen Welten zusammenkommen. So ist es wenig verwunderlich, daß der Solarplexus ein zentraler Empfangsbereich für übersinnliche Energiemuster ist.

Ausgedehnte Tests am MIT bestätigten mir dies. In einem meiner Experimente versuchte ich die Farben verschiedener Kleidungsstükke mit geschlossenen Augen, allein durch das Gefühl zu identifizieren. Ich legte die Kleidungsstücke auf verschiedene Körperteile. Die stärksten Eindrücke und die besten Ergebnisse erzielte ich, wenn ich die Kleidungsstücke über meinen Bauch hielt. In einem anderen Experiment bewegte ich meine Hand auf die Körper von Versuchs-Personen zu, die ihre Augen geschlossen hatten. Die meisten Personen waren in der Lage, die Gegenwart meiner Hand bereits in einer viel größeren Entfernung von ihrem Körper zu spüren, wenn ich sie in Bauchhöhe hielt. Wenn meine Hand auf Gesichts- oder Brusthöhe war, mußte ich sie viel näher heranbringen, bevor sie die Annäherung der Hand wahrnehmen konnten.

Es mag Dir noch nicht aufgefallen sein, aber Du spürst die übersinnliche Empfindlichkeit dieser Bauchgegend intuitiv fast täglich. Ist Dir jemals aufgefallen, daß Du Deinen Körper einer Sache oder einer Person zudrehst, wenn Du sie eingehender wahrnehmen willst? Denk einmal über Deine Körpersprache nach, wenn Du Dich unwohl fühlst. Kreuzt Du nicht auch Deine Arme vor dem Solarplexus, um Dich geschützter und weniger verwundbar zu fühlen? Natürlich tust Du das. Die zusätzliche Masse der Arme hilft Dir, das Bombardement von medialen Gefühlen abzupuffern. Sich zur Seite zu drehen, oder hinter einem Schreibtisch zu sitzen kann auf ähnliche Weise Schutz bieten.

## *Der Zugang zu Deinem übersinnlichen Wahrnehmungsbereich des Fühlens*

Du stehst kurz davor, zum ersten Mal "auf Befehl" Dein mediales Gefühl zu erleben, wobei Du es benutzen wirst, um die energetischen Schwingungen um Dich herum anzuzapfen. Während Du Dich auf Deinen Solarplexus konzentrierst und die unten beschriebenen Schritte durchführst, denke daran, daß Du ein Gefühl wahrnehmen willst, weder ein Bild, noch ein Wort, noch eine Intuition. Denke auch daran, daß Du am Anfang eher subtilere Wahrnehmungen haben wirst.

Ein paar Vorschläge, bevor Du beginnst:

- Lerne Dich selbst zu fragen, was Du fühlst. Akzeptiere "Nichts" nicht als Antwort.
- Wenn Du denkst, daß Du nichts fühlst, frage Dich "Was für eine Art 'Nichts' ist das?" Bedeutet das 'Nichts' keinen Unterschied zu gerade eben? Oder 'Nichts' im Sinne einer Leere

oder eines Vakuums? Oder 'Nichts' in dem Sinne, daß etwas fehlt oder etwas vor mir verborgen wird? Manchmal beinhaltet das 'Nichts', welches Du spürst, eine Menge Informationen.

- Wenn das Gefühl Dir wie ein "gutes Gefühl" oder ein "schlechtes Gefühl" vorkommt, frage Dich: "Auf welche Art und Weise gut? Warum fühle ich mich schlecht? Woher kommen diese Gefühle? Ist es ein flüchtiges Gefühl oder etwas Dauerhafteres?" Fahre damit fort, bis Du genauer herausfinden kannst, was Du wahrnimmst.
- Halte im Anfangsstadium dieser Übung Deine Augen geschlossen. Es ist durchaus möglich mit offenen Augen medial zu fühlen, aber ich empfehle bei den ersten Übungen die Augen zu schließen, um die äußerlichen Ablenkungen auszuschalten.

Beginne, indem Du die Energie Deiner momentanen Umgebung wahrnimmst:

**1.** Entspanne Deinen Körper dadurch, daß Du mehrere tiefe Atemzüge nimmst und langsam ausatmest.

**2.** Sitze oder stehe bequem, wobei Du möglicherweise vorhandenen Personen den Rücken zudrehst und schließe die Augen.

**3.** Konzentriere Dich auf das Gebiet des Solarplexus und fühle die Eindrücke, die Du empfängst.

**4.** Versuche es nicht zu sehr. Zwinge es nicht herbei. Sei einfach offen und bewußt. Du solltest fühlen, daß Du vollen Zugang zur Hauptantenne im Bereich Deines Solarplexus hast.

**5.** Achte auf die Eindrücke, die Du empfängst. Fühlt sich das Zimmer ruhig oder vibrierend an? Ist die Energie träge, fließend oder zerstreut?

**6.** Gehe kurz in andere Räume oder Umgebungen und stimme Dich auf die gleiche Art und Weise ein. Vergleiche jegliche Unterschiede in den Empfindungen, die Du in den einzelnen Räumen wahrnimmst.

## *Wie Du Menschen durch mediales Gefühl wahrnimmst*

Laß uns jetzt üben, wie Du Dein mediales Gefühl noch ein bißchen mehr anzapfen kannst, dadurch, daß Du nacheinander an verschiedene Person denkst, die Du kennst. Achte auf die Empfindungen, die Du über Deine Bauchantenne wahrnimmst, während Du Dich auf die einzelnen Person mental konzentrierst. Wie fühlen sie sich für Dich an? Liebevoll und freundlich? Wütend und frustriert? Machen sie Dich traurig? Ich glaube, Du wirst Unterschiede bemerken und etwas Einzigartiges bei jeder Personen fühlen. Wenn Du auf diese Art und Weise übersinnlich fühlst, benutzt Du Dein mediales Fühlen, um die Aura oder die Schwingungen der Person, an die Du gerade denkst, auszumachen und Dich an sie zu erinnern. Diese Art von Übung wird Dir helfen, die Kunst zu erlernen, auf Wunsch Menschen erfühlen zu können. Die Folge wird sein, daß Du Dich kaum noch von den Worten oder dem Verhalten von jemandem wirst täuschen lassen. Du wirst genau fühlen, was Du zu erwarten hast.

Menschen wahrzunehmen, die körperlich anwesend sind, ist genauso einfach, wie die Aura derer wahrzunehmen, an die Du einfach nur denkst. Denke daran, ihnen gegenüber zu stehen oder zu sitzen, um Deinem übersinnlichen Wahrnehmungsbereich zu ermöglichen, alle Schwingungen aufzunehmen, die die Person ausstrahlt. Identifiziere sanft aber stetig die Gefühlswahrnehmungen, die Du in Ihrer Solarplexusgegend empfängst. Ich versuche jedesmal, wenn ich jemandem die Hand gebe, einen ersten medialen Gefühlseindruck zu bekommen. Während wir uns unterhalten, fahre ich damit fort, die Person intensiver wahrzunehmen. (Mach es nicht zu offensichtlich. Menschen können ein bißchen nervös werden, wenn sie es bemerken.)

Probiere diese Übung bei der Arbeit, Zuhause oder in einer geselligen Situation aus. Probiere, ob Du wahrnehmen kannst, auf welche Art und Weise ist, Du auf Deinen Vorgesetzten oder Arbeitskollegen am besten zugehen kannst. Probiere zu fühlen, was einem Freund am Tage passiert ist. Versuche die Stimmung eines Familienmitglieds zu erfassen. Erfühle, was ihn/sie innerlich beschäftigt.

## *Vertraue den subtilen Gefühlen*

Der Schlüssel zum Erfolg beim medialen Fühlen ist zu lernen, sogar die flüchtigsten und subtilsten Eindrücke anzunehmen und zu interpretieren. Ali Habib, ein internationaler Geschäftsmann aus Washington D.C. und ein Absolvent der Free Soul Ausbildung, erinnerte sich neulich daran, wie er mediales Fühlen benutzte, um eine Assistentin aus drei gleichermaßen qualifizierten und kompetenten weiblichen Bewerberinnen auszuwählen.

“Normalerweise treffe ich in solchen Angelegenheiten eine schnelle Entscheidung,” sagte er. “Dieses Mal stand ich vor einem Rätsel. Ich hatte keine andere Möglichkeit mich für eine von ihnen zu entscheiden, als meine übersinnlichen Eindrücke zu verwenden.” Was Patrizia anbelangte, fühlte Ali vage eine zukünftige Situation, die ihre Eignung für die Stelle verändern würde. Bei Anne, der zweiten Frau, fühlte sich alles positiv an, bis sie ihren Ehemann erwähnte. In diesem Augenblick schien sich seine Wahrnehmung von Anne aufzulösen. Sie erwähnte den Mann mehrere Male während dem Einstellungsgespräch und jedes Mal fühlte es sich so an, als ob Anne nicht mehr im Raum sei. In Bezug auf die dritte Bewerberin, Cheryl, waren seine medialen Gefühle am positivsten und angenehmsten.

Ali stellte Cheryl ein und verließ sich auf seine Gefühle in Bezug auf die beiden anderen Frauen. Wie sich herausstellte, hatte er die richtige Wahl getroffen: “Patrizia gewann ein paar Wochen nach dem Einstellungsgespräch ein Stipendium für eine Juraschule und zog nach Boston. Anne zog auch weg, als ihr Mann von seinem Arbeitgeber an die Westküste versetzt wurde. Cheryl blieb und wurde eine meiner besten Mitarbeiter.”

## *Psychometrie: Mediales Fühlen über die Hände*

Obwohl der Solarplexus der wesentlichste übersinnliche Wahrnehmungsbereich für das mediale Fühlen ist, kannst Du auch Deine Hände benutzen, um direkteren Kontakt mit dem, was Du fühlen willst, herzustellen. Übersinnliche Schwingungen bewegen sich von Deinen Händen durch den Körper zu Deinem Bauch, wo sie verstärkt werden. Diese Technik wird Psychometrie genannt, und Du kannst Psychometrie auf zwei verschiedene Arten und Weisen erleben:

**1.** Halte einen Gegenstand in Deiner Hand und achte auf die Eindrücke, die Du in deinem Solarplexus empfängst. Vermittelt dieser Gegenstand Dir ein gutes Gefühl? Auf welche Weise gut? Fühlst Du Dich traurig? Warum traurig? Fühle weiter, bis Du zufrieden bist und alle Schwingungen des Gegenstandes gefühlt hast.

Am Anfang eignen sich der Ring eines Freundes oder ein alter Ring, den Du in Deiner Schmuckdose hast, gut, denn Metalle haben die Eigenschaft Schwingungsenergie zu speichern. Spüre, was Du über den Ring und die Person, die ihn getragen hat, fühlst. Ist es ein neuer Ring oder ein alter? Wenn es ein alter ist, ist der Besitzer der ursprüngliche Besitzer oder nimmst Du einen früheren Besitzer wahr? Teile Deine Eindrücke dem Besitzer des Ringes mit. Es ist sehr wahrscheinlich, daß Deine Eindrücke sich als ziemlich zutreffend erweisen.

**2.** Gehe mit Deinen Händen über einen Gegenstand oder über eine Liste von einzelnen Punkten und achte auf die Gefühle, die in Deinem übersinnlichen Wahrnehmungsbereich des Fühlens entstehen, während Du sie berührst oder an den einzelnen Punkten vorbeigehst. Du kannst diese Art von Psychometrie beim nächsten Einkauf anwenden. Ob Du versuchst herauszufinden, welcher von ein paar ähnlichen Gegenständen am längsten halten wird, oder ob Du nur herausfinden willst, welche Melone im Korb die reifste ist, gehe einfach mit Deiner Hand drüber und fühle mit Deinem Solarplexus.

## *Die Hände als abtastende Sensoren*

Diese zweite Art der Psychometrie leistete mir vor einigen Jahren gute Dienste, als ich als Marineoffizier auf dem Flaggschiff der 6. U.S. Flotte in Italien stationiert war. Als frisch beförderter Unterleutnant wurde mir die Aufgabe übertragen, die Wartung des Schiffes zu überwachen. Die Marine beschäftigte sich zu der Zeit besonders mit der hohen Zahl technischer Störungen an den Maschinen, die durch inkorrekte Instandhaltung verursacht wurden, und Inspektionen ganzer Flotten kamen häufig vor. Die Inspektoren waren ein ganz besonders unsympathischer Haufen. Um für andere ein Beispiel zu setzen, schien es ihre Absicht zu sein, Mittel und Wege zu finden, ein Schiff durch die Inspektion durchfallen zu lassen.

Die neuen Instandhaltungsprozeduren der Marine stellten hohe Ansprüche. Die geringste Abweichung von den vorgeschriebenen Schritten wurde als Anlaß für einen negativen Bericht genommen. Ich hing zwischen perfektionistischen Inspektoren auf der einen und alten unfreundlichen Oberbootsmännern auf der anderen Seite, die Instandsetzung jahrelang auf ihre Art und Weise erledigt hatten: in unregelmäßigen Zeitabständen, wobei sie einfach die Schmiere oder das Öl benutzten, was gerade in der Nähe war, anstatt extra loszugehen, und genau das Schmiermittel zu besorgen, welches in den Vorschriften angegeben war. Jede Abteilung behauptete, daß alle Wartungsarbeiten makellos durchgeführt wurden. Ich wußte, daß es nicht stimmte, aber ich mußte es beweisen.

Ich entschied mich, meine übersinnlichen Fähigkeiten einzusetzen, um eine Katastrophe zu verhindern. Ich führte eine eigene Mini-Inspektion durch, wobei ich mein mediales Fühlen einsetzte, um unvollständige oder falsch durchgeführte Wartungsarbeiten zu erfühlen. Ich bewegte meine Hand auf der schriftlichen Liste der vorgesehenen Arbeiten entlang und achtete auf die Gefühle, die ich im Bereich des Solarplexus empfing. Ich fühlte, welche Arbeiten nachlässig, und welche überhaupt nicht durchgeführt worden waren.

Das waren die, die ich inspizierte. Die Folge war, daß sich bei fast 75% meiner Stichproben Probleme zeigten. Dies erweckte den Eindruck, daß, wenn das Schiff zu diesem Zeitpunkt inspiziert worden wäre, es abgrundtief durchgefallen wäre.

Als ich meinem Kapitän von meinen Entdeckungen berichtete, war er außer sich. Ich erinnere mich heute noch an die Gesichtsausdrücke der Offiziere und der Stabsleute, als sie von ihm zur Rede gestellt wurden und eine Erklärung abgeben mußten. Er ordnete an, daß Nachdruck auf die korrekte Durchführung von Wartungsarbeiten zu legen sei, und als die Inspektoren ankamen, waren wir vorbereitet. Sie untersuchten und prüften alles, aber sie konnten im Grunde genommen nichts finden, was nicht in Ordnung war. Unser Schiff bekam eine Wertung von 94%, die höchste Wertung in der Atlantischen Flotte in dem Jahr und die Mannschaft wurde mit einem extra Landurlaub belohnt. Ich selbst wurde vorzeitig zum Leutnant befördert und glaubte noch mehr an den praktischen Wert medialer Empfindungsfähigkeit.

## *Liegt Deine Stärke im medialen Fühlen?*

Da Du Dein mediales Gefühl jetzt bereits ein bißchen ausprobiert hast, versuche doch einmal herauszufinden, inwieweit Du Dich auf diesen Aspekt medialer Empfindungsfähigkeit verläßt. Wenn Du vier der folgenden fünf Fragen mit "Ja" beantwortest, liegt es nahe, daß Deine Stärke das mediale Fühlen ist. Nachdem Du die Fragen beantwortet hast, werden wir erörtern, warum und wie die Fragen und Deine Antworten signifikante Indikatoren für Empfindungsfähigkeit im Bereich des medialen Fühlens sind.

**1.** Wenn Du einen Raum betrittst, drehen sich Deine ersten Gedanken darum, wie sich der Raum für Dich anfühlt? Denkst Du "Ich fühle mich hier wohl/unwohl"? (_____Ja _____Nein)

**2.** Wie bildest Du Dir einen ersten Eindruck von einer Person, die

Du neu kennenlernst? Bekommst Du zuerst ein Gefühl in Bezug auf ihn oder sie, oder sprichst Du darauf an, wie die Person aussieht oder sich anhört? Denkst Du "Ich fühle mich mit dieser Person wohl, ich fühle, daß er oder sie ein guter Freund sein könnte" (_____Ja _____Nein)

**3.** Wenn Du mit einer potentiellen Gefahr konfrontiert wirst, fühlst Du sie, bevor Du über sie nachdenkst? Fühlst Du Dich oft innerlich unruhig? (_____Ja _____Nein)

**4.** Wenn Du eine Entscheidung treffen mußt, ist es Dir am wichtigsten, daß Du Dich mit der Lösung wohl fühlst, anstatt automatisch den logischsten Weg zu wählen oder Dir alle Möglichkeiten vorzustellen? (_____Ja _____Nein)

**5.** Wenn Du Dir neue Kleider oder Möbel kaufst, suchst Du Dir eher Dinge aus, mit denen Du Dich wohl fühlst, statt der neusten Mode oder dem neusten Trend zu folgen? (_____Ja _____Nein)

*Frage 1 - Wie nimmst Du Deine Umgebung wahr?*

Es gibt viele Möglichkeiten einen Raum übersinnlich wahrzunehmen, wenn Du ihn zuerst betrittst.

- Eine Person, deren Stärke das Hellsehen ist, wird wahrscheinlich Aurafarben oder -formen sehen.
- Jemand, der hellhörig ist, könnte Gedanken oder Bruchstükke von Unterhaltungen hören, die in dem Raum stattgefunden haben.
- Jeder, der eine starke Intuition besitzt, wird einfach wissen, was in dem Raum passiert ist.
- Diejenigen, deren Stärke das mediale Fühlen ist, nehmen die Schwingungen im Raum als Gefühle wahr.

Erinnerst Du Dich an eine Situation, in der Du einen Raum betreten hast, in dem gerade eine Auseinandersetzung stattgefunden hatte und Du die Spannung im Raum spüren konntest? Du hast Dein mediales Gefühl eingesetzt, um die verbliebenen Muster intensiver Energie zu fühlen, die durch den Streit entstanden waren. Wenn sich ein freudvolles Ereignis in dem Zimmer ereignet hätte, hättest Du die feineren, liebevolleren Schwingungen gefühlt.

Wenn Deine Stärke das mediale Fühlen ist, ist es nicht überraschend, daß das "Feeling" der Umgebung, in der Du lebst und arbeitest, wichtig für Dich ist. Wenn es irgendeinen Rest negativer Gefühle gibt, wirst Du ihn sofort bemerken und Dich nicht wohl fühlen, bis die Schwingung verändert worden ist. Hier ist ein anschauliches Beispiel:

Rachel, eine Psychotherapeutin aus New York, verbrachte viele Monate damit, einen optimalen Lebensraum zu finden. Es sollte ein Platz sein, der intim und festlich genug für die Partys war, die sie so gerne gab und gleichzeitig ruhig und geräumig genug für die ernste Arbeit in den Therapiegruppen, die sie anleitete. Endlich fand sie Räume in einer verlassenen Fabrik in Greenwich Village, die gerade in Etagenwohnungen umgebaut wurde.

Es gab jedoch zwei Nachteile. Rachel mußte die Räume ohne Besichtigung der Baustelle nur von dem Grundriß der Stockwerke aus kaufen, da die Fabrik gerade ausgebrannt war. Und es sollte sechs Monate dauern, bevor die Wiederaufbauarbeiten beendet waren. Rachel war so glücklich über ihren Fund, daß sie trotz allem den Kaufvertrag unterschrieb.

Aus den sechs Monaten wurden zwölf, bevor Rachel einziehen konnte. Der Bauleiter erzählte ihr, daß die Arbeit durch ständige Streitereien unter den Arbeitern verzögert wurde. In der Nacht als sie einzog, war Rachel jedoch so zufrieden, in ihrem neuen Zuhause sein zu können, daß ihr nichts mehr etwas ausmachte. Ganz erschöpft vom Umzug, fiel sie ins Bett. Doch sie konnte nicht einschlafen. Und sie konnte auch in den folgenden Nächten nicht gut schlafen, denn Rachel fühlte sich in der Etagenwohnung extrem unwohl. Egal wie fröhlich sie ihre Umgebung einrichtete, ihre Unruhe wuchs.

Dann erfuhr Rachel, daß die Streitigkeiten, die sich auf ihrer Etage zugetragen hatten, so heftig gewesen waren, daß mehrere der beteiligten Arbeiter ernsthaft verwundet worden waren. Plötzlich verstand Rachel, die eine begabte medial Fühlende war, woher ihre negativen Empfindungen kamen. Und ihr war auch klar, daß, wenn sie sie nicht vertreiben konnte, sie nicht bleiben konnte.

Die Lösung, die sie sich ausdachte, war typisch für eine medial Fühlende. Sie veranstaltete eine Wochenend-Party für alle ihre Freunde. 48 Stunden lang gab es in der Etagenwohnung nur noch Musik, Tanz, Essen, Trinken, Lachen und gute Gespräche. Einige Free Soul Absolventen, die daran teilnahmen, bemerkten: "Es gibt nicht eine negative Schwingung hier, die diese Party überleben könnte!" Und so war es tatsächlich. Seither fühlte sich Rachel dort wohl.

*Frage 2 - Wenn Du jemanden neu kennenlernst, wie bildest Du Dir Deinen ersten Eindruck?*

Wenn Deine Stärke das mediale Fühlen ist, würdest Du zuerst das Energiefeld der anderen Person erfühlen, um herauszufinden, ob es sich für Dich angenehm anfühlt. Was Du unbewußt eigentlich tust, ist die Aura der anderen Person wahrzunehmen. Dr. Fran Mandells Stärke ist, wie wir bereits wissen, das mediale Fühlen. Sie verwendet eine einzigartige Methode, um einen männlichen Freund übersinnlich wahrzunehmen, bevor sie mit ihm ausgeht. Bevor er eintrifft, verstreut Sie einige Intelligenzspiele auf dem Kaffeetisch, und schlägt ihm dann vor, sich mit ihnen zu beschäftigen, während Sie ein paar leichte Erfrischungen zubereitet. Während er mit den Spielen beschäftigt ist, fühlt Fran seine Schwingungen.

"Der Punkt ist, daß er seine Aufmerksamkeit nicht auf mir hat, während er mit den Puzzles beschäftigt ist." erklärt sie. "Häufig strahlt ein Mann, den man neu kennengelernt hat, die Gefühle aus, von denen er möchte, daß man sie aufnimmt. Auf diese Art und Weise projiziert er eine Aura, die zutreffender und ehrlicher ist. Eine genaues Gefühl dafür zu haben, wie Dich ein anderer Mensch behandeln wird, mag Dir etwas von der Entdeckungsfreude nehmen, aber es hilft auch besser miteinander zu kommunizieren und es kann Dich in einigen Fällen vor einem zu aggressiven oder beherrschenden Partner warnen."

*Frage 3 - Wenn Du mit einer potentiellen Gefahr konfrontiert wirst, fühlst Du sie, bevor Du darüber nachdenkst? Fühlst Du Dich häufig beunruhigt oder hast Du "Schmetterlinge" im Bauch?*

Für einen medial Fühlenden ist Unbehagen im Bereich des Solarplexus (Übelkeit, evtl. sogar Schmerz) eine Warnung vor bevorstehenden Gefahren. Die Empfindung kann mit einem inneren Radargerät verglichen werden, welches Dich auf eine sich nähernde, körperlich bedrohliche Situation aufmerksam macht. Schauen wir uns doch einmal den Fall einer meiner frühen Free Soul Studenten, Karen, an.

Karen, eine attraktive, freundliche, vertrauensselige junge Frau, hatte bisher noch nicht viele Erfahrungen im Bereich der übersinnlichen Wahrnehmung gemacht. Auf einer Party traf sie einen besonders angenehmen jungen Mann. Sie fühlte sich in vielerlei Hinsicht zu ihm hingezogen, je näher sie ihm jedoch körperlich kam, desto ängstlicher fühlte sie sich. Die Anspannung, die sie im Bereich ihres Solarplexus fühlte, schien ihr zu sagen, daß sie sich von diesem Mann entfernen sollte, bevor er sie überwältigte oder angriff.

Statt mit dem Mann in dieser Nacht noch eine feste Verabredung zu treffen, ließ sich Karen seine Telefonnummer geben und versprach, ihn in der folgenden Woche anzurufen. Verwirrt und verärgert über sich selbst verließ sie die Party. Sie konnte einfach nicht verstehen, warum sie sich jemanden hätte entgehen lassen, der scheinbar so in Ordnung war. Ein paar Abende später verstand sie es jedoch sehr gut, als sie den Mann abends in den Nachrichten sah. Er war wegen der Vergewaltigung einer Frau, die er auf eben jener Party kennengelernt hatte, verhaftet worden.

*Frage 4 - Wenn Du eine Entscheidung treffen mußt, ist dann das Wichtigste für Dich, daß Du Dich mit der Lösung wohlfühlst, anstatt einfach die logischste Antwort herauszusuchen oder Dir alle Möglichkeiten vorzustellen?*

Die oberste Priorität für Menschen, deren Stärke das mediale Fühlen ist, ist, daß sie sich mit ihren Aktionen und Reaktionen wohl fühlen. Für Fühlende ist eine Entscheidung nur logisch, wenn sie sich richtig anfühlt. Dies mag nicht die Art von Logik sein, an die andere gewohnt sind, aber für Fühlende macht es Sinn. Wenn Menschen, deren Stärke das mediale Fühlen ist, aktiv auf ihre Gefühlsantenne eingestimmt bleiben, können die Ergebnisse ihre Entscheidungen direkt verbessern. In einigen Fällen kann es sogar Leben retten. Luce Neyra, eine Krankenschwester und Free Soul Ausbilderin in Virginia, arbeitete in der Entbindungsabteilung für Fälle mit erhöhtem Risiko in einem örtlichen Krankenhaus. Ihre Arbeit verlangte ständige Aufmerksamkeit für jedes mögliche Anzeichen einer Komplikation, die eine werdende Mutter oder ein neugeborenes Kind beeinträchtigen konnte.

"In dieser besonderen Nacht," erinnerte sich Luce, "war ein großer Prozentsatz unserer Patienten Frauen, deren Schwangerschaften schwierig oder deren frühere Geburten Risikogeburten gewesen waren. Da sie ihr mediales Gefühl trainiert hatte, benutzte sie ihre Körperantenne, um mögliche Schwierigkeiten wahrzunehmen, während sie ihre Runden machte. Es passierte ihr oft, daß sie auf Schwierigkeiten aufmerksam wurde, lange bevor die körperlichen Symptome des Problems auftauchten. Außerdem hatte sie eine Methode ausgearbeitet, mit der sie in die Krankenzimmer "hineinfühlte", während sie an ihnen vorbeiging. Schon mehr als einmal hatte sie etwas wahrgenommen, was sie veranlaßte, bei einer Patientin früher als normal nachzusehen, ob alles in Ordnung war.

"Von allen Frauen, die in dieser Nacht gebären sollten," berichtete Luce, "erwarteten wir am wenigsten Komplikationen mit der Frau in Raum 119. Als ich jedoch an ihrem Zimmer vorbeiging, durchflutete mich ein überwältigendes Gefühl von Dringlichkeit. Die Tür des Zimmers schien mich magisch anzuziehen."

Luce betrat den Raum, ging direkt zum Überwachungsgerät des Babys und sah deutliche Anzeichen für eine Notlage. Sie rief sofort einen Arzt herbei. Er entdeckte, daß sich die Nabelschnur um den Hals des Babys gewickelt hatte und dabei die Sauerstoffzufuhr abschnitt. Schnell drehte er das Kind und entfernte die Nabelschnur.

Die Geburt, die dann folgte, verlief schnell und normal. Wenn Luce jedoch nicht ihrem medialen Gefühl nachgegangen wäre, hätte das Kind tot oder mit Gehirnschäden geboren werden können.

Luce ist nicht die einzige Krankenschwester, die in den täglichen Entscheidungen auf ESP vertraut. Ein Bericht vom Januar 1987 in "The American Journal of Nursing" mit dem Titel "Wie erfahrene Krankenschwestern Ihre Intuition einsetzen", liefert viele andere Beispiele dafür, wie Krankenschwestern ihre medialen Sinne bei der Pflege ihrer Patienten einsetzen.

*Frage 5 - Wenn Du Dir neue Kleider oder Möbel für Deine Wohnung kaufst, suchst Du Dir eher Sachen aus, mit denen Du Dich wohlfühlst, als solche, die im Trend liegen?*

Der medial Fühlende wird bequeme Kleidung tragen. Dies bedeutet nicht, daß er oder sie Mode ignoriert. Sich darüber gut zu fühlen, wie man aussieht ist wichtig, aber nicht so wichtig wie Kleider zu tragen, in denen man sich wohl fühlt. Wo eine Hellsichtige vielleicht nicht an einem Paar Schuhe vorbeigehen kann, die genau die richtige Farbe haben, wird die Fühlende noch nicht einmal daran denken sie zu kaufen, wenn die Absätze zu hoch sind oder wenn sie ein bißchen drücken. Wenn Du die Wohnung eines Fühlenden besuchst, kannst Du immer davon ausgehen, daß Du einen bequemen Sessel vorfinden wirst, in den Du Dich hineinsetzen kannst und dicke kuschelige Teppiche. Fühlende haben beruhigende Farben an den Wänden und normalerweise wirst Du ein anschmiegsames Haustier vorfinden, welches sich behaglich auf Deinem Schoß niederläßt.

Mary Kendzierski, eine Fühlende und Free Soul Ausbilderin, ist seit langer Zeit Mitarbeiterin in unserer Zentrale. Sie hat ihr Studium der Innenarchitektur abgeschlossen und bildet sich weiter durch ein Studium der Kunst und des Kunstmanagements. Obwohl ihr bildungsmäßiger Hintergrund sie sehr bewußt sein läßt, was Stil und Farbe anbelangt, zieht sie sich als Fühlende zunächst vom Standpunkt des Wohlfühlens aus an. Es gibt weder einen engen Bund, noch eine zu enge Schulterpartie, noch einen kneifenden Schuh und nur weiche Stoffe in ihrem Schrank.

Marys Wohnung reflektiert auf ähnliche Art und Weise ihr Bedürfnis sich wohl zu fühlen. Weiches, abgeblendetes Licht und gemütliche Sessel liefern die entspannte Atmosphäre, in der sie gerne lebt. Wenn sie studiert oder zuhause arbeitet, findet man sie meistens umgeben von vielen Kissen auf ihrem Bett, statt steif an ihrem Schreibtisch.

## *Wie man eine Beziehung zu einem Fühlenden herstellt*

Unabhängig davon, ob Du in dem Test für mediales Fühlen viele Punkte erzielt hast oder nicht, mußt Du in Deinem täglichen Leben mit medial Fühlenden umgehen. Wenn Du in einer engen Beziehung zu einem dieser sehr feinfühligen Individuen stehst, kannst Du feststellen, daß ihre Gefühle leicht zu verletzen sind. Ich habe während der 20 Jahre Forschung im Bereich des Übersinnlichen eine Menge über die verschiedenen medialen Persönlichkeiten gelernt. Ich möchte Dir gerne ein paar Erkenntnisse vermitteln, wie Du am besten eine Beziehung zu einem medial Fühlenden gestaltest, ganz unabhängig davon, was Deine eigenen medialen Stärken sein mögen.

- Es ist nicht nur so, daß die Gefühle der medial Fühlenden leicht verletzt werden können, sie werden auch immer daran interessiert sein, wie Du Dich fühlst. Wenn Du durch den täglichen Druck angespannt oder ärgerlich bist, werden Fühlende diese Schwingungen aufnehmen und glauben, daß Du wegen ihnen verstimmt oder ärgerlich bist. Erkläre ihnen, daß dies nicht der Fall ist, und lasse sie wissen, was der wirkliche Grund Deiner Verstimmung ist. Als Antwort wirst Du wahrscheinlich den besten Trost und die beste Fürsorge erhalten. (Vielleicht bekommst Du sogar eine Rückenmassage als Bonus!) Wenn Du ein Problem hast und wirklich Unterstützung brauchst, werden Fühlende Dir zu Hilfe eilen. Ihnen die Gelegenheit zu bieten, zu fühlen, daß sie wirklich gebraucht werden, ist der größte Gefallen, den man ihnen tun kann.

- Da Fühlende so empfindsam sind, nehmen sie leicht Deine Negativität auf und vergrößern sie. Geh raus oder entferne Dich aus ihrer unmittelbaren Umgebung, wenn Du Ärger ablassen willst. Wenn Du sie zwingst, in Deiner Nähe zu sein, wenn Du unangenehme Gefühle ausstrahlst, ist das genauso schmerzlich für sie, wie wenn Du auf sie persönlich wütend bist. Das gilt auch für Zeiten, in denen Du Dich in einem intensiven und gehetzten Arbeitszustand befindest. Fühlende werden sich in dieser Art Umgebung unwohl fühlen. Diejenigen von Euch, die nicht so stark medial fühlen, werden vielleicht noch nicht einmal merken, wie intensiv die Schwingung ist, die ihr ausstrahlt. Fühlende sind nicht schwach oder weinerlich, sie fühlen die Spannung einfach nur zehn Mal intensiver als ihr.

- Wenn Du persönlich über einen Fühlenden verärgert bist, kann auch ein kurzer Ausbruch für die Person extrem schmerzlich sein. Allerdings vergeben Fühlende auch genauso schnell, wie sie verletzt werden können. Genauso leicht, wie sie unangenehme Gefühle aufnehmen, saugen sie auch Gefühle der Liebe und der Entschuldigung auf. Lasse sie immer spüren, daß Du sie liebst, auch wenn Dir das, was sie getan haben, nicht gefallen hat. Niemand ist dankbarer, wenn man sich um ihn kümmert, wenn er oder sie verletzt ist, als ein Fühlender.

## *Fühlende haben ihren eigenen Stil und ihr eigenes Zeitgefühl*

Ihre Uhr läuft wirklich anders, als die der restlichen Welt. Da es länger dauert ein Gefühl zu interpretieren, als einen Gedanken oder ein Bild, kann es so aussehen, als ob Fühlende in Zeitlupe arbeiten. Diejenigen von Euch, die von Natur aus eher intuitiv oder hellsichtig sind, könnten mit der medial fühlenden Person ungeduldig werden. Denkt daran, daß Zeit und Termine für sie immer weniger wichtig sind, als ihr Gefühl. Druck funktioniert bei ihnen nicht. Er bewirkt nur, daß sie sich schlechter fühlen und noch langsamer werden. Das Beste, was man mit Fühlenden machen kann, ist, sie in ihrer eigenen Umgebung in ihrer eigenen Geschwindigkeit arbeiten zu lassen.

Zwinge sie auch nicht dazu, streng logisch zu sein. Wenn Du ein sehr logischer oder verstandesbetonter Mensch bist, mag Dir der Fühlende wie ein irrationaler, emotionaler Alptraum vorkommen. Denk daran, daß sie mit ihren Gefühlen denken. Ganz unabhängig davon, wie wohldurchdacht Dein Plan sein mag, er taugt nichts, wenn er sich für sie falsch anfühlt. Die logischste Methode ist für Fühlende, ihren Gefühlen zu vertrauen. Du wirst sie nicht von der Stelle bewegen, bis Du ihnen eine Version des Planes vorstellst, mit der sie sich wohl fühlen können.

## *Das Geheimnis des Erfolges mit Fühlenden und medialem Fühlen*

Schau ob Du Fühlende erkennen kannst, wenn Du unterwegs bist. Ich hoffe, daß Du durch alles, was Du in diesem Kapitel gelernt hast, weißt, welches Verhalten Du von ihnen zu erwarten hast, und in ihnen die umsorgenden, hochgradig empfindsamen Menschen siehst, die sie sind.

Das Beste ist, daß Du in der Lage sein wirst, die Welt der Empfindungsfähigkeit mit ihnen zu teilen. Da Dir der übersinnliche Wahrnehmungsbereich des Fühlens bekannt ist, kannst Du Dich "auf Befehl" auf mediales Fühlen einstimmen, wenn Du diese Art ESP anzapfen willst. Du wirst schnell in der Lage sein, viele Bereiche Deines Lebens zu verbessern, z.B. dadurch, daß Du wie Ali die richtigen Mitarbeiter einstellst, oder dadurch, daß Du wie Sue und Luce fühlst, wann andere Hilfe benötigen, oder dadurch, daß Du wie Karen gefährliche Situationen vermeidest.

Übe, Dein eigenes mediales Gefühl einzusetzen, um die Personen in Deiner Umgebung wahrzunehmen, deren Stärke das mediale Fühlen zu sein scheint. Sie werden starke Signale aussenden, die Du erkennen und interpretieren kannst. Fühle, was die beste Methode ist, sie zu begrüßen und ihnen ein ungezwungenes Gefühl zu vermitteln. Übe Dich darin wahrzunehmen, wann sie eine Umarmung oder ein Zeichen Deiner Unterstützung benötigen. Die erfolgreichen Ergebnisse in übersinnlicher Wahrnehmung, die Du erzielen wirst, werden Dein Vertrauen vergrößern und die Entwicklung Deiner eigenen Fähigkeit im medialen Fühlen beschleunigen. Lasse nie eine Gelegenheit für eine "Fühlende Umarmung" vorbeiziehen. Ob es ein aufrichtiger Händedruck oder eine vollständige Umarmung eines Fühlenden ist, sie wird Dich psychisch und physisch energetisieren.

---

## *Die Gabe des medialen Fühlens*

**Vorteile**

Der natürlichste der medialen Sinne

Der am einfachsten zu entwickelnde mediale Sinn

Der beste mediale Sinn, um feine Energiemuster zu erkennen und zu deuten

Der beste mediale Sinn, um mit anderen mitzufühlen und sich auf sie einzustimmen

Der beste mediale Sinn, um persönlichen Schutz und Sicherheit zu überwachen

**Nachteile**

Der mediale Sinn, der am leichtesten die Negativität anderer aufnimmt

Der am schwersten auszuschaltende oder auszublendende mediale Sinn

Der mediale Sinn, der es einem schwer macht, losgelöst zu bleiben

## *Menschen, deren Stärke das mediale Fühlen ist*

**Stärken**

Sie sind am empfänglichsten für die Gefühle anderer

Sie sorgen dafür, daß Leben und Arbeit sich angenehm und lebenswert anfühlen

Sie geben aufrichtig von sich selbst und sind “menschliche” Menschen

Sie sind flexibel und anpassungsfähig, da Sie alle Menschen glücklich machen möchten.

Sie vertrauen ihren Gefühlen und sie “fühlen”, wenn etwas nicht in Ordnung ist

Sie sind darin die Besten, subtile Signale wahrzunehmen

Sie sind die besten Umarmer

**Schwächen/Worauf man achten muß**

Sie neigen dazu, sowohl die positiven als auch die negativen Gefühle anderer Menschen aufzunehmen

Sie neigen dazu, medial überladen zu sein.

Sie können überemotional oder leicht von Gefühlen überwältigt werden

Sie können Schwierigkeiten damit haben, pünktlich zu sein oder Termine einzuhalten

Sie sind sehr anfällig dafür, durch Zurückweisung verletzt zu werden

# *3*
# *Intuition -*
## *Die Gabe prophetischen Wissens*

“Und es wird sich in diesen Tagen ereignen, daß...” war die Redewendung, mit der die Propheten des alten Testaments ihre Vorhersagen zukünftiger Ereignisse begannen. Sie sprachen mit Gewißheit, aber nicht, weil ihre Voraussagen auf logischen Überlegungen oder auf statistischen Beweisen beruhten. Die biblischen Propheten wußten einfach, und ausgehend von ihrem Wissen sagten sie Dinge vorher.

Von den medialen Sinnen ähnelt die Intuition in ihrer Art am meisten dem unmittelbaren Wissen, welches seit Jahrtausenden das Kennzeichen der Prophezeihungen ist. Menschen, deren Stärke die Intuition ist, scheinen häufig die gleiche Gabe zu besitzen. Ich nenne diese Männer und Frauen Propheten.

Gehörst Du zu diesen intuitiven Menschen? Wenn ja, hast Du wahrscheinlich das Gefühl, daß die restliche Welt in Zeitlupe arbeitet. Dein Mind arbeitet schnell. Du erlebst unerwartete, blitzartige Einsichten. Du springst zeitlich nach vorne und erfährst mit Bestimmtheit Dinge, die andere um dich herum überhaupt noch nicht zur Kenntnis genommen haben. Während einer Unterhaltung mit einem Freund sagst Du wahrscheinlich schon lange bevor Dein Freund damit fertig ist, seine Neuigkeiten zu erzählen oder sein Gefühl zu beschreiben: “Ich weiß.” Vielleicht erahnst Du sogar vieles von dem, worüber wir in diesem Kapitel sprechen werden. Vielleicht sagst Du Dir in diesem Augenblick sogar: “Ich wußte, daß er das sagen würde!”

Dieses Kapitel wird Dir helfen, Dir darüber bewußt zu werden, wie Du das meiste aus Deiner Intuition machen kannst. Du wirst lernen, die Charakterzüge der intuitiven Persönlichkeit zu verstehen. Du wirst Dich nicht mehr darüber wundern, warum Du scheinbar immer die Sätze anderer Menschen zu Ende sprichst. Du wirst die Erfahrung machen, wie es ist, Deine Intuition zu verfeinern und wirst lernen, intuitive Informationen anzuzapfen, ohne zu fragen wie oder warum Du sie weißt. Und Du wirst genügend Beweise für die Stichhaltigkeit der Intuition bekommen, damit Du langsam dahin kommen kannst, Deinen Vorahnungen völlig zu vertrauen. Außerdem wirst Du entdecken, wie Du durch den Gebrauch Deiner Intuition Dein Leben ruhiger, sicherer und erfolgreicher gestalten kannst und wie Du besser in Einklang mit dem Universum kommen kannst.

Jaquie ist ein Beispiel für einen Menschen, dessen Stärke die Intuition ist. Sie ist eine der Personen, die immer zur richtigen Zeit am richtigen Ort zu sein scheinen. Jaquies Tag beginnt um sieben Uhr morgens, wobei sie früh genug aufwacht, um den Wecker auszumachen, bevor er anfängt zu klingeln. Wenn man sie fragt, wie sie das schafft, antwortet sie: “Ich wußte einfach, daß er gleich losgehen würde.”

Jaquie besorgt sich ein Taxi und steigt ein. Unterwegs hat sie plötzlich eine Intuition, daß vor ihnen ein Stau liegt. Sie geht ihrer Vorahnung entschieden nach, bezahlt den Fahrer, verläßt das Taxi und nimmt für den Rest des Weges die U-Bahn. Jaquie erreicht ihr Büro genau rechtzeitig für ihre morgendliche Arbeit. Jaquie ist von Beruf Trendberaterin. Sie sagt voraus, was die Leute in naher Zukunft tun, haben wollen und kaufen werden. Heute ist sie geschäftlich im neusten Georgio Armani Anzug gekleidet, wozu sie als krönenden Abschluß Avia Turnschuhe trägt. Wenn sie alle denen, die einen flüchtigen Blick auf ihre unkonventionelle Aufmachung werfen, überhaupt Aufmerksamkeit schenkt, genießt sie die erstaunten Gesichtsausdrücke.

Sie schiebt einen Stapel Telefon-Kurzmitteilungen zur Seite, schließt ihre Bürotür, setzt sich bequem hin und meditiert zehn Minuten lang. Nach der Meditation legt sich Jaquie in aller Ruhe die Telefon-Mitteilungen zurecht, von denen sie weiß, daß sie wichtig sind, legt den Rest auf Wiedervorlage und überfliegt kurz die wichtigen Artikel in The New York Times, The Wall Street Journal, Women's Wear Daily, einer Reihe europäischer und japanischer Zeitschriften und den Doonesbury Comic. Während der ganzen Zeit frischt sie zwischendurch ihr Make-up auf.

Jaquies erster Klient ist Geschäftsführer einer Maklerfirma, die mit Nahrungsmitteln handelt. Die Firma ist dabei, die Produktlinie für die nächsten fünf Jahre zu planen. Der Eigentümer, ein freundlicher aber penibler Mann, möchte ihre Ansichten über die Trends im Nahrungsmittel-Kaufverhalten der kommenden Jahre hören. Jaquie weiß intuitiv, daß der Geschäftsführer zwar freundlich ist, dabei aber ganz subtil austestet, wie bewandert sie in seinem Gebiet ist. Jaquie erzählt ihm über die wachsende Popularität von Fishersatz- Produkten, wie z.B. künstliches Krabbenfleisch, welches aus einen Fisch namens Polluck hergestellt wird. Sie macht ihn auf einen neuen Nahrungsmittelzweig aufmerksam, in welchem Geflügelfleisch so verarbeitet wird, daß es genau wie Rindfleisch schmeckt. Sie zeigt ihm eine neue, wirtschaftlichere Art und Weise Nahrungsmittel zu verpacken, die sie selbst entwickelt hat.

Jaquies Präsentation ist aufregend, phantasievoll und verständlich. Ihr Klient ist beeindruckt und zufrieden. Er übersieht den irgendwie chaotischen Zustand ihres Büros, was ihm normalerweise mißfallen hätte, gibt ihr als Bezahlung einen Scheck und bittet sie, einen Beratungsvertrag für das nächste Jahr aufzusetzen. Als er Jaquies Büro verläßt, bemerkt er ihre Turnschuhe und lächelt. Er weiß, daß er es mit einem einzigartigen Individuum zu tun hat.

Jaquie repräsentiert den intuitiven Typ. Sie ist unkonventionell, den neusten Trends immer schon ein Stückchen voraus, eine Innovatorin mit einem scheinbar grenzenlosen Vorrat an Kreativität. Kurz, sie steht in ständiger wissender Verbindung mit allen Bereichen ihrer Welt.

Ich bin sicher, daß Du Menschen wie Jaquie kennst. Sie sind die Menschen in Deinem Leben, die die Ideen haben, diejenigen, die Du anrufst, wenn Du wissen willst, welches Restaurant, welcher Laden, oder welcher Urlaub gerade "in" ist. Ihr Mind arbeitet schnell, und sie sind die ersten, die über einen Witz lachen oder ein Kreuzworträtsel fertig haben. Sie sind flexibel, bereit, alles Neue auszuprobieren und immer anregend. Obwohl sie leicht Probleme im voraus erkennen können, machen sie sich keine Sorgen. Sie wissen intuitiv, wie die Lösung aussehen wird.

## *Nicht nur die Zukunft*

Die Verbindung zwischen Intuition und Prophezeihungen hat die falsche Idee entstehen lassen, daß diese Art übersinnlicher Wahrnehmung ausschließlich die Zukunft betrifft. Intuition ist der mediale Sinn, der am meisten zukunftsorientiert ist. Allerdings kann jeder der vier medialen Sinne für Vorahnungen oder Voraussagen benutzt werden. Eindrücke aus der Zukunft können in Form einer Vision der Zukunft, einem Gefühl der Warnung oder auch hellhörig aufgenommen werden. Warum ist Intuition dann in den Köpfen der Leute so eng mit Vorausschau verbunden? Dafür gibt es zwei Gründe.

Der erste Grund ist der, daß wir nur allzu oft dazu neigen, uns andere Arten von Vorahnungen auszureden. Visuelle und gefühlte Vorahnungen werden häufig heruntergespielt und als Imagination oder "innere Ängste" abgestempelt. Hellhörige Vorahnungen werden auch oft als "mit sich selbst sprechen" abgetan.

Der zweite Grund ist der, daß Intuitionen aus heiterem Himmel und häufig ohne unterstützende Beweise zu uns kommen und sie gerade dadurch unsere Aufmerksamkeit auf sich ziehen. Wenn sich die Intuition oder der übersinnliche Eindruck als wahr herausstellt, erinnert man sich eher daran, daß man die Vorahnung hatte. Die Folge ist, daß die Mehrzahl der Vorahnungen, die wir tatsächlich als solche anerkennen, auf dem Wege der Intuition zu uns kommen. Und die Folge hiervon ist, daß Intuition im allgemeinen mit Prophezeiung gleichgesetzt wird und fälschlicherweise nur mit dem Wahrnehmen der Zukunft in Verbindung gebracht wird.

Intuition ist außersinnliche Wahrnehmung, die nicht als Vision oder Stimme oder Gefühl vorkommt, sondern als unmittelbares Wissen. Dieses Wissen kann die Vergangenheit, die Gegenwart oder die Zukunft betreffen. Jede Art hat ihre eigenen Vorteile, und wir schauen uns jetzt alle drei Arten an.

## *In der Gegenwart: das intuitive übersinnliche Telegramm*

Sowohl Dena als auch ihre Tochter Sheila haben ihre Stärke im Bereich der Intuition. Es schien immer eine "wissende Verbindung" zwischen ihnen zu geben. Die Tatsache, daß Sheila an Denas Geburtstag zur Welt kam, schien sie medial sogar noch enger zusammen zu bringen. In der Zeit, als Sheila als Leiterin einer Fernsehproduktion arbeitete, flog sie einmal aus Miami zurück nach New York, als plötzlich ein Motor am Flügel ihres Flugzeuges explodierte und in Flammen ausbrach. Sheila, deren Sitzplatz auf der Seite des Brandes war, konnte beobachten, wie sich das Feuer an der Kante des Flügels entlangfraß. Das Flugzeug begann rasch an Höhe zu verlieren. Als das Flugzeug außer Kontrolle geriet, flogen Essens-Tabletts, Pakete und Gepäck in der Kabine herum. Einige zu Tode erschrockene Passagiere schrieen hysterisch: "Wir sterben!" Sheila blieb jedoch ruhig. Sie wußte einfach, daß alles gut gehen würde. Ihre Intuition sagte ihr, daß sie sich keine Sorgen machen sollte. Und es zeigte sich, daß sie mit ihrer Intuition recht hatte. Der Pilot gewann die Kontrolle über das Flugzeug wieder, unterbrach die Treibstoffzufuhr zu dem brennenden Motor und benutzte die ihm verbleibende Schubkraft, um mit Ach und Krach auf der schaumbedeckten Landebahn des Langley Luftwaffen Stützpunkts in Virginia notzulanden. Niemand wurde ernstlich verletzt.

Sobald sie zusammen mit den anderen Passagieren sicher im Clubraum der Bodenoffiziere angekommen war, war Sheilas erster Gedanke: "Ich muß meine Familie wissen lassen, daß mit mir alles in Ordnung ist." Ihre Bemühungen sie anzurufen, waren jedoch fruchtlos, da sie bereits zum Kennedy Flughafen in New York aufgebrochen waren, wo Sheila fahrplanmäßig landen sollte, um sie abzuholen. Da sie keinen telefonischen Kontakt herstellen konnte, schickte Sheila ihrer Mutter wiederholt den Gedanken, daß sie in Sicherheit war. In der Zwischenzeit erzählte das Personal der Fluggesellschaft des Kennedy Flughafens den Angehörigen, die auf das Flugzeug warteten, daß es verloren gegangen war. Dena erinnert sich, daß sie genau in diesem Augenblick eine beruhigende Botschaft erhielt und "wußte", daß es keinen Grund zur Beunruhigung gab. Plötzlich sagte sie: "Ich muß mit dem Langley Luftwaffen Stützpunkt telefonieren." "Weswegen?" fragte Sheilas Vater. "Ich weiß einfach, daß Sheila dort ist." antwortete Dena. Dena hatte noch nie etwas vom Langley Stützpunkt gehört, geschweige denn, daß sie wußte, wo er war. Glücklicherweise wußte es die Vermittlung. Kannst Du Dir die Gesichter in der Offiziershalle auf dem Stützpunkt vorstellen, als eine Wache nach Sheila fragte und sagte: "Ihre Mutter ist am Telefon." Sheila und Dena tauschten die erstaunlichen Einzelheiten ihrer Erlebnisse aus. Dann ging Dena zurück, um den anderen, die auch noch auf Freunde, Bekannte und Angehörige warteten, zu sagen, daß das Flugzeug sicher gelandet und niemand ernstlich verletzt war. Die Fluggesellschaft war im Gegensatz zu Sheila und Dena verblüfft.

Denas und Sheilas Geschichte ist ein Beispiel dafür, wie Intuition benutzt werden kann, um medial zu "wissen", was gerade jetzt passiert. Es ist ein Weissagen der Gegenwart. Du hast sicherlich auch schon Erfahrungen mit dieser Art Intuition gemacht, auch wenn sie nicht so dramatisch waren, wie Denas. Beispielsweise Situationen, in denen Du einfach wußtest, daß Du jemanden anrufen solltest. Oder die Situationen, in denen Du dich geärgert hast, daß Du einer Vorahnung nicht gefolgt warst, die sich als richtig herausgestellt hatte. Jetzt ist Dir wahrscheinlich klar, daß diese Geistesblitze und Vorahnungen Deine Intuition bei der Arbeit waren. Denk daran, wenn Du ihnen vertraust, werden sie Dir das Leben leichter machen.

## *Wie Intuition Rätsel aus der Vergangenheit löst*

Die gleiche Art plötzlicher intuitiver Einsicht kann auch Rätsel aus Deiner Vergangenheit lösen. Die Wissenschaft erklärt uns, daß jeder Lichtstrahl jetzt noch irgendwo leuchtet. In gleicher Weise muß dann auch noch jede übersinnliche Schwingung irgendwo weit draußen im Universum nachschwingen. Mit Hilfe von Intuition kannst Du diese Schwingungen aus der Vergangenheit wahrnehmen, was häufig lebensverändernde Folgen haben kann, wie die folgende Geschichte zeigt.

Angela, eine schüchterne, von Natur aus gut aussehende junge Frau war eine meiner Free Soul Studentinnen in Colorado. Obwohl ich sie nur einmal die Woche sah, wäre es schwer gewesen, nicht zu bemerken, wie sie versuchte, ihr gutes Aussehen zu verstecken. Ich wunderte mich, warum sie verlegen oder gar ärgerlich wurde, wenn jemand ihr wegen ihrem Aussehen ein Kompliment machte. Aber erst in unserer dritten Sitzung, in der wir eine Technik üben, mit der wir untersuchen, wie wir gelernt haben in Bezug auf unser Aussehen zu fühlen und zu denken, entdeckte ich, warum Angela ihre Schönheit herunterspielte. Die Übung verlangt, daß man die Einstellungen und Werte der Familienmitglieder, die sie während unseres Heranwachsens zum Thema persönliche Erscheinung hatten, untersucht und in einem Heft aufschreibt. Ich sah, daß Angela durch diese Anweisung beunruhigt war. Sie saß nervös auf ihrem Stuhl, hatte Probleme mit dem Aufschreiben und wandte ihre Augen von den anderen um sie herum ab. Plötzlich brach sie in Tränen aus. Als sie sich ein bißchen beruhigt hatte, erzählte sie der Gruppe ihre Geschichte.

Angela war von ihrer viel älteren Schwester Barbara großgezogen worden, nachdem ihre Mutter, als Angela noch sehr jung war, gestorben war. “Meine Schwester vermittelte mir immer ein Schuldgefühl wegen meinem Aussehen”, berichtete Angela. “Jedesmal, wenn ich leuchtende, hübsche Kleider anzog, kritisierte sie mich und zwang mich, sie wieder auszuziehen. Ich durfte immer nur schlichte Kleidung tragen, niemals etwas, was auffällig oder sexy war. Genauso war es mit Make-up. Barbara ließ mich nie welches tragen. Und jedesmal, wenn mein Vater mir ein Kompliment machte, hat mir meine Schwester verboten, die gleichen Sachen noch einmal zu tragen.”

Angela erzählte, daß sie nicht verstehen konnte, warum ihre Schwester wollte, daß sie sich unauffällig kleidete: ”Barbara war selbst attraktiv. Sie war stolz auf ihr Aussehen. Warum versuchte sie so krampfhaft, mich davon abzuhalten, daß ich weiblich und hübsch aussah?” Während ihrer Teenagerzeit schwankte Angela zwischen Haß auf ihre Schwester und einem unerklärlichen Schuldgefühl.

Als Angela älter wurde, beeinflußte ihre Verwirrung über ihr Aussehen ihre Beziehungen zu Männern. Obwohl sie äußerlich hübsch war, fühlte sie sich innerlich unattraktiv und zurückgezogen. Ihr Gefühl von Unzulänglichkeit hielt sie davon ab, ihre Weiblichkeit zu genießen und auf die romantischen Annäherungen von Männern anzusprechen. Da ich wußte, daß Angelas Stärke die Intuition war, schlug ich vor, daß sie versuchen sollte, zeitlich zurückzugehen und ihre Intuition zu benutzen. Vielleicht würde es ihr helfen, den Grund für das seltsame Verhalten ihrer Schwester herauszufinden, wenn sie intuitive Einsichten erhielt, die mit der Lösung in Zusammenhang standen. “Konzentriere Dich nicht auf dich selbst.” sagte ich. “Schau vielmehr nach, ob Du ein Erlebnis im Leben Deiner Schwester finden kannst.”

Angela befolgte meinen Vorschlag. Sie fing an zu meditieren, ließ langsam ihre Gedanken in der Zeit zurückwandern und betrachtete die Kindheit ihrer Schwester. Zu ihrem Erstauen, drängte sich ihr plötzlich ein Eindruck auf. Angela wußte plötzlich intuitiv, daß Barbara als Kind von ihrem Vater sexuell mißbraucht worden war. So schwer wie es für Angela auch war, mit ihrer Schwester über diese übersinnliche Wahrnehmung zu sprechen, so wußte sie doch, daß es lebenswichtig für sie beide war. Barbara war zunächst verblüfft, dann ärgerlich und dann ließ sie, da sie ganz unvorbereitet auf dieses Thema gewesen war, zu, daß das jahrelange Schweigen gebrochen wurde. Zwanzig Jahre lang aufgestaute Emotionen bahnten sich ihren Weg nach draußen, als Barbara von ihrer geheimen Schmach erzählte.

Das Ereignis hatte vor Angelas Geburt stattgefunden. "Ich war erst dreizehn." erzählte Barbara. "Eines abends probierte ich, bevor ich zu Bett ging, einige Kosmetika von Mutter aus: Puder, Lippenstift und Rouge. Dann entschied ich ein Nachthemd von Mutter anzuziehen." In diesem Augenblick kam ihr Vater ins Zimmer und näherte sich ihr in sexueller Weise. Obwohl die Situation zuende ging, ohne daß der eigentliche Verkehr stattgefunden hatte, schämte sich Barbara immer dafür und gab sich selbst die Schuld daran. Barbara erzählte nie jemandem von dem Vorfall. Sie selbst trug die doppelte Last der Scham und der Schuld. Irgendwie verdrehten sich diese Gefühle, bis eine Zwangsvorstellung aus ihnen entstand. Sie mußte Angela vor demselben Schicksal bewahren, in dem sie sie dazu brachte, unattraktiv auszusehen. Barbara wußte nie, wie sehr ihr Verhalten ihre Schwester verletzt hatte, bis sie es schafften, aufrichtig miteinander darüber zu sprechen. Danach waren die Frauen in der Lage die Wunden zu heilen, die durch die vielen Jahre der Auseinandersetzungen entstanden waren.

Als ich Angela das nächste Mal traf, war sie eine verwandelte Frau. Ihr Haar war geschnitten und frisiert, um ihr wunderschönes Gesicht hervorzuheben. Mit Wohlbehagen trug sie ein sinnliches Strickkleid, welches zwar konservativ, aber dennoch anziehend wirkte und ihren Stolz auf ihre Weiblichkeit sichtbar machte. Zusammengefaßt kann man sagen, daß Angela dadurch, daß sie ihre

Intuition benutzt hatte, um die Vergangenheit zu untersuchen, ihr Leben und wahrscheinlich auch ihre Zukunft verändert hat.

Gibt es Geheimnisse in Deiner eigenen Vergangenheit, die noch immer ans Licht gebracht und aufgelöst werden müssen? Über welche ungeklärten Dinge wolltest Du schon immer mehr wissen? Versuche Deine Intuition zu benutzen, um zu sehen, welche Einsichten Du vielleicht bekommen kannst. Tue dies, indem Du Dir die ungeklärte oder unverständliche Situation im Geist vergegenwärtigst und sie langsam nochmals anschaust. Versuche ein geistiges Bild davon zu bekommen oder versuche, Dir Deine Gefühle über die Angelegenheit zurückzurufen. Während Du dies tust, achte darauf, welche unmittelbaren Eindrücke oder Gedanken Dir zu diesem unaufgelösten Bereich oder zu der Frage in den Sinn kommen. Versuche diese Eindrücke oder Gedanken nicht sofort zu analysieren. Schreib sie einfach so nieder, wie sie Dir in den Sinn kommen. Schau Dir später nochmals Deine Aufzeichnungen an, um zu sehen, wie sie die Bereiche, die Dir vorher unklar waren, erklären oder erhellen.

Obwohl die Intuition schnell arbeitet, enthalten die Einsichten, die so "aus dem Blauen heraus" kommen, eine Menge Informationen. Und wenn Du erst einmal weißt, wie Du den übersinnlichen Wahrnehmungsbereich für die Intuition nutzen kannst, wirst Du noch leichter in der Lage sein, diese ersten Eindrücke und Einsichten auszulösen. Tatsächlich erhältst Du in einem Moment intuitiven Wissens eine riesige Menge an Daten, die sich zu unmittelbarer Bewußtheit verdichtet hat. Ab dem Zeitpunkt, an dem Du lernst, dieser intuitiven Information zu vertrauen, kannst Du, unabhängig davon, ob Du mit der Gegenwart beschäftigt bist, die Vergangenheit aussortierst, oder in die Zukunft schaust, in vielerlei Hinsicht von ihr profitieren.

## *Intuition und zukünftige Ereignisse*

Simon ist ein Börsenfachmann in der Wall Street und einer der bekanntesten Anlageberater in der Finanzwelt. An einem Tag im September 1987 trafen sich Simon und seine Freundin Ruth zum Mittagessen in einem ruhigen italienischen Restaurant im Osten Manhattans. Irgendwann zwischen Antipasta und Cappucino, erzählte Simon Ruth, daß er erwartete, daß die Börse in der nahen Zukunft einen ernsthaften Talsturz machen würde. “Verkaufe alles.” riet er ihr.

Ruth wußte, daß Simon in seiner Wahrnehmung zukünftiger Entwicklungen schon häufig recht gehabt hatte, also folgte sie seinem Ratschlag, obwohl der Börsenmarkt selbst täglich neue Höchststände erreichte. Als Freunde, die nicht gewarnt worden waren und die durch den Börsen-Crash im Oktober viel Geld verloren hatten, Ruth fragten, wie sie so eine scheinbar unlogische Entscheidung hatte treffen können, sagte sie: “Ich wußte einfach, daß Simon recht hatte.”

Einige Zeit später fragte Ruth Simon, wie es kam, daß er um Dinge wußte, die niemandem sonst bewußt zu sein schienen. Er antwortete: “Es gab keine besonderen Informationen, keine besonderen Daten. Wenn ich mich wie ein normaler Börsenfachmann verhalten hätte, hätte ich wie meine Kollegen gesagt, daß der Markt noch immer nach oben geht. Aber ich hatte eine Eingebung und die war so stark, daß ich sie nicht ignorieren konnte.” Simon war sich so sicher, daß seine Intuition ihm die Wahrheit sagte, daß er die Konten alle seiner Klienten, sowie sein eigenes außer Gefahr brachte, vor jenem “schwarzen Montag”. Nicht einer seiner Klienten verlor auch nur einen Pfennig.

Hättest Du nicht auch gerne einen Propheten als Finanzberater? Die Wahrheit ist, daß Du keinen Simon in Deinem Leben brauchst. Alles was Du wissen mußt ist, wo sich Dein übersinnlicher Wahrnehmungsbereich für die Intuition befindet und wie Du ihn benutzen kannst, um auf Wunsch Deine Intuition anzuzapfen.

## *Der übersinnliche Wahrnehmungsbereich für Intuition*

Der übersinnliche Wahrnehmungsbereich für Intuition befindet sich am oberen Ende des Kopfes. Um erfolgreich auf Deine Intuition zugreifen zu können, lenke Deine Gedanken und Deine Aufmerksamkeit nach oben. So einfach ist das. Denke einfach "oben". Stelle Dir einen Trichter vor, der sich nach oben hin durch das obere Ende Deines Kopfes zum Universum hin öffnet. Um intuitiv eine Person, einen Ort oder ein zukünftiges Ereignis über mediales Wissen zu bewerten, richtest Du Deine Aufmerksamkeit nach oben und achtest auf Deinen ersten Eindruck. (Im nachfolgenden Text erkläre ich noch ganz genau, wie das gemacht wird.)

Die neurobiologische Grundlage für die Lage des übersinnlichen Wahrnehmungsbereichs für Intuition am oberen Kopfende ist, daß sich dort der zentrale Spalt des Gehirns befindet. Dieser zentrale Spalt liefert den direktesten und ungehindertsten Zugang zum Corpus Callosum, dem massiven Nervenbündel, welches die beiden Gehirnhälften verbindet. In jüngster Zeit wird häufig betont, welche Vorteile es bietet, sowohl die rechte als auch die linke Gehirnhälfte zu benutzen, so daß ein Zugang zu ihrer wesentlichsten Verbindung durchaus sehr bedeutungsvoll sein kann. Außerdem verursacht eine Verlagerung des Bewußtseins nach oben zum oberen Kopfende regelmäßig einen bemerkenswerten Zuwachs an Alpha-Wellen Aktivität. Alpha-Wellen sind das Gehirnwellenmuster, welches am häufigsten zusammen mit veränderten Bewußtseinszuständen und erhöhter übersinnlicher Fähigkeit auftritt.

In der Metaphysik betrachtet man den Teil der Aura, der den oberen Teil des Kopfes umgibt, traditionell als eine Öffnung zu höheren Bewußtseinszuständen. Viele östliche Philosophien gehen davon aus, daß sich hier das Kronenchakra befindet, der Bereich, wo wir Zugang zu den höheren Sphären unserer Spiritualität finden, und sie empfehlen, daß man seine Aufmerksamkeit hier fokussiert, um die Kraft der Meditation zu steigern.

Welche Erklärung Du auch immer für Dich akzeptierst, Tatsache bleibt, daß Du nicht länger darauf warten mußt, daß Dich ein übersinnlicher Eindruck trifft, um intuitiv zu sein. Dadurch, daß Du diesen übersinnlichen Wahrnehmungsbereich anzapfst, kannst Du diesen sensitiven Kanal, wann immer Du zusätzliche Einsichten möchtest oder benötigst, öffnen. Du kannst intuitiv zukünftige Möglichkeiten oder Entscheidungen vergleichen. Du kannst schnell das Potential einer Person überfliegen, oder den Zustand von gegenwärtigen Ereignissen und Standorten überwachen. Du hast die Fähigkeit, "auf Befehl" intuitiv zu sein. Darüber hinaus verfügst Du über eine spezielle Methode, um Deine Intuition zu trainieren und Du kannst die Richtigkeit, die Tiefe und Klarheit Deiner Eindrücke weiter entwickeln.

## *Wie Du den Zugang zur Intuition anzapfst*

Jetzt wird es Zeit, daß Du versuchst, Deinen übersinnlichen Wahrnehmungsbereich der Intuition anzuzapfen. Um Deine erste Erfahrung mit Deinem Kanal für unbegrenztes übersinnliches Wissen zu machen, folge diesen einfachen Schritten:

**1.** Entspanne dich, setz Dich bequem hin und schließe Deine Augen.

**2.** Stelle Dir einen Trichter vor, dessen weites Ende sich von der Mitte des Scheitels Deines Kopfes nach oben ausweitet.

**3.** Lenke sanft Dein Bewußtsein nach oben und fokussiere Deine

Aufmerksamkeit durch den Trichter nach draußen. Sei offen für alles, was Dir dabei widerfährt.

**4.** Denk daran, es nicht zu sehr zu versuchen. Zwinge Deine Konzentration nicht herbei!

**5.** Übe den Wechsel zwischen normalem Bewußtsein bei offenen Augen und dem Nach-Oben-Denken mit geschlossenen Augen (wobei Du Deine Aufmerksamkeit nach oben zum übersinnlichen Wahrnehmungsbereich der Intuition lenkst).

**6.** Fühle, wie eine Vielzahl von Eindrücken scheinbar durch den Trichter in Deinen Mind hineinfließt. Sei aufmerksam für die Wahrnehmung, mehr in Einklang zu sein, die sich Dir hier eröffnet.

Kommt Dir das zu einfach vor? Nun ja, niemand sagt, daß es schwer sein muß, ein Medium zu sein. Tatsächlich läßt sich die Intuition von allen ESP Kanälen am einfachsten einschalten, wenn man einmal weiß wie. Der Vorgang, nach oben zu denken, öffnet buchstäblich eine Tür zum universalen Wissen, damit unmittelbar Informationen einfließen können. Eine schwangere Absolventin von Free Soul aus Washington D.C. benutzte z.B. diese Methode und erfuhr so schon drei Wochen vor dem Termin die genaue Geburtszeit und das genaue Geburtsgewicht ihrer Tochter. In einem anderen Fall erzählte mir ein Student, daß seine Intuition ihm ermöglicht hatte, die Antworten auf Testfragen, auf die er unvorbereitet gewesen war, zu wissen.

Ich benutzte selbst eine ähnliche Version des nach oben gerichteten Denkens, um meinen akademischen Stand im MIT zu verbessern. Da mir ESP zu der Zeit noch neu war und meine Fähigkeiten in diesem Gebiet noch nicht vollständig entwickelt waren, ging ich anders an die Sache heran. Ich zapfte meinen übersinnlichen Wahrnehmungsbereich für Intuition vor Prüfungen an, um vorzeitig zu wissen, welche Themenbereiche von dem Test abgedeckt werden würden. Dann arbeitete ich hart daran, diese speziellen Bereiche zu erlernen. Die Anwendung dieser Technik half mir, als einer der

Besten in der Klasse zu graduieren, obwohl ich zu Beginn in den Zulassungsklausuren zu den Schlechtesten gezählt hatte!

Jeder kann seine Intuition anzapfen, um Unterstützung beim täglichen Informationsbedarf zu erhalten. Das Geheimnis liegt darin, zu wissen wohin und wie man schauen muß.

Ich habe diese Technik vielen professionellen Medien vorgestellt, Männern und Frauen, die ihre natürlichen intuitiven Fähigkeiten seit Jahren anwenden. Wenn Sie von dem übersinnlichen Wahrnehmungsbereich erfahren, und lernen, wie Sie auf ihn zugreifen können, sind sie erstaunt darüber, wie leicht es für sie ist, ihre Intuition willentlich auszulösen. Viele erklärten mir, daß sie die Verlagerung ihrer Aufmerksamkeit nach oben spüren, wenn ihre Eingebungen kommen, aber daß sie sich nicht im Klaren darüber waren, daß sie den Vorgang selbst auslösen konnten. Marie, das Medium aus Boston, die meine Methoden verwendete, um durch ihre "blockierten" Momente durchzukommen, ist nur ein Beispiel für dieses Phänomen. Crystal, die seit zehn Jahren als professionelles Medium arbeitet, ist ein weiteres.

Crystal hatte ein Problem mit einem Klienten, welcher dermaßen langsam sprach, und extrem viel Zeit brauchte, um ihr Fragen zu stellen und der so weit abschweifte, während er sie stellte, daß das Medium das Gefühl hatte, daß ihre eigenen Eindrücke verzerrt und die Spontaneität der Antworten durch die Verzögerungen beeinträchtigt wurden. Nachdem Crystal von dem übersinnlichen Wahrnehmungsbereich der Intuition erfahren hatte, wartete sie einfach, bis der Klient zur Sache gekommen war, bevor sie ihr Bewußtsein nach oben verlagerte und ihre ersten übersinnlichen Eindrücke empfing.

Der Schlüssel zu intuitivem Wissen ist, in dem Augenblick, in dem Du diese mediale Tür öffnest, gleich den ersten übersinnlichen Eindruck aufzufangen. Crystal entdeckte dadurch, daß sie von dem übersinnlichen Wahrnehmungsbereich erfuhr, wie sie den Zeitpunkt kontrollieren konnte, an dem sich die Tür öffnete.

Intuition ist der schnellste unserer vier medialen Sinne. Manchmal ist es schwer, die Intuitionen zu fassen und sie festzuhalten, weil sie so flüchtig sind. Sie kommen schnell und verschwinden genauso schnell. Man kann sie wirklich völlig verpassen, wenn man zögert sie anzunehmen oder es nicht schafft, den Fokus schnell genug einzustellen. Der Schlüssel ist, den ersten Eindruck zu erfassen. Wenn Du den ersten ignorierst, oder auf eine langsamere, stärkere oder bleibendere Erkenntnis wartest, wirst Du die intuitiven Geistesblitze völlig verpassen. (Schreib sie auf, so wie sie Dir in den Sinn kommen und gehe im Laufe der Zeit nochmals über Deine Notizen, um sie zu verifizieren.)

Diese Schnelligkeit hat jedoch auch ihre Vorteile. Intuition kann man von allen ESP-Arten am besten einsetzen, wenn man sich rasch in eine Reihe verschiedener Plätze einstimmen muß. Eine meiner denkwürdigsten Erfahrungen mit dieser Technik machte ich als Marineoffizier, als ich Fernwahrnehmung einsetzte, um meine Leute zu motivieren.

## *Fernwahrnehmung durch Intuition*

Als Leutnant auf See, bestand eine meiner ersten Aufgaben darin, eine Division von 50 Bootsmännern zu überwachen. Das sind Mannschaftsmitglieder, die an Deck arbeiten. Sie kümmern sich um die Schiffstaue, streichen die Seitenflächen des Schiffs, und steuern die kleinen Boote, die zwischen Schiff und Küste hin und her pendeln. Ursprünglich war der Bootsmann der wirkliche Seemann. Im modernen Marinezeitalter des Radars und der Computer, ist diese Art von Deckarbeit jetzt eine der am wenigsten erstrebenswerten Arbeiten an Bord. Matrosen, die zum Bootsmann ernannt werden, sind normalerweise entweder solche, die es nicht geschafft haben, sich für einen technischen Posten zu qualifizieren, oder solche, die mit dem Gesetz in Konflikt geraten sind und denen die Wahl gelassen wird, sich zwischen Gefängnis und Marinedienst zu entscheiden. Ihr nicht so liebevoller Spitzname bei der Marine ist “Deckaffen”. Da sie auf der untersten Sprosse des professionellen Kastensystems der Marine standen, war die Moral meiner Leute verständlicherweise gering. Bevor ich auf der Bildfläche erschien, waren sie in vielerlei Hinsicht kaum besser als Arbeitssklaven behandelt worden. Ihre Einstellung und ihre Leistung spiegelten diesen Mißbrauch wieder. Intuitiv wußte ich, daß sie das Potential für hervorragende Leistungen hatten. Mein Ziel bestand darin, ihren Stolz und ihre Selbstachtung wieder herzustellen, während ich zur gleichen Zeit ihre Arbeitsleistung steigerte. Ich wußte, daß ich sie dazu bringen konnte. Ich hatte bereits meine Intuition benutzt, um die möglichen zukünftigen Entwicklungen meiner neuen Aufgabe zu überfliegen, und ich ahnte die großen Chancen für Gruppen- und individuellen Erfolg.

Während ich in meinem Quartier saß, verlagerte ich wieder meinen Fokus aufwärts und zapfte meine Intuition an. Diesmal ließ ich sie kreativ fließen. Bald kam mir die Vorstellung eines Planes, der diese Möglichkeiten in Realitäten verwandeln konnte. Ich übergab jedem Mann auf der Basis seiner Vorlieben einen Arbeitsbereich, und legte einen Arbeitsplan für die Woche fest. Dadurch, daß ich jedem Seemann seinen eigenen Verantwortungsbereich zuteilte, hoffte ich in ihm ein Selbstwertgefühl zu erwecken und ihm eine Möglichkeit zu liefern, Initiative zu zeigen. Ich erklärte den Männern auch, daß sie Freizeit bekommen würden, wenn die Arbeit zufriedenstellend erledigt war. Wenn sie bis Samstag brauchten, um eine Aufgabe zu erledigen, würden sie den extra Tag arbeiten müssen. Wenn sie am Donnerstag fertig waren, würden sie den Freitag frei bekommen.

Sie reagierten mit völliger Skepsis und Spott. Mir wurde klar, daß der Zynismus der Männer, auf der Grundlage ihrer bisherigen Erfahrungen mit gleichgültiger, falscher Behandlung verständlich war. Bisher war es so gewesen, daß ihnen, wenn sie eine Arbeit frühzeitig erledigten, einfach nur eine weitere unangenehme Arbeitsaufgabe zugeteilt wurde. Die einzige Art und Weise, wie ich beweisen konnte, daß ich mein Wort halten würde, war, sicherzustellen, daß alle Männer wirklich frühzeitig fertig wurden, was bei diesem Haufen keine leichte Aufgabe war.

Da die über vierzig Arbeitsplätze quer über das ganze Schiff verstreut waren, war es unmöglich, jede Arbeitsgruppe physisch mit irgendeiner Regelmäßigkeit zu überprüfen. Um dieser Herausforderung zu begegnen, benutzte ich meine Intuition. Mit ihrer Hilfe war ich in der Lage, mich durch Fernwahrnehmung auf dem Laufenden zu halten, was in den verschiedenen Arbeitsbereichen vor sich ging. Ich saß in meinem Quartier und überflog medial in regelmäßigen Abständen jeden Bereich. Während ich mir jeden einzelnen Bereich vergegenwärtigte, zapfte ich meinen übersinnlichen Wahrnehmungsbereich der Intuition an und achtete auf meinen unmittelbaren Eindruck. Beim Überfliegen achtete ich besonders auf die Bereiche, die dabei waren, zeitlich in Verzug zu geraten. Wenn ich so einen ausfindig machte, ging ich direkt hin. Meine Mannschaft konnte nie verstehen, warum ich immer gerade dann aufzutauchen schien, wenn sie anfingen das Ganze zu vermasseln.

Der Erfolg? Ich erreichte, daß die ganze Division auf maximaler Leistungsstufe arbeitete. Jeder war am Donnerstag mit seiner Arbeit fertig und jeder bekam den versprochenen Tag frei. Ich wiederholte die Vorgehensweise in der nächsten Woche. Nachdem sie zwei Wochen lang effizient genug gearbeitet hatten, um den Freitag frei zu bekommen, wußten die Männer, daß die Abmachung, die ich ihnen angeboten hatte, real war. Von dem Moment an funktionierte das Ganze von alleine. Meine Mannschaftsleute wurden für Professionalität und Selbstmotivation belobigt. Die Männer verbrachten weniger Zeit damit, in Schwierigkeiten zu stecken und mehr Zeit damit, ihre Freiheit zu genießen. Ich wurde frühzeitig befördert und bekam Führungsmöglichkeiten angeboten, die meinen Rang überstiegen. Und alle diese Ergebnisse wurden durch die praktische Anwendung von Intuition zustandegebracht.

## *Erlebe Deine eigene Fähigkeit, entfernte Plätze wahrzunehmen*

Du kannst Deine Intuition auch jederzeit benutzen, um Dich auf jeden beliebigen Ort einzustimmen. Suche Dir einen Ort aus, halte ihn geistig im Sinn und achte auf Deinen ersten Eindruck. Es gehört nicht mehr dazu, als die folgenden Schritte auszuführen:

**1.** Suche Dir einen entfernten Ort aus, den Du überblicken möchtest.

**2.** Bestimme als nächstes, was Du an dem Ort wahrnehmen möchtest. Ist jemand da? Was passiert gerade? Werden Deine Anweisungen ausgeführt?

**3.** Behalte den Ort dann mit geschlossenen Augen im Gedächtnis.

**4.** Verlagere Deine Aufmerksamkeit nach oben zum übersinnlichen Wahrnehmungsbereich der Intuition. Achte auf Deinen ersten Eindruck und schreibe ihn auf.

**5.** Verfolge die Sache weiter, indem Du anrufst, oder indem Du zu dem Ort, den Du wahrgenommen hast hingehst, um zu sehen, wie zutreffend Deine Eindrücke waren.

Du kannst diese einfachen Schritte benutzen, um auf mediale Weise "vorbeizuschauen", wann auch immer und wo auch immer Du es wünschst. Teste jetzt zur Übung einmal verschiedene Plätze aus. Die unmittelbare Information, die Du erhältst, kann Dir helfen Problemen vorzubeugen, bessere Entscheidungen zu fällen, zur richtigen Zeit am richtigen Ort zu sein. Weil es so schnell und einfach geht, kann das Wahrnehmen entfernter Orte per Intuition ein wichtiger Zeitsparer für viel beschäftigte Menschen sein.

## *Neue Herangehensweisen durch Intuition*

Menschen sind die komplexesten Herausforderungen, mit denen wir im täglichen Leben zu tun haben. Jedes Individuum ist einzigartig und manchmal schwer zu verstehen. Wie Du mit anderen umgehst, ist häufig der Schlüssel zum Erfolg oder die Ursache von Mißerfolg. Intuition kann Dir dadurch helfen, daß sie Dir neue und kreative Einsichten vermittelt, die Du auf zwischenmenschliche Beziehungen anwenden kannst. Du könntest überrascht sein, wie diese Erkenntnisse Dein Verstehen von und Deine Kommunikation mit anderen Menschen verbessern können, besonders bei den Menschen, mit denen Du berufliche oder persönliche Probleme hast. Die Eigenart der Intuition, eine Fülle von Einsichten zu vermitteln, liefert Informationen und Antworten, die sonst nicht erhältlich sind. Da die Intuition der grenzenlose, offene Zugang zum Universum ist, kann man durch sie eine Fülle kreativer Methoden und Herangehensweise erhalten.

## *Wie Hoffnung in einen "hoffnungslosen Fall" hineingebracht wurde*

Dr. Marlene Shiple, eine Psychotherapeutin und Free Soul Ausbilderin aus Phoenix, Arizona, benutzt Intuition bei ihrer Arbeit, um neue Informationen und neue Zugänge in der Therapie aufzunehmen, mit denen sie ihren Patienten besser helfen kann. Am Anfang ihrer Karriere war Marlene eine Therapeutin im chemischen Suchtzentrum in einem Krankenhaus in Houston, Texas. Brad, ein Patient, knapp dreißig Jahre alt, entwickelte sich rasch zu einem der größten Fehlschläge der Drogenrehabilitationsabteilung. Er stellte sich vor, James Dean in Cowboy Stiefeln zu sein, und war wütend auf die Welt. Er war durch die gemeinsame Entscheidung seiner Familie und seiner Frau im CDC untergebracht worden, nachdem der Drogenmißbrauch fast sein und ihr Leben zerstört hatte, aber er sträubte sich gegen alle Versuche ihm zu helfen.

Obwohl nur noch eine Woche in dem 28-Tage Programm übrig war, nachdem er entlassen werden sollte, zeigte Brad überhaupt keine Besserungserscheinungen. Er kam chronisch zu spät zu den Gruppentherapie-Sitzungen. Wenn er kam, tat er gelangweilt oder behinderte häufig die ganze Gruppe. Seine individuellen Therapiesitzungen mit Marlene erwiesen sich als ebenso wenig fruchtbar. Normalerweise gaben sie Brad nur Gelegenheit, seine Wut auf alles in seinem Leben auszudrücken. Sie endeten mit seinem immer noch unerschütterten Glauben daran, daß mit ihm alles in Ordnung war. An einem Tag nahm Marlene, während sie über Brads Fall nachdachte, intuitiv wahr, daß es die richtige Zeit war, in Brads Zimmer zu gehen, um mit ihm zu sprechen. Sie stellte fest, daß Jan, eine andere Therapeutin bereits dort war, und gerade Brads beleidigenden Wortschwall abbekam. Da es zu den Krankenhausregeln gehörte, daß nur ein Therapeut zur Zeit mit einem Patienten arbeitete, wollte Marlene wieder gehen. Plötzlich wußte sie jedoch, daß sie bleiben sollte. Intuitiv wußte sie, daß etwas getan werden mußte, um Brad durch einen Schock zu einer realistischeren Sichtweise seines Lebens zu bewegen. Ihr kam plötzlich eine Idee. Sie lenkte Jans Aufmerksamkeit auf sich, und Jan zeigte ihr mit einem Nicken, daß sie ihr die Führung überlassen würde. (Die beiden Therapeutinnen hatten erst vor kurzer Zeit den Wert intuitiver Ideen in therapeutischen Situationen besprochen, und so war Jan neugierig zu erfahren, was Marlene im Sinn hatte.) Marlene begann sich mit Jan zu unterhalten, als ob Brad nicht im Raum wäre. Sie lenkte die Unterhaltung allmählich auf Brads mangelnden Fortschritt. Sie sprachen offen darüber, wie sie glaubten, wie Brads Leben weitergehen würde, wenn er entlassen war. Während sie immer noch so sprachen, als ob Brad nicht im Raum war, beschrieben sie ausführlich, wie Brads Tochter ihn sicherlich einmal hassen würde, wie er auf der Straße leben würde, nachdem ihn seine Familie aufgegeben hätte, und daß er wahrscheinlich im

Gefängnis landen würde. Zum ersten Mal, seit er im CDC war, wurde Brad still. Jetzt hörte er zu - ernsthaft.

Marlene hatte in ihrer Ausbildung nie von so einer Herangehensweise gehört. Negativ über einen Patienten in seiner Gegenwart zu sprechen war strengstens verboten und wurde scharf verurteilt. Intuitiv wußte Marlene jedoch, daß diese Herangehensweise funktionieren würde und Brads Schweigen zeigte ihr, daß sie zu ihm durchkamen. Noch einige Minuten lang malten die beiden Therapeutinnen die schlimmsten Entwicklungen mit Worten aus. Schließlich erklärte Marlene, daß es eine Schande wäre, wenn Brad so enden würde, da sowohl sie als auch Jan darin übereinstimmten, daß die sich abzeichnende Tragödie so leicht verhindert werden konnte. Sie verließen den Raum, wobei sie Brads Anwesenheit noch immer keine Aufmerksamkeit schenkten.

Brads Verhalten begann sich dramatisch zu verändern. Er begann sich in den Gruppensitzungen vernünftig einzubringen und bat sogar darum, mit seinen Eltern zusammen eine Therapiesitzung zu machen. Seine Verwandlung war so bemerkenswert, daß das Krankenhaus Brads Aufenthalt verlängerte, und als er das Krankenhaus endlich verließ, war er erfolgreich auf dem Wege zur Besserung. Das letzte, was Marlene von Brad hörte, war, daß er sich mit seinen Eltern ausgesöhnt hatte und glücklich mit seiner Frau und seiner Tochter lebte, daß er drogenfrei geblieben war und eine feste Lehrstelle als Zimmermann hatte. Dadurch, daß sie ihrer Intuition gefolgt war, auch gegen die therapeutischen Konventionen und die Richtlinien des Krankenhauses, hatte Marlene einen erfolgreichen Weg gefunden, um Brad zu erreichen.

## *Intuitive Einsichten in die Menschen, mit denen Du in Deinem Leben Probleme hast*

Du kannst genau wie Marlene Deine Intuition benutzen, um Einsichten darüber zu bekommen, wie Du mit schwierigen Menschen in Deinem Leben umgehen kannst. Mit welchen Individuen scheint eine Verbindung immer schwierig zu sein? Welche Personen sind stur? Unkooperativ? Zurückhaltend? Wüßtest Du nicht gerne, wie Du eine bessere Beziehung herstellen und reibungsloser mit ihnen kommunizieren kannst? In unserer heutigen, immer streßgeplagteren Welt, ist alles, was Dir hilft, reibungsloser zurechtzukommen, ein Segen. Wenn Du Deine Intuition verwendest, um Dich auf andere einzustellen, bereicherst Du Dich selbst. Es führt nicht nur zu größerem Erfolg, sondern erhöht auch ganz direkt die Qualität Deines Alltags. Lerne, Deinen intuitiven Instinkten zu vertrauen. Probiere die folgende Methode aus:

**1.** Denke an drei Menschen, mit denen Du Schwierigkeiten hast (z.B. Dein Vorgesetzter, angeheirateter Verwandter, Nachbar).

**2.** Vergegenwärtige Dir eine Person nach der anderen, wobei Du Dich darauf konzentrierst, wie Du Deine Beziehung zu ihr verbessern kannst.

**3.** Verlagere Deine Aufmerksamkeit nach oben zu Deinem übersinnlichen Wahrnehmungsbereich der Intuition und achte auf Deine Wahrnehmungen.

**4.** Sei gegenüber allen Gedanken offen, die Dir etwas über die Art und Weise oder über eine Methode der Annäherung verraten können. Beobachte auch, ob Du irgendwelche intuitiven Eindrücke bekommst in Bezug auf den Grund, warum sich diese Menschen so verhalten (dann mußt Du ihr Verhalten nicht mehr persönlich nehmen.)

**5.** Schreib Deine Eindrücke kurz nieder und wende sie bei nächster Gelegenheit an.

## *Wie Du Dein Leben in die Hand nehmen kannst, indem Du Deine Intuition benutzt*

Am schwierigsten ist es, die Zukunft medial wahrzunehmen, weil sie in Wirklichkeit unendliche Möglichkeiten und Wahrscheinlichkeiten enthält. Da Intuition der schnellste und grenzenloseste mediale Sinn ist, kann sie diese Möglichkeiten und Wahrscheinlichkeiten zu einem eindeutigen "Wissen" verdichten. Anstatt langsam endlose Gefühle vergleichen zu müssen, kannst Du Deine Intuition einsetzen, um eine augenblickliche Zusammenfassung herzustellen. Das ist der Grund, warum Intuition der beste ESP Kanal ist, um die Zukunft abzutasten.

Du kannst Deine Intuition anzapfen, um bevorstehende Situationen, Entscheidungen oder Handlungen zu überblicken. Du kannst intuitiv merken, wann Veränderungen nötig sind oder eine Angelegenheit dringend wird. Du kannst auch herausfinden, welche Probleme sich von selbst lösen werden, ohne daß sie viel Aufmerksamkeit von Dir benötigen. Benutze einfach den übersinnlichen Wahrnehmungsbereich der Intuition, während Du Deine Möglichkeiten durchschaust. Das nimmt nur einen Augenblick Zeit in Anspruch, kann Dir aber Stunden sparen, die Du sonst mit entkräftenden Sorgen zugebracht hättest. Hier sind die Schritte für dieses intuitive Abtasten der Zukunft:

- Vergegenwärtige Dir die bevorstehende Entscheidung oder das Problem, das Du lösen mußt.
- Mache eine kurze Liste Deiner möglichen Alternativen (jetzt handeln, Hilfe von jemand anderem bekommen, die Sache auf sich beruhen lassen, warten und mich gleichzeitig darauf vorbereiten, schnell zu handeln, usw.).
- Gehe im Geist eine Alternative nach der anderen durch.
- Während Du das tust, verlagere Deine Aufmerksamkeit nach oben zum übersinnlichen Wahrnehmungsbereich der Intuition. Stelle fest, welche Möglichkeit Dir intuitiv als die richtige Entscheidung erscheint.

- Schreibe kurz die Eindrücke nieder, die Du bezüglich zukünftiger Vorgehensweisen erhältst.

In Wirklichkeit ist das Wissen darum, wie Du Deinen übersinnlichen Wahrnehmungsbereich der Intuition anzapfen kannst, so ähnlich wie Zugang zur Deiner ganz persönlichen Kristallkugel zu haben. Sie ist in Deinem Kopf. Alles, was Du tun mußt, ist Deine Aufmerksamkeit nach oben zu verlagern und sie anzuzapfen. Das Wissen um Deinen übersinnlichen Wahrnehmungsbereich der Intuition und dafür offen zu sein, unvoreingenommen wahrzunehmen, d.h. nicht das auszuschließen, was Du vielleicht nicht hören möchtest, ist alles was Du brauchst. Das ist ein wichtiger Punkt: Habe keine Angst, etwas wahrzunehmen, was Du nicht magst oder willst. Denke daran, daß die Zukunft sich in ständigem Wandel befindet und daß Du sie durch Deine Handlungen verändern kannst. Deine Intuition sagt Dir nur, wie die gegenwärtigen Trends aussehen. Wenn sie sich nicht so entwickeln, wie du es möchtest, dann handle, um die notwendigen Veränderungen herbeizuführen. Benutze Deine Intuition, um die schnellsten, einfachsten und effektivsten Wege herauszufinden, diese Veränderungen herbeizuführen. Das ist es, was ich meine, wenn ich davon spreche, daß Du Dein Schicksal in die eigene Hand nehmen kannst.

## *Propheten schaffen es am leichtesten, sich keine Sorgen zu machen*

Menschen, deren Stärke die Intuition ist, benutzen ihr ESP, um in die Zukunft zu schauen. Als Folge hiervon nehmen sie bereitwilliger am Lebensfluß teil. Sie haben schon häufig erlebt, wie Entscheidungen und Lösungen für Probleme ihnen einfach zufliegen. Propheten sind mit Abstand die Besten darin, keine Energie mit unnötigen Sorgen zu verschwenden. Sie wissen intuitiv, ob etwas klappen wird oder nicht.

Schauen wir uns einmal Julie und Ray an, die zu den Teilnehmern eines Wochendseminars zählten, das ich in Tucson, Arizona leitete. Wir hatten gerade eine Übung beendet, in der wir einen entfernten Ort wahrgenommen hatten. Julie, deren natürliche Stärke die Intuition ist, strahlt die Spontaneität aus, die diese Fähigkeit ihr gibt. Sie hat einen schnellen Geist, bleibt aber stets entspannt und unbekümmert. Ray, ein in den Ruhestand versetzter Offizier, ist von Natur aus mit Hellsichtigkeit begabt und besitzt gute Anlagen für Präzision und Organisation. In vielerlei Hinsicht sind sie genaue Gegensätze. Die Eindrücke, die das Paar bei der Fernwahrnehmung empfing, schienen ähnlich unvereinbar zu sein.

Beide entschieden sich dafür, ihr Zuhause wahrzunehmen, wo sie ihren beiden jugendlichen Kindern die Verantwortung für das Haus in ihrer Abwesenheit übertragen hatten. Ray, dessen Stärke das mediale Schauen ist, sah das Haus bildlich vor sich, als er sich darauf einstimmte. Er sah eine große Unordnung: Kleider waren überall verstreut, das Geschirr war nicht abgewaschen, man sah alle die Markenzeichen von Jugendlichen, die sich selbst überlassen waren. "Ich wußte doch, daß wir sie nicht allein lassen sollten." stöhnte er. Im Gegensatz hierzu benutzte Julie ihre Intuition und wußte ohne Zweifel, daß alles in Ordnung war und weiterhin sein würde.

Die Eindrücke des Paares waren so unterschiedlich, daß sie sich entschlossen, Zuhause anzurufen, um zu sehen, wer näher an den Tatsachen lag. "Das Haus ist völlig unordentlich", sagte der Sohn, "aber wir sind gerade dabei, es aufzuräumen. Und wir werden damit fertig sein, bevor ihr wieder Zuhause seid." Julies ganzer Ausdruck schien zu sagen "Ich wußte, daß es klappen würde!" Dies ist beispielhaft für das ungeschriebene Glaubensbekenntnis der intuitiven Menschen: "Warum soll ich mir um etwas Sorgen machen, von dem ich sowieso weiß, daß es gut ausgehen wird?"

## *Die Charakteristika der verschiedenen medialen Persönlichkeiten*

Das war nur ein Beispiel dafür, wie die Herangehensweise des Propheten an das Leben durch seine oder ihre spezielle ESP Stärke beeinflußt wird. Von den verschiedenen medialen Persönlichkeitstypen kann man die Propheten wahrscheinlich am leichtesten erkennen. Ihr schneller Geist und die Art und Weise, wie sie ihrer Intuition vertrauen, verraten sie. Schau, ob du herausfinden kannst, wie der Prophet sich in den folgenden verschiedenen Lebenssituationen verhält und welche übersinnlichen Stärken mit den anderen Möglichkeiten in Verbindung stehen. Achte auch darauf, welche Herangehensweise Deiner am nächsten kommt. Was sagt Dir das über Deine mediale Persönlichkeit?

*1. Dein momentanes Beschäftigungsverhältnis ist beendet. Um einen neuen Arbeitsplatz zu finden und um Deine Karriere weiter voranzutreiben ...*

A) ... kaufst Du Dir systematisch jede Zeitung und analysierst jede Anzeige, wobei Du entscheidest, auf welche Du Dich vernünftigerweise bewerben solltest.

B) ... machst Du Dir ein Bild von Dir bei verschiedenen Arbeiten, und suchst dann den Arbeitsplatz, der zu Deinem geistigen Bildern paßt.

C) ... beantwortest Du nur die Stellenangebote, die Dir ins Auge fallen und vertraust darauf, daß sich der richtige Arbeitsplatz schon finden wird.

D) ... suchst Du Dir einen Arbeitsplatz aus, weil Du Dich im Einstellungsgespräch mit den Leuten, die Du beim Einstellungsgespräch getroffen hast, wohl gefühlt hast.

Propheten wissen einfach, daß sich der perfekte Arbeitsplatz finden wird. Sie würden mit der Jobsuche beginnen, indem sie auf Anzeigen reagieren, die ihnen ins Auge fallen. Ihre natürlich intuitive Fähigkeit würde sie zur rechten Zeit am rechten Ort sein lassen. Übrigens schneiden Propheten bei Einstellungsgesprächen auch überdurchschnittlich gut ab. Da sie intuitiv die Bedürfnisse anderer erkennen, ist es relativ leicht für sie, den Gesprächspartner davon zu überzeugen, daß sie die richtige Person für den Arbeitsplatz sind. Ich bin mir sicher, daß Du bereits weißt, daß die Antwort des Propheten auf die erste Frage C ist. Die Herangehensweise unter A ist die Art und Weise wie Hellhörige eine neue Stelle suchen würden, da sie logisch und systematisch sind. Der oder die Hellsichtige würde die Vision (B) haben wollen und natürlich würde sich der Fühlende wohl fühlen wollen (D).

## *Wie Du Deine Intuition einsetzen kannst, um den Nutzen Deiner Arbeit zu steigern*

Eddy Cettina, eine Free Soul Ausbilderin in Los Angeles, ist ein bemerkenswertes Beispiel dafür, wie die Art und Weise der Propheten, sich eine Arbeit zu suchen, zu beruflichem Fortschritt führen kann. Eddy ist eine intelligente und tüchtige Frau, deren größter Vorzug jedoch ihre Fähigkeit ist, den Bedürfnissen ihres Arbeitgebers zuvorzukommen. Als ihre Ehe zusammenbrach und sie mit einer Hypothek und ihrer kleinen Tochter zurückgelassen wurde, mußte sie anfangen sich mit den Stellenanzeigen zu beschäftigen. Eine Anzeige schien ihr ins Auge zu stechen. Sie wußte einfach, daß sie sich um die Stellung einer Buchhalterin in der Kreditorenbuchhaltung, die eine Entwicklungs- und Konstruktionsfirma ausgeschrieben hatte, bewerben sollte, auch wenn es nicht die Art von Arbeit war, die sie haben wollte.

Obwohl Eddy eine Art unmittelbarer Verbindung mit dem Geschäftsführer der Firma, der sie interviewte, spürte, lehnte sie zunächst sein Arbeitsangebot ab. Sie sagte ihm, daß das Gehalt die Rechnungen nicht begleichen würde, mit denen sie allein gelassen worden war. Noch wichtiger war für sie - was sie ihm auch erklärte -, daß sie das Gefühl hatte, daß ihre Fähigkeiten über die Arbeit einer Kreditorenbuchhalterin hinausgingen. Er bot ihr dann ein höheres Gehalt an, und bat sie, die Sache noch einmal zu überdenken. Eddy wußte nicht einen guten, logischen Grund, die Arbeit anzunehmen, außer der Tatsache, daß ihre Intuition ihr sagte, sie sollte sie nehmen. Da sie erst kürzlich einen Free Soul Kurs begonnen hatte, um ihre übersinnlichen Fähigkeiten zu entwickeln, wußte sie, daß Intuition ihre Stärke war und sie vertraute ihr. Weiterhin wußte sie, daß sie "wissen" konnte, was ihr Vorgesetzter wollte, ohne daß man es ihr sagte, und daß ihr das helfen würde, in der Firma aufzusteigen.

Ihr Vorgesetzter unterschrieb alle fälligen Schecks persönlich. Indem sie ihre Intuition anzapfte, war Eddy rasch in der Lage, die Karten und Akten des Hauptbuches genau in den Zustand zu bringen, in dem ihr Arbeitgeber sie haben wollte. Sie "wußte" auch, daß es ihrem Arbeitgeber gefallen würde, wenn sie eine Personalkostenanalyse aufstellen würde, also begann sie auch mit der Gestaltung dieser Berichte. Am Ende des Jahres wurde Eddy zur Verwaltungsassistentin befördert. Während sie die Korrespondenz ihres Vorgesetzten erledigte, verlagerte sie ihre Aufmerksamkeit nach oben, zapfte ihre Intuition an, und wußte genau, wie sie seine Briefe schreiben sollte. Als die Arbeit hektisch wurde, übernahm sie einige Projekte, ohne daß ihr Vorgesetzten ihr dafür Anweisungen geben mußte. Er war mit ihrer Arbeit und mit ihrer fast unheimlichen Art, seine Bedürfnisse vorherzusehen, so zufrieden, daß er sie zur Büroleiterin für die ganze Firma beförderte.

Sein Vertrauen in und sein Verlaß auf Eddy nahmen weiterhin zu. Sie benutzte ihre Intuition, um ihm zu helfen, neue Bauplätze für Entwicklungsprojekte ausfindig zu machen und wurde als Folge zur stellvertretenden Direktorin ernannt. Eddys Gehalt hat sich mehr als verdreifacht. Statt nachts wachzuliegen und sich Sorgen zu machen, wie sie die Hypothek bezahlen soll, besitzt sie jetzt vermietete Immobilien, hat ein Haus für ihre Eltern gekauft und erfreut sich an der Verantwortung für eine Arbeit, die ihr Vergnügen macht. Eddys praktische Anwendung ihrer Intuition hat die Qualität ihres Lebens verbessert.

2. *Du hast keinen festen Partner und bist an einem Punkt in Deinem Leben angekommen, wo Du nicht mehr alleine sein willst. Um einen neuen Partner zu finden...*

A. ... machst Du Dir eine geistige Liste alle der Qualitäten, die Du an einem Partner schätzt und gehst dann los, um einen Partner zu finden, der die Punkte auf Deiner Liste erfüllt.

B. ... kümmerst Du Dich weniger um die Qualitäten der Person, oder darum, wie er oder sie aussieht, sondern mehr darum, wie Du Dich fühlst, wenn Du mit ihm oder ihr zusammen bist.

C. ... machst Du Dir zuerst ein geistiges Bild davon, wie Dein Partner aussehen sollte.

D. ... gehst Du nach Deinem Instinkt und weißt, daß Du zur richtigen Zeit zur richtigen Person geführt werden wirst.

Denke daran, daß die Intuition den Propheten hilft, zum richtigen Zeitpunkt am richtigen Ort zu sein. Diese Eigenschaft ist so sehr ein Teil ihres Lebens, daß sie darauf vertrauen, daß Herr oder Frau Richtig auftauchen wird, wenn sie ihrem Instinkt folgen. Da Propheten schnell im Geist sind, werden sie ohne Zweifel wissen, wann die Person und der Zeitpunkt die Richtigen sind. Daher ist die Antwort der Propheten D. Hellhörige sind die Listenmacher. Wenn sie die Wahl haben, werden sie in einer logischen und organisierten Art und Weise einen Partner auswählen (A). Hellsichtige bemerken zuerst, wie etwas oder eine Person aussieht, daher wäre ihre Vorstellung der Person sehr wichtig (C). Und wie wir bereits festgestellt haben, möchten sich Fühlende immer mit ihren Partnern wohlfühlen (B).

## *Wie Intuition benutzt werden kann, um einen verlorenen Geliebten wiederzufinden*

Nichts verkörpert die Tatsache, daß man zur richtigen Zeit am richtigen Ort ist, mehr, als wenn man seine große Liebe findet. Marianne Stanley aus Tucson, Arizona, eine Free Soul Ausbilderin und Begründerin einer Organisation, die sie "Friend Finders" nennt, benutzte ihre intuitiven Fähigkeiten, um ihre eigene verlorene große Liebe wiederzufinden. Marianne, eine lebensfrohe und warmherzige Frau, wurde von ihrer ersten großen Liebe Don getrennt, als ihre Aufgabe bei der Luftwaffe und seine bei der Marine sie in verschiedene Teile der Vereinigten Staaten führte. Marianne ließ ihre Beziehung zu Don schleifen, bis sie schließlich jeglichen Kontakt zu ihm verlor, was sie über zwanzig Jahre lang bedauerte. Während dieser Zeit heirateten sowohl sie, wie auch Don andere Partner und zogen Kinder auf. Sie vergaß jedoch ihre erste große Liebe nie.

Über die Jahre hinweg hörte Marianne durch zufällige Bekanntschaften, daß Don verheiratet und noch bei der Marine war, aber niemand wußte, wie man ihn erreichen konnte. Dann, 23 Jahre nach ihrer Trennung, wußte Marianne plötzlich, daß Don wieder in ihr Leben kommen würde. Sie wußte weder wann noch wie. Sie wußte einfach nur, daß sie ihn wiedersehen würde.

Schon bald nach diesem Geistesblitz gründete Marianne die Friend Finders. Sie war sich so sicher, daß sie mit Don wieder in Berührung kommen würde, daß sie auch anderen Menschen helfen wollte, ihre langverlorenen Freunde und Geliebten wiederzufinden. Während Radio-, Fernseh- und Zeitungsinterviews, in denen sie für Friend Finders Werbung machte, erwähnte sie auch ihre Suche, in der geheimen Hoffnung, daß irgendein Zuhörer wissen würde, wo Don sich aufhielt. Stattdessen lieferte Mariannes Intuition jedoch den Schlüssel, um sie zur richtigen Zeit am richtigen Ort sein zu lassen. Ihre Familie hatte in diesem Jahr im Juli ihr jährliches Familientreffen in ihrer Heimatstadt Dayton, Ohio. Marianne hatte nicht vorgehabt, dabei zu sein, doch wußte sie plötzlich, daß sie hinfahren mußte. Eine zwingende innere Gewißheit stieg in ihr auf, und sie hatte sie schon zu oft erlebt, um ihr nicht zu vertrauen.

Je mehr sich Marianne Dayton näherte, umso mehr mußte sie an Don denken. Sie wußte, daß er dorthin zurückgekehrt sein mußte, was er auch tatsächlich nach seiner Entlassung aus der Marine getan hatte. Sie fand Dons Telefonnummer, war dann aber für eine Weile wie gelähmt durch alte Unsicherheiten und Angst vor Zurückweisung. “Wird er sich an mich erinnern? Macht er sich noch etwas aus mir? Werde ich einfach nur einen Narren aus mir machen?” fragte sie sich. Dann hatte sie wieder einen intuitiven Geistesblitz. Sie wußte, daß dies der perfekte Zeitpunkt war, um die Verbindung wieder aufzunehmen. Diese Wahrnehmung besiegte ihre Ängste. Sie rief an und stellte wieder einmal fest, daß ihre Intuition ihr gut gedient hatte. Dons Ehe war beendet. Sein Kinder waren erwachsen und selbständig. Während sie miteinander sprachen, wußte auch Don, daß der Zeitpunkt ihrer Wiedervereinigung gekommen war.

Das Happy-end dieser Geschichte ereignete sich im letzten Dezember, als er und Marianne heirateten. Nach 23 Jahren war eine verpaßte Gelegenheit wieder eingefangen, und eine verlorene Liebe wiedergefunden worden, weil Marianne erfolgreich einer übersinnlichen Fährte gefolgt war.

*3. Um ein neues Zuhause zu finden...*

A. ... interviewst Du verschiedene Immobilienmakler, findest den kompetentesten, und schaust Dir jedes Haus in Deiner Preislage an.

B. ... findest Du einen Makler, mit dem Du Dich wohl fühlst und vertraust ihm, daß er für Dich das ideale Heim findet.

C. ... fährst Du in der Nachbarschaft, in der Du gerne wohnen würdest herum, findest Häuser, die Deiner Meinung nach gut aussehen, und bittest dann darum, diese besichtigen zu können.

D. ... weißt Du einfach, daß der richtige Platz für Dich auftauchen wird, wenn Du einfach offen und bewußt bist.

Du wirst in der Zwischenzeit bestimmt schon wissen, welche

übersinnliche Fähigkeit mit jeder Antwort in Verbindung steht. Teste Dich selbst. Identifiziere die Antworten im Kopf und schau Dir dann die Lösung am Ende dieses Kapitels an. Der logische, organisierte Hellhörige würde ___ wählen. Der hellsichtige Planer, der alles zuerst sehen will, würde ___ wählen. Der Fühlende, der sich immer wohl fühlen muß, würde ___ wählen. Übrig bleibt der Prophet, der gelernt hat, zu vertrauen, daß er zur richtigen Zeit am richtigen Ort sein wird. Er oder sie weiß, daß die vollkommene Situation sich ergeben wird und wählt deshalb ___.

Immer wenn meine Frau und ich ein neues Zuhause finden müssen, leistet uns Debbies klare Intuition gute Dienste. Sie hat eine besondere Fähigkeit, den perfekten Platz für uns zum Leben ausfindig zu machen. Ich machte meine erste Erfahrung mit Debbies aufspürender Intuition kurz nach unserer Hochzeit als ich noch in Italien lebte, wo ich meinen Militärdienst beendete. Während meiner Junggesellenjahre in Übersee lebte ich auf einem Schiff, und so wußte ich nichts darüber, wie man in einem fremden Land ein Zuhause fand. Nachdem Debbie nur ein paar Tage in Italien gewesen war, ging sie zur Wohnungsvermittlung, schaute sich schnell die Listen an und suchte sich ungesehen das Haus aus, was für die nächsten 2 Jahre unser Heim werden sollte. Es war ein Penthaus mit zwei Bädern und zwei Schlafzimmern, Terrassen auf drei Seiten und Meerblick an zwei. Die Miete betrug nur $ 175 im Monat, und es war ein unglaublicher Luxus für ein junges Paar.

Als wir nach Amerika zurückkehrten, benutzten wir beide unsere medialen Stärken, um ein neues Heim zu finden. Als Hellsichtige hatten wir Karten benutzt und hatte mit unserer Hellsicht den Teil des Landes ausfindig gemacht, der für uns der beste sein würde (Sedona und Oak Creek Canyon, Arizona). Debbies Intuition fand unser Haus, in welchem wir die nächsten 7 Jahre wohnten.

Als wir in Arizona ankamen, fuhr ich wie ein typischer Hellsichtiger mit dem Auto herum und sah mir alles an, was innerhalb der Kreise lag, die ich auf der Karte eingezeichnet hatte. Debbie, die von meinen sich hinschleppenden hellsichtigen Methoden gelangweilt war, schlug vor, daß wir eine spezielle Waldstraße entlangfahren sollten, die ihr intuitiv richtig erschien. Und sie entdeckte tatsächlich am Straßenrand ein kleines ziemlich unauffälliges Schild, auf dem stand: "Ungewöhnliche Häuser zu kaufen oder zu mieten." Ich hatte es völlig übersehen und wäre daran vorbeigefahren. Wir fanden die Einfahrt zu einer Gruppe rustikaler Berghütten, die von Hand aus natürlichen Felsen und riesigen Pinienstämmen erbaut worden waren. Sie lagen direkt am wunderschönen Oak Creek und waren umgeben von üppiger Waldvegetation. Der Platz war perfekt und unvergleichlich schön. Das Allerbeste war, daß die Miete nur halb so hoch war, wie wir erwartet hatten. Überrascht es Dich zu wissen, daß die Hütten sich genau dort befanden, wo sich zwei Kreise auf der Karte überschnitten? Es war richtig und zu unserem Vorteil gewesen, unseren übersinnlichen Eingebungen zu folgen. (Als wir später nochmals umziehen mußten, wurde Debbie zu einem anderen Haus geführt, was noch nicht einmal zu verkaufen war. Jetzt wohnen wir in dem 3-stöckigen Haus aus Mammutbäumen, von dem aus wir Meilenweit den Oak Creek Canyon hinauf und hinunter schauen können.)

Hier folgt eine letzte Frage, die Dir weiteres Verständnis der prophetischen Persönlichkeit bringen kann.

*4. Es ist Ferienzeit. Du entscheidest Dich...*

A. ... zu einem entlegenen Kurort in Florida zu fahren, wo Du die Schlammbäder, die Massagen und den warmen Sonnenschein geniessen wirst.

B. ... an einer Windjammerfahrt teilzunehmen, wobei Du eine Woche lang Teil der Mannschaft bist, die Taue versorgst, die Segel trimmst und Nachtwachen hältst.

C. ... nach Europa zu reisen, wobei Du so viele seiner Hauptstädte besuchst, wie Du auf einer 2-wöchigen Tour schaffst.

D. ... an einer Fototour des Grand Canyon und der umliegenden landschaftlichen Sehenswürdigkeiten teilzunehmen.

Als wirklicher Prophet wirst Du einen Urlaub vom Typ C wählen.

Propheten wollen alles wissen, sehen und tun. Es gefällt ihnen nicht, lange an einem Ort zu bleiben. Ihr Mind arbeitet so schnell, daß sie in Bewegung bleiben müssen, um sich nicht zu langweilen. Ein prophetischer Tourist wird eine Stadt nicht verlassen, bevor er nicht alle die Plätze besucht hat, die auch von den Einheimischen gerne besucht werden.

Das Reisen mit einem Propheten ist aufregend, kann aber auch erschöpfend sein, wenn man nicht ähnlich veranlagt ist. Das kann ich aus persönlicher Erfahrung sagen, da ich mit einer prophetischen Mutter aufwuchs. Als sie kam, um mich in Europa zu besuchen, wußte ich, daß dem Kontinent eine Wirbelsturm Tour bevorstand. Aufgrund ihres prophetischen Charakters, hatte Aurora auch intuitiv gewußt, wie sie die besten Informationen für ihre Reisevorbereitung und die günstigsten Fahrkarten zusammensammeln konnte.

Eine Eurailfahrkarte zu kaufen (welche man einmalig preisgünstig erwirbt und mit der man drei Monate in der ersten Klasse mit dem Zug reisen kann), war für die Prophetin Aurora eine wahre Freude, weil sie ihr erlaubte, völlig frei zu sein, ihren intuitiven Entscheidungen zu folgen. Ohne festen Zeitplan und Reiseroute, der sie folgen mußte, war Aurora frei, ihre Pläne zu ändern, von ihrer Route abzuweichen, länger als ursprünglich geplant an einem Ort zu bleiben und immer noch den nächsten Zug nehmen zu können, um dorthin zu fahren, wo auch immer sie hinwollte.

Die meisten Menschen, die von Auroras Europareisen erfahren, denken, daß sie Jahre dort gewesen ist. Sie können nicht glauben, daß jemand in so kurzer Zeit so viel erleben konnte. Und überall wo Aurora hinfuhr, ließ sie sich von ihrer Intuition leiten. Aurora beherrschte dieses mediale Springen von Stadt zu Stadt so gut, daß sie sogar intuitiv aufschnappte, mit welchem Zug meine Frau und ich durch die Schweiz fuhren. Wir waren auf einen kurzen Reise nach Bern, der Heimatstadt meiner Frau und hatten es eingerichtet, Aurora in Genf zu treffen. Wir hatten keine Ahnung, daß unser Brief, in dem wir ihr den Zeitpunkt unserer Ankunft und unseren Aufenthaltsort mitteilten, sie nicht erreicht hatte. Du kannst dir bestimmt unsere

Überraschung vorstellen, als Aurora plötzlich an einer abgelegenen Bahnstation mitten in der Schweiz, in unser Abteil kam und sich zu uns setzte, als ob sie schon die ganze Zeit an der Stelle erwartet worden wäre. Debbie war völlig erstaunt. Ich war schließlich mit Aurora aufgewachsen und war es daher gewohnt, diesen Inbegriff einer Prophetin dabei zu erleben, wie sie im Leben erfolgreich ihren Eingebungen folgte.

Wie würden andere übersinnlich empfindsame Person auf die Frage nach Urlaubsvorlieben antworten? Fühlende würden es sicherlich lieben, sich in einem Kurort verwöhnen zu lassen. Ihr vorrangiges Bedürfnis ist, sich emotional ungezwungen zu fühlen, aber körperliche Freuden stehen bei ihnen auch hoch im Kurs. Hellhörige sind die schweren Arbeiter. Erholung ist für sie nicht real, wenn sie nicht auch irgendeine Art von Arbeit oder das Erreichen eines Zustandes oder das Erlangen einer Fähigkeit mit beinhaltet. Was wäre ein besserer "Arbeitsurlaub", als in einem Segelschiff die Herausforderung des Meeres zu meistern? Sie würden völlig erfrischt von der Windjammerfahrt zurückkehren. Die Hellsichtigen sind schließlich der Inbegriff des Fotografen, der alles, was das Auge sehen kann, einfangen möchte, entweder durch die Linse einer Kamera oder dadurch, daß er den Anblick mit seinem inneren Auge aufzeichnet. Eine Reise zu Sehenswürdigkeiten rangiert normalerweise weit oben bei ihrer Urlaubswahl.

Wenn Du diese unterschiedlichen Charakteristika der verschiedenen medialen Persönlichkeiten verstehst, kannst Du einen Familienurlaub planen, der den Bedürfnissen aller gerecht wird, oder zumindest kannst Du besser verstehen, was die Gründe für die einzelnen Vorlieben sind.

## *Wie Du die Propheten in Deinem Leben besser verstehen kannst*

Intuition ist die übersinnliche Stärke, der wir am häufigsten begegnen. Von allen 4 ESP-Typen (Fühlen, Sehen, Hören und Wissen), sind die Menschen am zahlreichsten, deren Stärke das Wissen ist (die Propheten). Du kannst nicht anders, als viele von ihnen zu treffen und mit ihnen umzugehen. Die Qualität ihres Minds zu verstehen und zu lernen, wie man am besten mit ihnen zusammenleben kann, kann die Qualität Deines Lebens unwahrscheinlich verbessern. Dies ist, was Du über sie wissen solltest:

Männer und Frauen, deren Stärke die Intuition ist, arbeiten in einer höheren Geschwindigkeit. Da das Wissen der schnellste ESP Kanal ist, können sie die ganze Zeit mit erhöhter Geschwindigkeit fahren. Da die Propheten eine natürliche intuitive Offenheit besitzen, fließen ständig Gedanken in ihr Bewußtsein. Dies kann verwirrend sein, wenn Du versuchst mit ihnen zu sprechen oder einen Gedanken verfolgst und sie plötzlich zu etwas ganz anderem abschweifen.

Propheten können es jedoch nicht ändern, daß ihnen ständig Ideen in den Sinn kommen. Sie können den Gedanken auch nicht "aufbewahren", um später darüber zu sprechen. Wie eine Intuition ist die Idee im nächsten Moment verschwunden. Sie müssen sofort darüber sprechen. Eine Lösung für den Umgang mit diesem Charakterzug des Propheten ist, diesen Gedanken, der Dir gegenüber geäußert wird, auf einem Notizblock oder sinnbildlich im Gedächtnis zu notieren, damit Du Dich später auf ihn beziehen kannst. Wenn Du den Propheten um Dich herum die Freiheit gibst, mit ihrem geistigen Zickzack fortzufahren, wirst Du entdecken, daß Du dadurch eine wertvolle Quelle intuitiver Einsichten anzapfen kannst.

Nebenbei bemerkt, glauben viele Propheten, daß sie nicht effektiv meditieren können, da sie Schwierigkeiten damit haben, ihren Geist zur Ruhe zu bringen. Sie sollten nicht versuchen, den freien Fluß der Gedanken, der ihre Stärke ist, zum Stillstand zu bringen.

Stattdessen ist der Schlüssel zur Meditation für einen Propheten, daß er dem Fluß erlaubt sich fortzusetzen, jedoch versucht, ihn zur Seite zu tun und sich dabei auf seinen meditativen Gedanken konzentriert.

Propheten können den ordentlichen oder systematischen Menschen frustrieren. Obwohl sie ihre intuitiven Einsichten in der Regel frühzeitig vor den eigentlichen Ereignissen bekommen, haben Propheten auch häufig noch in letzter Minute Einsichten oder Vorschläge, die Deinen ganzen Plan umwerfen können. Du könntest Dich dabei ertappen, daß Du sagst oder denkst:"Warum hast Du mir das nicht schon früher gesagt?" Versuche nicht zu negativ zu reagieren. Das können Propheten nicht, da sie selten stur vorausplanen. Sie wissen, daß sie Ideen haben werden, wenn sie sie brauchen. Aus dem gleichen Grund werden Dich Propheten häufig nach der ersten Hälfte eines Satzes unterbrechen und "Ich weiß..." sagen. Sie sind nicht unhöflich oder anmaßend. Dank der Verbindung zwischen Intuition und ihrem schnell arbeitenden Mind, wissen sie wirklich, was Du gerade sagen willst oder meinst, bevor Du mit Deinen Ausführungen fertig bist. Statt es ihnen übelzunehmen, versuche diese zeitsparende Eigenschaft zu genießen. Wenn Du versuchst einen Propheten abzubremsen, wird er oder sie Dich wahrscheinlich mental ausblenden.

Wenn ich Auras beobachte, kann ich immer einen Propheten erkennen, der von seinem abschweifenden Gesprächspartner gelangweilt ist. Die Aufmerksamkeit des Propheten wird für einen Augenblick auf den Sprechenden gerichtet sein. Dann wird ein violetter Blitz in der Aura des Propheten aufleuchten, der anzeigt, daß er oder sie zu irgendeinem anderen interessanten Gedanken gesprungen ist, bis der Partner zu einem neuen wesentlichen Punkt in der Unterhaltung gekommen ist. Man sollte sich daher, wenn man sich mit einem Propheten unterhält, kurz und lebendig fassen, wenn man ihre Aufmerksamkeit halten will. Von einem humorvollen Gesichtspunkt aus betrachtet, gibt es nichts Faszinierenderes, als zwei Propheten bei einem Gespräch zuzuhören. Du wirst bemerken, daß sie ihre Sätze nie zu Ende sprechen. Die ganze Unterhaltung wird in einer Art medialem Steno geführt, wobei "uh-huh" und "ich weiß" ständig hin und hergehen.

Propheten sind Wesen, die zwei Extreme besitzen. Wie wir bereits gesehen haben, können ihre intuitiven Ideen eine ganze Zeit vor den Ereignissen eintreffen. Sie haben jedoch auch eine ganze Reihe Einsichten und Vorschläge in letzter Minute. Was fehlt, ist die Arbeit zwischendrin. Für die Propheten ist jener mittlere Teil, der Weg von der Einsicht zur Handlung, langweilig. Wenn Du eine sehr gut organisierte Person bist und Dinge Schritt für Schritt ausführst, könnte es Dir passieren, daß Du diesen Teil der Arbeit selbst machst. Daraus sollten wir lernen, Detailarbeit nie an Propheten zu delegieren, sie würde einfach nicht getan werden. Versuche auch nicht, sie zu zwingen, diese Arbeit mit Dir zusammen zu tun, denn ihre spielerische Art wird Dich ablenken. Ob es darum geht, über die Zukunft nachzudenken oder darüber, was im gegenwärtigen Moment zu tun ist, das Schlüsselwort für die Propheten ist Spontaneität. Versuche nicht, sie dazu zu zwingen einen starren Plan aufzustellen oder einzuhalten. Gib ihnen die Freiheit, sich in einem Moment kreative Ideen zu einem laufenden Projekt auszudenken und im nächsten über viele mögliche Zukünfte nachzudenken. Sie haben keine Probleme damit, diesen raschen Wechsel zu verkraften. Propheten lesen normalerweise mehrere Bücher auf einmal und haben immer so viele Eisen wie möglich im Feuer. Propheten sind die Würze des Lebens. Propheten wissen immer was los ist. Sie wissen immer wo die nächste Vorlesung, das nächste Seminar, der nächste Vortrag oder die nächste Party stattfindet. Sie suchen sich ständig neuen Zeitvertreib. Auch nur für eine kurze Zeit in ihrer Gesellschaft zu sein, kann Deine Horizonte erweitern und Dein Leben bereichern. Weil sie alles wissen wollen ... weil sie ständig neue Informationen und Ideen suchen ... machen sie das Leben derjenigen, die um sie herum sind, lebendig und interessant. Wenn Du prophetische Freunde hast, wird Dein Leben zwar hektisch sein, jedoch selten trübe. Wenn Du mal darüber nachdenkst, wer es war, der Dir als erster von übersinnlichen Phänomenen oder von diesem Buch erzählt hat, wirst du wahrscheinlich erkennen, daß er oder sie ein Prophet ist. Erwidere den Gefallen, indem Du Deine eigene Intuition entwickelst und das, was Du gelernt hast, an andere weitergibst.

Wie Du bereits weißt, ist die Intuition von Deinen vier medialen Sinnen der mit den wenigsten Begrenzungen. Das bedeutet, umso mehr Du übst, desto stärker werden sich Dir ganze Dimensionen übersinnlicher Fähigkeiten und Vorteile in der praktischen Lebensgestaltung eröffnen. Wie wir jedoch auch gesehen haben, ist die Intuition sehr spontan und es mag sein, daß sie uns nicht die ganze Übersicht gibt, die wir so sehr für reife Urteile benötigen.

Diese Übersicht wird häufig von dem folgenden der medialen Sinne, die wir erforschen, geliefert, dem medialen Hören. Es gibt eine logische Entwicklung vom Wissen zum Hören. Die Menschen neigen häufig dazu, diese beiden zu verwechseln, da sie beide eine innere geistige Qualität besitzen. Das Hellhören kann jedoch als eine Art innerer Computer dienen, ein Mittel, um die intuitiven Einsichten zu analysieren. Im nächsten Kapitel wirst Du lernen, wie Du die Geheimnisse jenes analysierenden Computers anzapfen kannst.

(Die Antworten zu dem Selbsttest 3 lauten in Reihenfolge A,C,B, und D.)

---

## *Die Gabe prophetischen Wissens - die Intuition*

**Vorteile**

Der schnellste der medialen Sinne (einfach intuitiv zu “wissen”)
Bester medialer Sinn für frühe Warnungen
Bester Sinn, um medial die Zukunft wahrzunehmen
Bester medialer Sinn, um entfernt wahrzunehmen
Der grenzenloseste mediale Sinn

**Nachteile**

Die Eindrücke sind flüchtig und manchmal schwer einzufangen

Die Eindrücke kommen häufig ohne weitere unterstützende Informationen

Der mediale Sinn, dem man am Anfang am schwersten vertrauen kann

## *Menschen, deren Stärke die Intuition ist*

**Stärken**

Sie können ausgezeichnet Probleme oder Schwierigkeiten vorhersehen

Sie sind geistig rege und schnell und können sich schnell an sich verändernde Umstände anpassen

Sie nehmen instinktmäßig wahr, wie sie zur richtigen Zeit am richtigen Ort sein können

Sie verschwenden keine Zeit damit, sich unnötig Sorgen zu machen

Sie sind Erneuerer mit grenzenloser Kreativität und lassen sich nur selten von Konventionen einschränken

Sie kennen instinktiv die Bedürfnisse von Familienmitgliedern und von denen, die ihnen lieb und teuer sind

Sie mögen es gar nicht, etwas zu verpassen und lieben gute Partys

**Schwächen**

Sie können aufgrund der Mengen an Gedanken und Ideen, die sie empfangen, zerstreut sein

Sie nehmen Informationen weit im voraus und manchmal zu früh auf

Sie sind schnell gelangweilt und führen Projekte häufig nicht zuende

Sie sind oft ihrer Zeit voraus und werden von anderen deswegen abgelehnt

Sie können manchmal zu schnell sprechen, wobei sie einfach ausspucken, was ihnen gerade in den Sinn kommt, ohne darüber nachzudenken.

# 4
# *Mediales Hören -*
## *Die Stimme, die aus unserem Inneren spricht*

Für die meisten Menschen ist Fieber, wenn es über 37,5 Grad steigt, normalerweise nicht mehr als ein Frühwarnsignal für eine Infektionskrankheit. Für Richard kann eine solche Körpertemperatur eine unmittelbare Lebensbedrohung sein. Nachdem die Ärzte seine erkrankte Hypophyse entfernt hatten, erklärten sie seiner Frau, daß er nicht mehr in der Lage sein würde, auch nur den geringsten Anstieg seiner Körpertemperatur auszugleichen, denn die Hypophyse überwacht den internen Thermostaten, der wiederum die Körpertemperatur reguliert.

Marsha war froh, daß die Operation gut verlaufen und ihr Mann wieder aus dem Krankenhaus zurück war. An einem Morgen erzählte Richard seiner Frau jedoch nach dem Aufwachen, daß er sich fühlte, als ob er "sich etwas eingefangen hätte". Als Marsha seine Temperatur gemessen hatte, lag sie bei 37,1 Grad, also nur 1/10 Grad über der Normaltemperatur. Sie bemühte sich, es Richard gemütlich zu machen, aber ihre Aufmerksamkeiten schienen Richard zu stören. Er war noch nie ein besonders kooperativer Patient gewesen, und er wollte lieber alleine gelassen werden.

Widerstrebend ging Marsha ihren morgendlichen Routinearbeiten nach und versuchte sich um ihren Mann keine Sorgen zu machen. Plötzlich explodierte eine Stimme in ihrem Kopf: "Schau jetzt nach Richard!" hörte sie es laut rufen. Sie eilte ins Schlafzimmer und fand ihren Mann glühendheiß vor Fieber, seine Augen schauten ins Leere, und er war schon halb bewußtlos. Trotz seiner gemurmelten Proteste brachte Marsha ihn halb ziehend und halb tragend zum Auto und fuhr zur Ambulanz des Krankenhauses. Als sie dort ankamen, war seine Temperatur auf 39,5 geklettert, und die Tendenz war steigend. Als sein Zustand später unter Kontrolle war, sagten ihr die Ärzte, daß, wenn sie auch nur eine Viertelstunde länger gezögert hätte, ihr Mann gestorben wäre.

Marshas mediales Hören, ihre innere Stimme, hatte das Leben ihres Mannes gerettet.

All Deine medialen Sinne können Dich vor Gefahren warnen. Mediales Fühlen funktioniert wie eine Art "Körperradar". Intuition läßt Dich "wissen", wenn vor Dir eine gefährliche Situation liegt. Mediales Sehen, wie wir später noch entdecken werden, hilft Dir potentielle Probleme zu sehen und daher auch zu vermeiden. Eine Warnung, die Du über Dein mediales Gehör empfängst, zieht Deine Aufmerksamkeit auf eine Weise auf sich, wie es die anderen nicht können. Du kannst Dein Gefühl als Nervosität, eine Intuition als Angst oder Sorgen und eine Vision einfach nur als Deine Einbildung abtun. Aber mediales Hören, besonders wenn es wie in Marshas Fall in voller Lautstärke auftritt, ist eine außersinnliche Erfahrung, die Du einfach nicht ignorieren kannst. Könntest Du jemanden ignorieren, der in Deinem Kopf spricht oder schreit?

Marshas Erfahrung ist ein bißchen außergewöhnlich. So etwas ereignet sich nur, wenn eine Situation extrem gefährlich ist, oder wenn eine geliebte Person daran beteiligt ist. Meistens sind die Eindrücke des medialen Hörens (manchmal auch Hellhörigkeit genannt) sanft und subtil, als ob man leise Musik hört oder eine gedämpfte Stimme, die durch Stereokopfhörer zu Dir spricht.

Die Tatsache, daß wir das mediale Hören in unserem Kopf erleben, macht es einem Dialog mit uns selbst so ähnlich. Unglücklicherweise läßt dieses Phänomen bei Menschen, deren Stärke das mediale Hören ist, auch etwas entstehen, was man "Vertrauenslücke" nennen könnte. Sie glauben häufig nicht, daß sie außersinnliche Wahrnehmungen haben und stellen Fragen wie:

- Gibt es übersinnliche Wahrnehmung tatsächlich?
- Wieso habe ich nicht die gleiche Art außersinnlicher Wahrnehmungen in der gleichen Häufigkeit erlebt, wie andere?
- Andere Menschen haben starke Gefühle, erleben intuitive Vorahnungen oder haben Visionen. Wieso passiert mir das nicht?

Sind dies Fragen, die Du Dir selbst schon gestellt hast? Vielleicht hast Du schon einen so ähnlichen inneren Dialog geführt: *"Vielleicht habe ich gar keine übersinnlichen Fähigkeiten... Vielleicht mache ich etwas falsch, ich höre mich nur selbst denken... Meine Vorahnungen sind einfach nur mentale Beurteilungen, die auf dem beruhen, was ich bereits weiß..."*

Wenn Du Dir solche Fragen gestellt hast und zu solchen Schlußfolgerungen gekommen bist, ist es wahrscheinlich, daß Deine Stärke das mediale Hören ist, Du aber nicht erkennst oder verstehst, wie Du Deine übersinnlichen Stärken nutzen kannst. Dir ist gar nicht klar, daß Du gültige übersinnliche Erfahrungen gemacht hast und machst.

Sei wieder guter Dinge, denn Du kannst lernen, Deine spezielle Form von ESP zu entwickeln. In diesem Kapitel wirst Du mehr über die leise, unscheinbare Stimme erfahren, die zu Dir spricht. Du wirst verstehen, wie sie die ganze Zeit für Dich arbeitet. Du wirst erfahren, wie Dir diese Stimme gute Ratschläge geben kann, Dir helfen kann Dich kreativ zu analysieren und Dich in Deinem Leben zu Erfolg führen kann. Und was am wichtigsten ist, Du wirst verstehen lernen, warum es ganz natürlich für Dich ist, analytisch zu sein.

Hört sich der obige geistige Dialog wie etwas an, was jemand, mit dem Du zusammenlebst, sagen könnte? Sicherlich hast Du es schwer gehabt, diese Person davon zu überzeugen, daß ESP wirklich existiert. Wahrscheinlich war er oder sie sehr skeptisch. Habe Geduld mit ihm, denn dieses Verhalten ist typisch für Menschen, deren Stärke das mediale Hören ist.

## *Hellhörige Menschen müssen die Dinge verstehen können*

Mediales Hören umfaßt den Empfang außersinnlicher Signale als Wort, als Ton oder irgendeiner anderen sprachlichen Form. Ein hellhöriger Eindruck ist ein inneres Hören, das in sehr vielen Fällen dem gleicht, was Du in Deinem Kopf hörst, wenn Du mit Dir selbst sprichst. In seiner sanften Erscheinungsform kann Hellhören so subtil sein wie ein mentales Verstehen, das in sprachlicher Form entsteht.

Da sich mediales Hören als ein innerer Dialog manifestiert, sind Menschen, deren Stärke das mediale Hören ist, solange nicht zufrieden, bis sie etwas völlig verstehen. Dies macht sie so analytisch. Sie möchten hören und verstehen, um sich in Bezug auf etwas sicher zu sein. Das gibt ihnen erst das Gefühl von Klarheit und Exaktheit, die sie benötigen, genauso wie ein Fühlender sich wohl fühlen muß und ein Hellsichtiger sehen muß. Da sie von Natur aus jedoch so analytisch sind, können sie sich ihr ESP leicht ausreden.

## *Ein Wissenschaftler beweist es sich selbst*

Da mediales Hören dem Denken so ähnlich ist, ist vielen Hellhörigen nicht klar, wann sie medial hören. Sie nehmen einfach an, daß sie laut denken. In Wirklichkeit ist es so, daß ihr Mind einen Gedanken ausgeschickt hat und dieser vom Universum reflektiert wird. Sie erhalten ein "Echo", eine übersinnliche Antwort, über ihr mediales Hören. Diejenigen, deren Stärke das mediale Hören ist, gewöhnen sich so sehr an dieses übersinnliche Echo, daß es ihre zweite Natur wird. Sie kommen nicht auf die Idee, daß es mit ESP etwas zu tun hat, oder daß sie selbst medial sind, auch dann nicht, wenn ihnen die Wahrheit ins Gesicht springt. Hier ist die Geschichte eines meiner Free Soul Studenten, die zeigt, wie hellhörige Individuen übersinnliche Wahrnehmungen erhalten können, ohne zu wissen, was sie eigentlich tun.

Clifford, Biologe und Ozeanograph, fing an, sich mit ESP zu beschäftigen, nachdem seine Frau in einem Unfall ums Leben gekommen war. Ihr plötzliches Ableben bedeutete, daß er keine Möglichkeit gehabt hatte sich von ihr zu verabschieden. Während seine Frau im Koma lag, hörte er sie zweimal seinen Namen rufen und mit ihm sprechen. Nur zu gerne wollte er daran glauben, daß die Kommunikation tatsächlich stattgefunden hatte, und seine Trauer überwand schließlich seine wissenschaftliche Skepsis. Obwohl er sich nicht daran erinnern konnte, außerdem noch andere Erfahrungen übersinnlicher Wahrnehmungen gemacht zu haben, so war doch durch seine Beschreibung des Vorfalls klar, daß Hellhören offensichtlich eine seiner Stärken war. Dennoch zweifelte Clifford jedesmal, wenn er erfolgreich Techniken zur übersinnlichen Wahrnehmung angewandt hatte, an sich selbst oder er behauptete, es sei "nur Zufall" gewesen.

In einer Gruppe zum Thema mediales Hören wurden schließlich die Studenten gebeten, hellhörige Eindrücke der anderen Gruppenmitglieder zu empfangen. Sie sollten sich vor jeden einzelnen hinstellen und darauf achten, welches Wort, oder innere Redewendung oder welcher Satz ihnen einfiel, um etwas über den anderen herauszufinden. Clifford wehrte sich gegen jede Andeutung, daß er gültige übersinnliche Erfahrungen gemacht hatte. Er gab zwar zu, während der Übung Eindrücke empfangen zu haben, da er aber die meisten Teilnehmer kannte, hatte er den Eindruck, daß seine Eindrükke einfach von seinem Verstand kamen, der vernünftige Sätze und Redewendungen hervorbrachte, die das beschrieben, was er bereits über die Menschen wußte. "Es hat überhaupt keinen Sinn weiterzumachen." sagte Clifford. "Ich kenne ja jeden in der Gruppe, außer dieser Frau da drüben."

Diese Frau, Joanne, erwies sich dank der vielen Rollen, die sie in ihrem Leben spielte, als die perfekte Person, um Clifford zu helfen, sich selbst zu beweisen, daß er tatsächlich ein Medium war. Joanne hatte vor kurzem ihr erstes Kind - eine Tochter - bekommen und hatte große Freude an ihrer Mutterschaft. Von Beruf war sie Rechtsanwältin. Und obendrein hatte sie erst kürzlich erfolgreich den Wahlkampf ihres Mannes für ein öffentliches Amt geleitet.

Ich dachte mir eine Übung aus, um Clifford zu überzeugen. Ich nahm Joanne beiseite und sagte ihr, sie sollte ihm drei verschiedene Botschaften schicken. Zuerst sollte sie die Liebe und die Wärme ausstrahlen, die sie fühlte, wenn sie sich um ihre Tochter kümmerte. Dann sollte sie sich in ihre Rolle als Rechtsanwältin hineinversetzen und an die Tätigkeiten denken, die ihre tägliche Arbeit umfaßte. Als drittes sollte sie an ihre Rolle in der politischen Kampagne denken.

Alles, was Clifford wußte, war, daß er drei Versuche unternehmen sollte, Joanne wahrzunehmen. Als die Übung vorbei war, sagte Clifford skeptisch:"Jetzt weiß ich, daß ich kein Medium bin, weil ich drei völlig verschiedene Eindrücke wahrgenommen habe. Erst hörte ich im Geist ein Schlaflied und eine sanfte Stimme wie zu einem Baby sprechen. Dann hatte ich den Eindruck, daß mein Mind sich mit rechtlichen Dingen auseinandersetzte. Zum Schluß hörte ich dann die Redewendung: "Ihr Mann sollte besser wissen, wer der Chef im Hause ist!"

Als ich Clifford erklärte, wie die Übung aufgebaut war, blieb ihm sein Mund vor Erstaunen offen. “Siehst Du, Du bist ein Medium.” sagte ich. “Hör jetzt auf, es Dir auszureden und fange an, Dein natürliches mediales Hören weiter zu entwickeln.”

Cliffords Skepsis ist vielen Menschen zu eigen, deren Stärke das mediale Hören ist. Da die Eindrücke, die sie erhalten ihren Gedanken so ähnlich sind, trennen sie beides nicht. Sie benutzen ihr inneres Echo schon so lange, und es ist mit ihren Denkvorgängen so verflochten, daß sie es als selbstverständlich hinnehmen und nicht erkennen, daß es eine wesentliche Quelle für übersinnliche Informationen sein kann.

## *Der übersinnliche Wahrnehmungsbereich für das mediale Hören*

Sowohl das mediale Hören, als auch der innere Dialog benutzen die gleichen "Drähte" und den gleichen inneren "Schallkörper". Der "Lautsprecher" ist der übersinnliche Wahrnehmungsbereich des Hörens. Er befindet sich auf beiden Seiten des Kopfes über den Ohren. Diese Teile des Schädels befinden sich über den Teilen des Gehirns, die Schläfenlappen genannt werden. Dies sind die Bereiche des Großhirns, die die Hörwahrnehmungen verarbeiten. Hier werden die Nervensignale des inneren Ohrs gesammelt, aussortiert und integriert, damit die Schallwellen, die auf das Trommelfell des Ohres treffen, als Worte oder als Sprache wahrgenommen werden können.

Der Pionier der amerikanischen Gehirnchirurgie, Dr. Wilder Penfield fand in den 50er Jahren heraus, daß wenn man Teile der Schläfenlappen während Operationen elektrisch stimulierte, die Patienten Musik hörten oder sich an Teile von Unterhaltungen erinnern konnten. Wenn Du Deine Aufmerksamkeit direkt auf den Bereich dieser Schläfenlappen über den Ohren richtest, scheint dies die Notwendigkeit zu umgehen, Informationen in Form von Schallwellen zu hören. Worte und Sprache werden einfach mental verstanden. Im Gegensatz dazu konzentrierst Du Deine Aufmerksamkeit ganz von alleine auf Ohrhöhe, wenn Du Dein physisches Gehör schärfer einstellen willst (wie auf der Cocktailparty in Kapitel 1), um z.B. die Unterhaltung auf der anderen Seite des Raumes deutlicher zu verstehen.

Das Fokussieren auf Ohrhöhe scheint das mediale Hören zu unterbinden. Der Schlüssel, um Dein mediales Hören anzuzapfen ist, Deine Aufmerksamkeit zum Bereich über den Ohren hin zu lenken. Auf welcher Seite Du fokussierst, ist egal. Die Wahrscheinlichkeit, daß Du hellhörige Erfolge erzielst, ist sogar größer, wenn Du Deine Aufmerksamkeit beim Hören nicht auf eine Seite, sondern in die

Mitte des Kopfes lenkst. Dies ist eine Aufwärmübung, um den übersinnlichen Wahrnehmungsbereich des Hörens anzuzapfen:

**1.** Sitz bequem und entspanne Dich.

**2.** Nimm einen tiefen Atemzug und atme sanft aus.

**3.** Übe, die verschiedenen Teile Deines Kopfes wahrzunehmen. Sei Dir Deiner Ohren und der Höhe Deiner Ohren bewußt, ohne sie zu berühren.

**4.** Verlagere jetzt den Brennpunkt Deiner Aufmerksamkeit nach oben und fühle den Bereich über Deinen Ohren. Sei Dir beider Seiten Deines Kopfes etwa 3 cm über den Ohren bewußt.

**5.** Bemerke, wie dieser Bereich eine erhöhte Empfindsamkeit besitzt, ähnlich wie ein Mikrophon, welches bereit ist, jeden Ton oder jedes Signal zu verstärken. Stelle Dir große Schalltrichter vor, die übersinnliche Schwingungen direkt zu den Schläfenlappen weiterleiten.

**6.** Wechsele einige Male die Ebenen, wobei Du zunächst Dein Bewußtsein zur Ohrhöhe lenkst und es dann nach oben wandern läßt, zum Bereich der Schläfenlappen über den Ohren.

Laß uns jetzt üben, den Unterschied zwischen äußerem und innerem Zuhören, den ich bereits beschrieben habe, wahrzunehmen. Gehe an einen Ort, wo Du Menschen um Dich herum sprechen hören kannst. Setz Dich und entspanne Dich.

- Höre Dir einige Unterhaltungen im Hintergrund an. Beobachte, daß Deine Aufmerksamkeit nicht nur auf Ohrhöhe ist, sondern daß Deine Wahrnehmung der Geräusche sich außerhalb Deiner selbst befindet.
- Verlagere Deine Aufmerksamkeit jetzt zum Bereich der Schläfenlappen und sprich mit Dir selbst oder gehe Deinen Gedanken nach. Beobachte, daß Deine Aufmerksamkeit nicht nur über den Ohren ist, sondern daß Deine Aufmerksamkeit auch eher nach innen als nach außen gerichtet ist.

Diese beiden Methoden sind die Schlüssel dazu, Dein mediales Hören willentlich anzuzapfen. Wenn Du damit vertraut bist, Deine

Aufmerksamkeit über die Höhe der Ohren zu verlagern und Dein Bewußtsein nach innen richten kannst, besitzt Du alle Fähigkeiten, die nötig sind, um auf Wunsch hellhörig zu sein. Das Üben dieses inneren Hörens hilft, die Lautstärke Deines inneren Hörens aufzudrehen. Dies bringt Dir zusätzlich den Vorteil, daß Du eine neue Quelle übersinnlichen Feedbacks öffnest, während Du mit Dir selbst sprichst. Du kannst dadurch Deine Hellhörigkeit benutzen, um übersinnliche Antworten vom Universum zu erhalten, wenn Du im Geist eine Frage stellst oder ein Problem lösen mußt. Hier ist ein Beispiel dafür:

## *Gute Ratschläge von der inneren Stimme*

Wie viele andere Frauen, stellt sich Marybeth Spain, eine Free Soul Ausbilderin in Vienna, Virginia, den täglichen Herausforderungen, die durch die doppelte Belastung von Mutterschaft und Karriere entstehen. Sie ist Fakultätsmitglied an der George Mason Universität und ist Doktor der Philosophie für russische Literatur. Sie jongliert mit dem Druck der Lehrtätigkeit an der Universität und mit dem Streß, zwei wilden Jungen im Alter von 8 und 4 Jahren gewachsen sein zu müssen. Was Marybeths Situation zusätzlich erschwert, ist die Tatsache, daß ihr Ehemann aufgrund seiner Tätigkeit als Gesundheitserzieher in Ländern der Dritten Welt, immer für mehrere Wochen auf einmal ins Ausland reist. "Wenn er unterwegs ist, kann der zusätzliche Druck einen Spannungskopfschmerz nach dem anderen auslösen." erzählte mir Marybeth.

Vor mehreren Wochen schien sie an einem Tag beinahe unter dem Druck ihrer Doppelrolle zu zerbrechen. Ihr Mann war seit zwei Wochen in Pakistan, sie hatte einen Berg von Klausuren vor sich, die sie korrigieren mußte, und da es regnete, standen die beiden Jungen ständig vor ihr und verlangten ihre Aufmerksamkeit. Sie konnte die Anfänge des Spannungskopfschmerzes bereits fühlen. Da Marybeth gerade ein Free Soul Training abgeschlossen hatte, entschied sie sich zu versuchen, sich durch die Meditationstechniken, die sie gelernt hatte, zu entspannen. Sie schloß ihre Augen und fragte sich:"Was kann ich tun, um den heutigen Tag erträglich zu machen? Wie kann ich für meine Kinder da sein, und gleichzeitig meine Arbeit getan bekommen?"

Marybeths Stärke ist das mediale Hören. Sobald sie ihre Gedanken still in Worten formuliert hatte, hörte sie das hellhörige Echo antworten:"Entspanne Dich ... mache aus diesem Tag ein Spiel ... Nimm Deine Papiere mit in den Wintergarten und lasse die Jungs in Deiner Nähe spielen, während Du arbeitest." Marybeth fühlte sich, als ob eine große Last von ihren den Schultern genommen worden war. Obwohl sie fast den ganzen Tag dafür brauchte, um die Klausuren ihrer Studenten zu benoten, verschwand ihr Kopfschmerz und sie konnte die Zeit tatsächlich geniessen. Die Seelenruhe, die sie daraus zog, den Regen durch die Fenster des Wintergartens zu beobachten, erfrischte ihren Geist. "Der Tag verlief ganz anders als sonst." sagte sie. Es ist klar, daß das Zurateziehen ihrer inneren Stimme, die Qualität von Marybeths Lebens verbessert hat. Sie wendet diese Methode jetzt regelmäßig an, um kreative Lösungen für andere Probleme zu finden, die aus dem Konflikt zwischen ihrer Mutterrolle und ihrer Karriere herrühren.

## *Wie Du Deine kreativen Analysefähigkeiten anzapfen kannst*

Genauso, wie Marybeth ihre Hellhörigkeit benutzt hat, um die Antwort auf ihre Frage zu finden, kannst Du Deinen Kanal für mediales Hören entwickeln, um kontrolliert zu meditieren. Nimm Dir einen Moment Zeit und übe diese Methode, übersinnliche Antworten zu bekommen. Finde heraus, wie Du diese Methode am besten einsetzen kannst, um Antworten auf Fragen zu finden, die Dir Sorgen machen. Fange mit etwas einfachem an. Verlagere

Deine Aufmerksamkeit in den Bereich der Schläfenlappen und stelle Dir geistig folgende Fragen. Achte auf jede Antwort, die Du hörst, auf jegliche Worte oder Redewendungen, die Dir in den Sinn kommen. Schreib sie kurz auf. Denk daran, Deine ersten Eindrücke niederzuschreiben. Analysiere sie noch nicht, schreibe sie nur auf.

- Was sind meine positiven Eigenschaften?
- Wo habe ich Schwächen?
- In welcher Hinsicht lerne ich gerade, mit meinen Schwächen umzugehen?
- Wie kann ich meine positiven Eigenschaften und meine Stärken einsetzen, um weitere Fortschritte zu machen?

Wie ging das? Hast Du bemerkt, wie schnell es geht und wie einfach es ist, Antworten zu erhalten? Schau Dir an, was Du geschrieben hast. Stelle fest, wie zutreffend und konstruktiv Deine Eindrücke waren. Es kann bei jeder Art von Meditation oder Form kreativen Denkens unheimlich hilfreich sein, zu lernen, den übersinnlichen Wahrnehmungsbereich des Hörens anzuzapfen. Die meisten Menschen haben Schwierigkeiten mit problemlösender Meditation. Sie wissen, wie sie die Fragen stellen müssen, aber nicht, wo sie hinhören müssen, um die Antworten zu bekommen. Wenn Du lernst Deine Hellhörigkeit auf Wunsch einzusetzen, bist Du in der Lage Dich auf übersinnliche Antworten einzustimmen, die vom Universum zu Dir zurückkommen. Du kannst in der Tat lernen, Dein eigener Ratgeber zu sein, indem Du diese Form außersinnlicher Wahrnehmung anwendest.

## *Übersinnliche Leitsätze: Schlüssel zum Erfolg, die das mediale Hören liefert*

Das mediale Hören bietet Dir neben der Möglichkeit, Dein eigener Ratgeber und Lehrer sein zu können, noch weitere Vorteile. Wenn Du lernst, von anderen Menschen um Dich herum oder von Ereignissen dieses übersinnliche Echo reflektiert zu bekommen, kannst Du aus der Hellhörigkeit sogar noch größeren Nutzen ziehen.

Einer der praktischsten Anwendungsgebiete von ESP im täglichen Leben ist z.B., Schlüsselwörter durch mediales Hören zu erhalten. Auf die gleiche Art und Weise, wie Du Dir selbst Fragen zu Deiner Person gestellt hast und ein übersinnliches Echo als Antwort erhalten hast, kannst Du auch Fragen zu Menschen und Situationen in Deinem Leben stellen. Du erhältst als Antwort übersinnliche Leitsätze, die Dir zentrale Einsichten vermitteln, um möglichst effektiv zu kommunizieren und zu handeln. Ich verwende diese Technik bei fast allem, was ich tue, und die Leitsätze helfen mir herauszufinden, wie ich am besten an eine Situation herangehe. Diese Methode ist besonders erfolgreich, wenn ich sie vor Radio-, Fernseh- oder Zeitungsinterviews anwende.

Als ich mich einmal in Denver für ein Zeitungsinterview vorbereitete, fragte ich mich im Geist, wie ich am besten auf den Reporter zugehen sollte. Ich hörte deutlich die Antwort in meinem Mind:"Beantworte alle ihre Fragen." Beim Versuch, weitere Schlüsselworte, Redewendungen oder Einsichten zu erhalten, kam nichts mehr. Diesen einen Satz hörte ich immer wieder.

Meine Gesprächspartnerin war eine bezaubernde junge Dame. Sie schien freundlich und völlig angetan zu sein von der Erforschung übersinnlicher Phänomene von einem wissenschaftlichen Gesichtspunkt aus. Als wir jedoch anfingen, ging sie dazu über, mir eine Frage nach der anderen zu meiner Kindheit und meiner frühen Erziehung zu stellen. Über eine halbe Stunde lang ging sie Bereichen auf den

Grund, die aus meiner Sicht wenig oder nichts mit dem Gegenstand des Interviews zu tun hatten.

Ich wurde zunehmend nervös, während ich beobachtete, wie die Zeit verging und wir für mein Gefühl über nichts sprachen, was wirklich von Bedeutung war. Aber alles, was ich tun konnte, war meiner hellhörigen Wahrnehmung zu vertrauen:"Beantworte alle ihre Fragen." Also fuhr ich damit fort, ehrlich und offen zu sein, und auf eine ganze Reihe von Fragen zu antworten, die mir sehr weit ab vom Schuß zu sein schienen. Endlich, nach über vierzig Minuten, nahm die Reporterin ihren Block und riß die Seiten der Notizen aus, die sie gerade gemacht hatte. Zu meinem Schrecken warf sie sie in den Papierkorb. Dann sagte sie:"Jetzt habe ich das Gefühl, daß ich sie kenne, und von ihren Antworten her habe ich das Gefühl, daß ich ihnen vertrauen kann. Lassen Sie uns jetzt mit dem eigentlichen Interview anfangen." Dieses Interview ist eins der Besten, die je in meiner Sache veröffentlicht wurden.

Noch bemerkenswerter ist ein Treffen, welches einmal zwischen mir und einem wohlbekannten Gastgeber einer kontroversen Talkshow in New York City stattfand. Bevor wir uns trafen, stimmte ich mich auf mein mediales Hören ein und fragte mental:"Wie sollte ich mich verhalten? Was habe ich zu erwarten? Wie kann ich diesen Menschen am besten erreichen?" Ich verlagerte meine Aufmerksamkeit nach jeder Frage zum übersinnlichen Wahrnehmungsbereich des Hörens und bekam die Antworten:"Sei nicht schüchtern. Laß Dich durch nichts überraschen oder aus der Bahn werfen." Und zum Schluß:"Unterbrich ihn. Schneide ihm das Wort ab, wenn er auch nur eine unzutreffende Bemerkung macht."

Die ersten beiden Eindrücke machten Sinn, besonders da mir bekannt war, daß der Gastgeber dazu neigte, seine Gäste anzugreifen. Das dritte schien eine Formel für eine Katastrophe zu sein, besonders angesichts der Umstände unter denen das Interview begann. Um einen Gast einzuschüchtern, weigerte sich der Gastgeber sich mit ihm zu treffen, bis kurz vor Anfang der Sendezeit. Man ließ die Gäste warten, ohne auch nur einen Ansatz einer Begrüßung durch irgendeinen Mitarbeiter des Produktionsteams. Noch schlimmer war, daß der Gastgeber, als ich nur wenige Sekunden vor dem geplanten Beginn des Interviews das Studio betrat, meinen Assistenten rausschmiß. Er blickte mich finster an, wobei er mir zu verstehen gab, daß ich sein Territorium schon dadurch entwürdigt hatte, daß ich auch nur daran gedacht hatte, eine andere Person mitzubringen. Scheinbar als Strafe ignorierte mich der Gastgeber für die nächsten zehn Minuten, während er seinen Zuhörern sagte:"Ich glaube, wir werden erst einmal ein paar Anrufe beantworten, bevor wir uns mit unserem nächsten Gast beschäftigen."

Als das Interview endlich losging, wurde ich mit dem negativsten Wortschwall, den ich je im Radio gehört hatte, angegriffen. "Sie sehen gar nicht wie ein Spinner aus." sprach mich mein Gastgeber in der Radio-Talkshow an. "Und Ihr Hintergrund scheint gar nicht der eines Verrückten zu sein. Wie haben Sie sich also in dieses weithergeholte fragwürdige Gebiet hineinziehen lassen?" Von der Art und Weise her zu urteilen, wie ich bisher behandelt worden war, schien es nicht weise zu sein, meinen Interviewer zu unterbrechen oder weiter zu verärgern. Ich erinnerte mich jedoch an den letzten hellhörigen Eindruck, den ich erhalten hatte:"Unterbrich ihn. Laß ihn nicht mit der kleinsten falschen Darstellung davonkommen."

In den ersten 5 Minuten des Interviews schnitt ich dem Gastgeber häufiger das Wort ab, als in allen meinen früheren Medienauftritten zusammen. Jedesmal wenn er sprach, unterbrach ich ihn, bevor er sich durch negative Bemerkungen eine führende Stellung aufbauen konnte und zwang ihn dazu, die Tatsachen zu konfrontieren. Ich stellte die neusten wissenschaftlichen Studien vor, und beschrieb praktische Herangehensweisen an ESP in einer so aggressiven und selbstbewußten Art, die mich buchstäblich die Kontrolle über die Sendung übernehmen ließ. Ich konnte kaum glauben, was ich da tat. Ich dachte mir währenddessen:"Nun, das ist wirklich Deinen übersinnlichen Eindrücken vertrauen und praktizieren, was Du predigst!" Der Erfolg? Der Ansturm hörte auf und der Wortschwall wurde weniger. Die negative Skepsis verwandelte sich in kopflose

Angriffe und dann in: "Ich weiß nicht, was ich von Ihnen halten soll. Was Sie sagen, scheint Sinn zu machen." Am Ende des Interviews erklärte der Gastgeber unseren Zuhörern:" Also Leute, ich glaube ich werde nun doch noch den Vortrag dieses Mannes besuchen." Nebenbei bemerkt führten die Erfolge dieser beiden Interviews zu Vorträgen, zu denen doppelt so viele Zuhörer erschienen wie sonst.

Du kannst auf die gleiche Art und Weise mediale Leitsätze benutzen, um Dich erfolgreich durch das tägliche Leben führen zu lassen. Alles was Du brauchst, ist die Disziplin, Dich vor den Ereignissen einzustimmen. Hier sind die wesentlichen Punkte, an die Du denken mußt, wenn Du Dir diese medialen Leitsätze holst:

- Zehn bis fünfzehn Minuten, bevor Du jemanden triffst, ist normalerweise der beste Zeitpunkt, um Dich einzustimmen.
- Halte Dir die Person und die Umstände im Geist gegenwärtig, dadurch, daß Du sie Dir vorstellst, sie fühlst, oder über sie nachdenkst, was auch immer für Dich natürlicher ist.
- Stelle Dir im Geist Fragen, wie z.B.: Wie gehe ich am besten auf diese Person oder die Situation zu? Was sind meine Schlüssel zum Erfolg? Worauf sollte ich achten? Was sollte ich meiden?

  Notiere in jedem Fall den Gedanken, das Wort, oder den Satz, der Dir einfällt, nachdem Du im Stillen die Frage gestellt hast.
- Versuche es nicht zu sehr. Zwinge es nicht herbei. Denke die Frage, richte Deine Aufmerksamkeit auf den übersinnlichen Wahrnehmungsbereich des Hörens und achte darauf, welche Worte oder Sätze Dir in den Sinn kommen.
- Stelle sicher, daß Du die Antworten aufschreibst, oder sie Dir geistig merkst und sie ganz kurz vor dem Treffen nochmals durchgehst.

## *Wie Du Dein eigenes Mantra erhältst*

Du kannst Dein mediales Hören auch dafür verwenden, Dir ein tägliches Mantra geben zu lassen. Auch das kann den Erfolg in Deinem Leben steigern. Mantra ist ein Sanskritwort, welches ein Wort oder ein Satz bedeutet, den man wie ein Gebet oder eine Leitschwingung immer wieder singt oder spricht.

Das Einstimmen auf das eigene Mantra soll bewirken, daß man sein Leben mit dem eigenen spirituellen Aspekt mehr in Einklang bringt, wodurch man glücklicher und erfolgreicher wird. Die Menschen bei uns im Westen haben das Konzept des Mantras durch verschiedene östliche Religionen und Organisationen kennengelernt, die empfehlen, ein Mantra als Teil der Meditation zu singen.

Eigentlich ist ein Mantra nicht mehr als ein übersinnliches Schlüsselwort für Dich. Wenn Du weißt, wie Du den übersinnlichen Wahrnehmungsbereich des Hörens anzapfen kannst, kannst Du Dir jeden Tag ein anderes spezielles Mantra geben lassen. Warum solltest Du jemanden dafür bezahlen, daß er Dir ein Mantra gibt, wenn Du Dir selbst für jeden Tag, für jede Woche, für jeden Monat oder gar für jedes Ereignis selbst eins besorgen kannst? Das Benutzen Deines hellhörigen Echos, um Dein Mantra zu bekommen, ist eine übersinnliche Methode, um zu bestimmen, welche Gemütsverfassung oder welche Stimmung an diesem Tag für Dich die beste ist. Denke daran, daß ein Mantra nicht immer tief spirituell oder esoterisch sein muß. Tägliche Mantras sind oft erdbezogen und praktisch. Hier ist ein Beispiel:

Robert, ein selbständiger Geschäftsmann aus Washington D.C., meditiert jeden Morgen, um sein Schlüsselwort Mantra für den Tag zu finden. Vor nicht allzu langer Zeit erzählte er mir, wie ein Mantra ihm besonders dabei half, Geld zu sparen. Am betreffenden Tage hörte er ganz deutlich:"Warte nicht!" als er den übersinnlichen Wahrnehmungsbereich des Hörens für ein Mantra anzapfte. Als nächstes dachte er an seine Freunde, die er später treffen sollte, damit sie ihren gemeinsamen Skiurlaub zuende planen konnten. Er hörte:"Höre nicht auf sie."

Robert und seine Frau hatten geplant, gemeinsam mit dem anderen Paar und deren Kindern in eine Hütte nach New Hampshire zu fliegen, die sie sich teilen wollten. Die vier schmiedeten schon seit Wochen Pläne. Robert erhielt normalerweise, wenn er meditierte, oder sich ein Mantra für den Tag geben ließ, Sätze wie z.B. "Sei geduldig" oder "Bleib flexibel". Aus dem Grund hob sich das Mantra, das er dieses Mal hörte, heraus. Er schrieb es sorgfältig auf. Später am Tag hörte Robert eine Radiowerbung für ein besonders günstigen Flug. Als er darauf aufmerksam wurde, kam ihm sein Schlüsselsatz:"Warte nicht!" wieder in den Sinn. Ohne zu zögern, ging der normalerweise wenig spontane Robert ans Telefon und reservierte für sich, seine Frau und seinen Sohn Tickets zum Sonderpreis. Robert ermutigte seine Freunde, schnell zu handeln und das gleiche zu tun, aber sie sagten, sie würden lieber einen Tag warten, um das Angebot bei ihrem Reisebüro zu überprüfen. Robert, der sich an den "Höre nicht auf sie"- Teil seines Mantras erinnerte, entschied sich, die Tickets sofort zu kaufen.

Am nächsten Tag war Washington durch einem halben Meter Schnee lahmgelegt. Die Straßen waren nicht befahrbar. Büros waren geschlossen. Firmen machten nicht auf. Roberts Freunde mußten drei Tage warten, bis ein Schneepflug es schaffte, die Nebenstraße, in der sie wohnten, zu räumen. Als sie endlich ihr Reisebüro kontaktieren konnten, hatten alle Fluglinien ihre Sonderangebote wieder gestrichen. Robert hatte dadurch, daß er an diesem Tag seinem Mantra folgte, über $ 300 gespart.

## *Die praktische 5-Minuten Meditation am Morgen*

Die meisten von uns können sich nicht den Luxus einer komplexen 1/2-stündigen oder 1-stündigen Meditation am Morgen leisten. Hier ist ein kurzer Ablauf, den Du Schritt für Schritt machen kannst, um den Erfolg Deines Tages durch Leitsätze und Mantras zu vergrößern. Du brauchst dazu nur wenige Minuten, bevor Du mit den Aktivitäten des Tages beginnst. Probiere es jetzt einmal aus und übe Dich darin, Dein Mantra zu bekommen.

**1.** Setz Dich ruhig hin und entspanne Dich.

**2.** Während Du bequem und mühelos atmest, wende Deine Gedanken nach innen und richte Deine Aufmerksamkeit auf Dich selbst und Deinen Tag.

**3.** Laß dir folgende mentale Frage durch den Kopf gehen: “Welche Herangehensweise oder welche Schwingung ist heute für mich die beste?” (Wenn es spät am Tag ist, frage nach morgen)

**4.** Nimm jedes Wort, jeden Satz oder jegliches Verstehen auf, das Dir in den Sinn kommt, und schreibe es auf.

**5.** Mache weiter, indem Du die Menschen und Situationen des kommenden Tages durchschaust, und Dir mediale Leitsätze für den Umgang mit ihnen geben läßt.

Eine Methode, wie Du Dir Deine hellhörigen Fähigkeiten beweisen kannst, und erkennen kannst, wie wertvoll es ist Leitsätze und Mantras zu bekommen, ist, sie täglich aufzuschreiben und zu beobachten, wie sie Dir geholfen haben.

## *Die vielfältigen Wahrnehmungen im Bereich des Hellhörens*

Nachdem Du jetzt schon einige Anwendungen des medialen Hörens und Techniken, es auf Wunsch anzuzapfen, kennst, laßt uns untersuchen, welche außersinnlichen Erfahrungen noch als Anzeichen für hellhörige Sensibilität dienen können. Du könntest hellhöriger sein, als Du glaubst.

- Das Hören Deines Namens, ohne daß ihn tatsächlich jemand ausspricht

- Du hörst “zwischen den Zeilen” etwas, was medial ausgestrahlt wird, obwohl niemand es tatsächlich ausspricht
- Das Hören eines Liedes im Geist, welches Dir Einsichten und Informationen liefert
- Das Sprechen mit Dir selbst, wobei Du nützliche “Echo” Antworten erhältst
- Das Projizieren von Gedanken, die andere tatsächlich hören können

Jedes dieser Beispiele liefert uns auch Einsichten in einige Charakteristika der hellhörigen Persönlichkeit.

*Du hörst, wie Dein Name gerufen wird, ohne daß er eigentlich ausgesprochen wird:*

Mediales Hören ist der außersinnliche Kanal, den die meisten Menschen mit mentaler Telepathie in Verbindung bringen, dem Lesen oder Hören der Gedanken einer anderen Person. In Wirklichkeit kann jeder der vier medialen Sinne benutzt werden, um einen Eindruck von dem zu empfangen, was jemand denkt. Die meisten Menschen betrachten jedoch das Hören dieser Eindrücke als wirkliche Telepathie. Zu hören, wie Dein Name gerufen wird, ist eine bemerkenswerte, wenn auch unbedeutendere Erfahrung mit dieser Art von Gedankenübertragung.

Jeder von uns ist auf einmalige Art und Weise auf seinen oder ihren Namen eingestimmt. In einem Zimmer, in welchem Dutzende von Unterhaltungen gleichzeitig geführt werden, spitzen wir ganz natürlich unsere Ohren, und drehen uns in die Richtung von jemanden, der unseren Namen erwähnt. Das Gehirn scheint besonders empfänglich für die Schallwellen zu sein, die das Muster unseres Namens bilden. Sobald dieses spezielle Muster unser Trommelfell erreicht, wird unsere Aufmerksamkeit automatisch darauf gezogen. Diese Reaktion trifft auch für übersinnliche Frequenzen zu. Von allen den Gedanken, die andere Menschen ausstrahlen, werden die, die unseren Namen beinhalten, am wahrscheinlichsten unsere mediale Aufmerksamkeit auf sich ziehen. Für dieses medialen Namenrufen aufmerksam zu sein, kann oft nützlich sein. Während meines Marinedienstes im Mittelmeer lag mein Schiff im Hafen von Cannes, während der Zeit des jährlichen Filmfestivals dort vor Anker. Ich stand gerade auf Deck und genoß den Anblick der vielen luxuriösen Jachten, die in der Nähe vor Anker lagen, als ich hörte, wie der Kapitän meinen Namen rief. Ich konnte ihn nirgends entdecken. Da ich mir dachte, daß der Ruf vielleicht ein übersinnlicher Bote sein konnte, statt ein tatsächlich laut vernehmbares Rufen, ging ich zur Kapitänskajüte. Dort fand ich ihn im Gespräch mit George Peppard, einem Schauspieler, der darum gebeten hatte, unser Schiff zu besichtigen. Der Kapitän sah sich gerade nach jemandem um, der den Schauspieler herumführen konnte. Als ich später mit dem Kapitän sprach, erzählte er mir, daß mein Auftauchen in seiner Kajüte zu genau dem Zeitpunkt sicherlich ein Zufall gewesen war, da er daran gedacht hatte, mich kommen zu lassen. Er hatte jedoch vorgehabt, den ersten Jungoffizier, den er finden konnte, als Führer für den Schauspieler zu nehmen. Durch diesen übersinnlichen Boten machte ich eine durch und durch lohnende Erfahrung: ich hatte die Gelegenheit, einen Schauspieler kennenzulernen, dessen Arbeit ich bewunderte (ganz abgesehen von den Freikarten zu einem der Filme auf dem Filmfestival).

Diese Geschichte veranschaulicht zwei der wesentlichsten Charakterzüge von Menschen, deren Stärke das mediale Hören ist. Zum einen neigen sie dazu, geistig wach zu sein und schnell zu reagieren. Zum zweiten führt ihre Initiative normalerweise zu neuen Gelegenheiten. Hellhörige warten nicht darauf, daß etwas passiert, sie sorgen dafür, daß es passiert. Sie sind die, die losgehen, um sich zu holen, was sie haben wollen. Sie sind es, die rechtzeitig da sind, um sich die Rosinen aus dem Brot zu picken (in diesem Fall die Eintrittskarten).

*Du hörst "zwischen den Zeilen" etwas, was medial ausgestrahlt wird, obwohl niemand es tatsächlich ausspricht.*

Da das mediale Hören die Art von ESP ist, die mit dem physischen Hören am engsten verbunden ist, kommt es häufig vor, daß beides gleichzeitig geschieht. Jemand, dessen Stärke das Hellhören ist, nimmt häufig mentale Eindrücke auf, während er oder sie mit jemandem spricht. Ihre mediale Aufmerksamkeit wird nicht so sehr von dem angezogen, was gesprochen wird, als vielmehr von dem was hinter den Tönen und Worten liegt. In Wirklichkeit ist dies eine Art zweiter Dialog, der zwischen den Zeilen der Unterhaltung stattfindet. Mindestens in einem Fall konnte die Intensität dieser Signale ein Leben retten.

Rebecca, eine Sozialarbeiterin in Chicago, benutzt häufig ihr mediales Hören, um der inneren Unruhe zu lauschen, die die Jugendlichen, mit den sie arbeitet, häufig nicht ausdrücken können. Kürzlich bewahrte ihre Hellhörigkeit, ihre Fähigkeit zwischen den Zeilen zu lesen, ein junges Mädchen davor, sich das Leben zu nehmen. Das Ganze begann, als Rebecca einen Artikel in einer Oberstufenzeitung las. Amy, ein 16-jähriges Mädchen, die vor kurzem versucht hatte, sich das Leben zu nehmen, schrieb verbittert darüber, wie wenig Hilfe sie von einem Krisentelefon erhalten hatte. Amy fühlte sich zuhause gefangen und wollte unbedingt abhauen, aber die Telefon-Berater konnten sie nicht unterstützen, da sie als Minderjährige die Erlaubnis ihres Vaters brauchte (der ihr einziger lebender Elternteil war). Amys Gefühl von Hilflosigkeit führte zu Depressionen, die darin mündeten, daß sie versuchte, sich das Leben zu nehmen. Amy beendete den Artikel dadurch, daß sie schrieb, sie sei nun wieder völlig wohlauf, wieder zurück in der Schule, und sie habe sich darauf eingestellt noch zwei Jahre zu warten, bis sie von der Schule gegangen und unabhängig sein würde.

Die Worte in dem Artikel sagten, daß alles in Ordnung war. Die Stimme, die Rebecca jedoch hinter diesen Worten vernahm, signalisierten genau das Gegenteil. Es war so, als ob Amy direkt mit ihr sprach und die Töne und die Modulation ganz falsch waren. Was Rebecca mit ihrer inneren geistigen Stimme hörte, war keine junge Frau, die wohlauf war und sich mit ihrer Situation abgefunden hatte, sondern ein bitteres, verzweifeltes und noch immer tief verstörtes Mädchen in Not. Rebecca war sich ihrer übersinnlichen Ahnung so sicher, daß sie zu Amys Schule ging, und darum bat, mit dem Mädchen sprechen zu können. Amy bestand darauf, daß alles in Ordnung war, aber Rebecca wollte nicht aufgeben. Ihre Hartnäckigkeit zahlte sich schließlich aus. Nach und nach enthüllte Amy ihr eine Geschichte von jahrelangem geistigen und körperlichen Mißbrauch durch ihren Vater.

Amy hatte den Krisenberatern nur erzählt, daß sie zuhause unglücklich war. Sie hatte ihnen nicht erzählt, daß ihr Vater sie jede Woche mit einem Gürtel schlug und daß er sie häufig zwang, stundenlang auf dem Boden auf harten Reiskörnern zu knien. Mit dieser Information ausgerüstet, konnte Rebecca Verbindungen zu Hilfsorganisationen aufnehmen. Am Ende schickte ein Gericht Amy schließlich an einen sicheren Platz. Amy hat das Gefühl, daß Rebeccas Intervention sie davor bewahrt hat, einen zweiten und vielleicht erfolgreichen Selbstmordversuch zu unternehmen. Das konnte dadurch geschehen, daß Rebecca ihren übersinnlichen Hilferuf gehört hat.

Wie viele Menschen, deren Stärke das mediale Hören ist, ist Rebecca hartnäckig und geht dem nach, was sie völlig verstehen will. Die Dinge, die Amy in dem Artikel schrieb, paßten einfach nicht zu dem, was Rebecca hörte und geistig verstand. Wie ein Hund auf einem Knochen kaute Rebecca so lange auf dem Problem herum, bis sie zum Zentrum der Sache vorgedrungen war.

*Du hörst in Geist ein Lied, welches Dir Einsichten oder Informationen vermittelt:*

Glorias Geschichte (in Kapitel 1) ist ein Beispiel für diese Art von Hellhörigkeit. In ihrem Fall hörte Gloria das Lied direkt nachdem sie geistig eine Frage gestellt hatte, und daher war ihr seine Bedeutung klar. In einigen Fällen soll das Lied jedoch eher eine allgemeine Botschaft sein und zu anderer Zeit ist es nicht so sehr das, was gesungen wird, sondern die Melodie und die emotionalen Assoziationen, die man mit dem Lied verbindet, die zu einem medialen Verstehen beitragen.

Für Tom, einem Free Soul Studenten, war das Wesentliche die emotionelle Reaktion, den Olivia Newton-Johns Song "Got to Believe We Are Magic" auslöste. Tom war von Nebraska an die Westküste gezogen, in der Hoffnung Fernseh- und Filmdrehbücher schreiben zu können. Wie viele andere, die in Hollywood den Erfolg suchen, ging er voller Träume und Hoffnungen los, aber bald nachdem er in Kalifornien angekommen war, schwanden sie dahin. Da gab es den kulturellen Schock, von einer ländlichen Gegend in das komplexe, ausgedehnte Los Angeles zu kommen. Die Unzugänglichkeit von Schriftstellern, Direktoren und Produzenten tat ein weiteres zu Toms wachsender Frustration und seinen Selbstzweifeln hinzu. Als in einer Woche gleich drei Agenten es ablehnten, ihn als Klienten anzunehmen, war sein Selbstwertgefühl am Ende.

Tom war kurz davor aufzugeben und wieder nach Hause zu gehen, als er davon erfuhr, daß ein Sitcom Fernsehproduzent auf der Suche nach einem Autor war, der über einen ländlichen Hintergrund verfügte. Er dachte darüber nach, zu versuchen, den Job zu bekommen, war aber zu verzweifelt, um etwas zu unternehmen. Er war an einem Punkt, an dem er keine weitere Ablehnung verkraften konnte. Plötzlich kam es ihm so vor, als würde er "Got to Believe We Are Magic" in seinem Mind hören. Es wollte nicht mehr aufhören. Als die Worte "nichts kann uns aufhalten" in seinem Kopf hallten, fühlte sich Tom so, als ob ein Schutzengel ihm sagte, er solle an sich selbst glauben.

Von dem Augenblick an begann sich Toms Einstellung zu verändern. Seine Selbstzweifel ließen nach, und sein Selbstvertrauen war wie neu. Er sah das Sitcom Job-Angebot nicht länger als mögliche Quelle der Zurückweisung, sondern betrachtete sie als eine Herausforderung, die er in ein Abenteuer verwandeln konnte. Völlig ergriffen von der Kraft des Glaubens an seine eigene Magie, fuhr Tom zum Büro des Produzenten und sagte der Sekretärin, sie sollte den "literarischen Riesen aus Fremont, Nebraska" anmelden. Der Produzent amüsierte sich so über sein Auftreten, daß er ihn gleich, ohne

Termin, empfing und Tom am Ende den Job anbot. Außer, daß uns diese Geschichte zeigt, wie das übersinnliche Hören eines Liedes ein Leben zum Besseren wenden kann, macht sie auch einen weiteren Charakterzug von hellhörigen Menschen deutlich. Sie besitzen eine außergewöhnlich ausgeprägte Fähigkeit, wie ein Steh-auf-Männchen, immer wieder schnell nach oben zu kommen. Zusätzlich zu der Hartnäckigkeit, die sowohl Tom als auch Rebecca an den Tag legten, besitzen Hellhörige die Eigenschaft, meist nicht lange deprimiert zu sein. Manchmal reicht ein einziges Wort oder ein einziger Gedanke, um ihnen neu Hoffnung und Initiative zu geben. Mediales Hören ist dafür der perfekte Kanal.

*Das Sprechen mit Dir selbst, wobei Du wertvolle "Echo" Antworten erhältst:*

Menschen, deren Stärke das mediale Hören ist, erleben einen ständigen inneren Dialog. Da sie dazu neigen, in Worten zu denken, lösen sie Probleme auch eher dadurch, daß sie Fragen stellen und Antworten hören, als dadurch, daß sie ein Bild sehen, ein Gefühl bekommen oder intuitiv die Lösung kennen. Es ist der Wunsch, eine Antwort zu hören, der Hellhörige dazu veranlaßt, so viele innerliche Fragen zu stellen und ihrer inneren Stimme, den übersinnlichen Antworten, die sie hören, zu vertrauen. Wir haben Beispiele betrachtet, in denen sich mediales Hören auf dramatische Art und Weise ausgewirkt hat, indem es das Leben eines Kindes rettete oder die Karriere eines Mannes wieder belebt hat. Es kann aber auch auf bescheidenere Weise nützlich sein, z.B. um verlorene Autoschlüssel wiederzufinden.

Maureen und ihr Mann, Don, leben in einem Randbezirk von Denver. An einem Morgen konnte Don seine Autoschlüssel nicht finden. Weil Maureen sein Auto am Tage zuvor benutzt hatte, war Don sich sicher, daß sie sie verlegt haben mußte. Da er zur Arbeit mußte, nahm Don das Auto seiner Frau, wodurch er sie zuhause auf dem Trockenen sitzen ließ. Maureen konnte sich deutlich daran erinnern, daß sie die Schlüssel auf den Eßtisch gelegt hatte und sie war sich sicher, daß Don sie dort weggenommen hatte. Wer die Schuld hatte, war jedoch eine müßige Frage. Maureen mußte die Schlüssel finden, wenn sie selbst in der Lage sein wollte, zur Arbeit zu kommen.

Maureen schloß ruhig die Augen und fragte:"Wie kann ich die Schlüssel finden?" In ihrem übersinnlichen Wahrnehmungsbereich des Hörens vernahm sie :"Nimm den Hund und geh in den Park." Da Smokey sowieso spazieren geführt werden mußte, und die Suche im Haus ergebnislos gewesen war, entschied sie, daß sie genausogut in den Park gehen konnte. Auf dem Weg dorthin wunderte sie sich, warum sie so eine seltsame Antwort erhalten hatte. Wieder antwortete ihre innere Stimme:"Weil die Schlüssel dort sind."

Einmal im Park, folgte Smokey seinem üblichen Schnüffelpfad, der zum Spielplatz führte. Als sie in die Nähe der Schaukeln kamen, entdeckte Maureen die Schlüssel neben einer der Stangen. Sie erkannte, daß sie Don in der Nacht zuvor, als er mit dem Hund spazieren war, aus der Tasche gefallen sein mußten.

Maureen ist eine typische Hellhörige. Wenn sie mit einem Problem konfrontiert sind, werden sie nicht nervös oder überemotional, sondern sie nehmen es Schritt für Schritt in Angriff. Ob Du es logische oder übersinnliche Wahrnehmung nennst, ihre innere Stimme hilft ihnen große und kleine Krisen zu handhaben.

*Das Projizieren von Gedanken, die andere tatsächlich hören können:*

Stark hellhörige Männer und Frauen empfangen nicht nur hellhörige Eindrücke, sie projizieren sie auch. Ihr logischer Mind und ihre sprachliche Ausrichtung machen es für sie leichter, Gedanken zu übertragen, die andere medial hören können. Dies wird Gedankenprojektion genannt, und ist ein weiteres Beispiel für mentale Telepathie, die mit medialem Hören zu tun hat. Wenn die Gedanken eines Hellhörigen stark genug sind, kann der Empfänger sie als Worte oder Sätze hören, als eine Art unterschwellige mediale Botschaft.

Ralph ist ganz besonders hellhörig begabt. Er ist ein Geschäftsmann in mittlerem Alter, hat einen starken Körperbau und eine intensive Persönlichkeit, die dazu paßt. Geistig und körperlich strahlt er starke Energie aus. Als Ralph und seine Frau Doris sich nach einem neuen Zuhause in einem landschaftlich schönen Ort in der Nähe eines Naturschutzgebietes umschauten, wußten sie, daß sie keine große Auswahl hatten. Ein Haus in einen besonders schönen Tal schien ideal. Ihr Optimismus verwandelte sich jedoch in Enttäuschung, als das Innere des Hauses nicht die Zimmeraufteilung oder die Aussichten bot, die sie haben wollten. Als das Paar wieder ging, zeigte ihnen der Besitzer sein eigenes Haus, welches in der Nähe lag. Es hatte etwas, was Ralph sofort fesselte. Er dachte:"Lassen Sie es uns wissen, wenn Sie sich jemals entscheiden sollten, es zu verkaufen." Es schien ihm jedoch ein so anmaßender Gedanke zu sein, daß er ihn nicht aussprach.

Zwei Monate später war Ralph auf einer Geschäftsreise unterwegs, als Doris ihn anrief. Der Besitzer hatte sich plötzlich entschieden, sein Haus zu verkaufen, und hatte sie angerufen, bevor er es zum Verkauf anbot. Warum? Der Besitzer sagte:"Weil ich mich daran erinnere, wie Sie mich darum gebeten haben, daß Sie im Falle eines Verkaufes die erste Wahl zu haben!" Ralphs Gedanken waren so stark gewesen, daß der Besitzer sie aufgenommen hatte.

Solche Erfahrungen sind nicht selten. Hellhörige Menschen neigen dazu, immense Mengen mentaler Energie auszustrahlen. Wenn diese Gedankenmuster von Emotionen oder starkem Verlangen verstärkt werden, werden die Signale doppelt so stark. Wenn die Menschen in der Umgebung der Hellhörigen medial empfänglich sind, werden sie die Gedanken hören oder verstehen. Menschen, deren Stärke die Intuition ist, scheinen dafür die empfänglichsten zu sein. Viele Menschen, besonders diejenigen, die sehr medial empfänglich sind, erleben den mentalen Beschuß durch einen Hellhörigen als Druck oder als ein Energiefeld, vor dem sie zurückweichen wollen. Das ist der Grund, warum medial Fühlende und Propheten sich manchmal in der Gegenwart stark Hellhöriger unwohl fühlen, und manchmal die Hellhörigen selbst als aufdringlich und überaggressiv empfinden.

## *Die Stärken der hellhörigen Persönlichkeit*

Wenn Du Freunde oder Kollegen hast, deren Stärke das mediale Hören ist, dann kannst Du davon ausgehen, daß sie in ihrem Umgang mit Dir energisch auftreten. Fühle Dich nicht angegriffen und nimm es nicht persönlich. Kraftvolle mentale Energie ist ein natürlicher Zug von Hellhörigen. Sie sind außerdem weniger sensibel im medialen Fühlen und erkennen häufig nicht, wie überwältigend ihre Energie sein kann. Da Hellhörige ein klares geistiges Hören den subtilen inneren Gefühlen und Intuitionen vorziehen, haben sie ihre Lautstärke die meiste Zeit über aufgedreht. Starke mentale Projektionen helfen ihnen das starke Feedback zu bekommen, was sie brauchen, um sich der Antwort sicher zu sein.

Ob es ein mediales Echo oder Deine physische Antwort auf sie ist, Hellhörige wollen immer genau wissen, was los ist. Sie wollen alles direkt, klar und verständlich haben. So wie ein Tourist im Ausland denkt, daß der Taxifahrer sein Englisch besser versteht, wenn er lauter spricht, so drehen Hellhörige die Intensität ihrer Persönlichkeit auf, wenn sie verstanden werden wollen. Wenn Deine Stärke das Hellhören ist, und Du diese mentale Aggressivität des Hellhörigen an Dir wahrnimmst, sei Dir Deiner Wirkung auf andere Menschen mehr bewußt. Beobachte die Menschen, um zu sehen, ob sie vor Dir zurückweichen. Achte darauf, ob Freunde sich häufig beschweren, daß Du ihre Gefühle verletzt hast. Wenn Du entdeckst, daß Menschen zurückschrecken, wenn Du mit ihnen sprichst, versuche Deine Energie und Deine Worte seitlich abzuleiten, statt gerade auf sie zu. Fühle Dich jedoch nicht schuldig und versuche, Dich nicht zu ändern. Erkenne einfach nur, daß, was für Dich Deine normale selbstbewußte Art ist, für andere Menschen zu viel sein kann. Erwarte nicht von ihnen, daß sie die gleichen Denkvorgänge oder direkten Herangehensweisen wertschätzen wie Du.

## *Achte auf hellhörige Menschen in Deiner Umgebung*

“Wie urteilst Du darüber?” “Das verstehe ich einfach nicht!” “Warum kannst Du mir das nicht erklären?” “Erzähle mir nichts von Gefühlen, laß uns das vernünftig besprechen!” “Beweise mir das. Wo sind die Fakten?” “Mir ist es egal, wie Du Dich fühlst, sieh einfach zu, daß du es getan bekommst!” Dies sind einige der typischen Ausdrucksweisen der hellhörigen Persönlichkeit. Die Hellhörigen in Deiner Umgebung zu lokalisieren ist so einfach, wie zu hören, wann ein Panzer sich Dir im Wald nähert. Kaum etwas an ihnen ist zart. Sowohl im körperlichen als auch im medialen Bereich fügen die hellhörigen Menschen dem Wort “selbstbewußt” neue Nuancen hinzu. Wenn sie ihre Meinung oder ihre Idee einmal wohl durchdacht haben, sind sie niemals zurückhaltend darin, sie vorzutragen. Hellhörige wenden ihre volle Willenskraft auf jedes Projekt an. Für sie tragen Takt und Diplomatie nur dazu bei, klare Kommunikation und Verstehen zu verwirren.

Wenn Hellhörige sich in einer Sache noch keine Meinung gebildet haben, werden sie zahllose Fragen stellen, bis sie Deinen Gesichtspunkt völlig verstehen, oder Du verrückt geworden bist, je nachdem was zuerst eintritt. Sie wollen alle Daten zu der Angelegenheit hören. Wähle Deine Antworten jedoch vorsichtig. Aufgrund ihrer starken Verbindung zu Sprache und Hören, nehmen Hellhörige das, was Du sagst, wörtlich und sie werden Dich darauf festnageln. Wenn Du ihnen sagst, daß Du Dich mittags mit ihnen triffst, und Du kommst erst um 12:05 Uhr, hast Du Dein Wort nicht gehalten. Einem Hellhörigen zu sagen: ”Ich mache das” bedeutet “Ich werde es erledigen, egal was kommt” und nicht “Ich werde mein Bestes tun”. Schließlich ist dies die Art und Weise, in der Hellhörige an das Leben heran gehen.

## *Die Schlüssel zum Erfolg mit hellhörigen Menschen und dem medialen Hören*

Zu verstehen, wie Hellhörige denken, ist ein Muß, wenn man vermeiden möchte, auf sie negativ zu reagieren. Wie kannst Du Hellhörige besser verstehen und mit ihnen besser auskommen? Höre ihnen zu. Höre ihren Fragen zu und Du wirst hören, was ihre logischen Minds verstehen wollen. Höre ihnen zu, wenn sie Behauptungen aufstellen und Du wirst wissen, was sie von Dir erwarten. Höre ihnen medial zu und Du wirst die innere dringende Bitte des Hellhörigen vernehmen:"Verstehe und akzeptiere mich so wie ich bin!"

Übe Dich im Hellhören, um die Schlüsselworte zu bekommen, die Dir helfen werden, besser mit Hellhörigen auszukommen. Übung ist auch die beste Art und Weise, wie Du Deine eigene Hellhörigkeit und Deine Fähigkeit, Gedanken zu lesen entwickeln kannst. Da die Hellhörigkeit häufig der am wenigsten entwickelte ESP Kanal ist, macht es Sinn, sich auf diejenigen einzustimmen, die seine kraftvollsten Sender sind. Je mehr Du übst, umso mehr wirst Du ein Meister darin. Bald wird es Dir zur zweiten Natur werden, Dir Leitsätze und geistige Einsichten in Bezug auf die Menschen, mit denen Du es zu tun hast, zu holen. Das Anzapfen des medialen Hörens, um ein tägliches Mantra zu bekommen, wird leicht werden. Und was das Beste ist, Du wirst einen inneren Computer entwickeln, der die übersinnlichen Echos des Universums anzapfen kann, um Informationen und Verstehen zu erlangen.

## *Die Gabe des medialen Hörens*

**Vorteile**

Bei voller Lautstärke, eignet es sich am besten um Deine Aufmerksamkeit auf sich zu ziehen

Am besten dafür einzusetzen, um wesentliche Leitsätze und anfängliche Führung zu bekommen

Der beste mediale Sinn, um ein Problem oder eine Situation zu verstehen und zu analysieren

Der beste mediale Sinn, um Gedanken zu projizieren

**Nachteile**

In geringer Lautstärke können die medialen Eindrücke mit Deinen eigenen Gedanken verwechselt werden

Einer der langsameren medialen Sinne

Einer der medialen Sinne, die am schwersten zu entwickeln sind

## *Menschen, deren Stärke das mediale Hören ist*

**Stärken**

Sie können hören, wenn sie jemand anlügt

Sind die besten darin, Schlüsselwort Mantras zu bekommen

Sie können am besten Gedanken übertragen

Sie neigen am wenigsten zu medialer Überladung

Sie sind direkte, unkomplizierte Initiatoren

Sie sind exzellente Organisatoren im Detail

Sie sind darin die Besten, bestimmte mediale Informationen zu erhalten und zu verstehen

**Schwächen/Worauf man achten muß**

Sie können ihr mediales Potential anzweifeln und sich ESP ausreden
Sie können überanalytisch sein und zu viele Fragen stellen
Sie können zu stark auftreten und zu viel mentale Energie ausstrahlen
Sie können Schwierigkeiten damit haben, Gefühlen und ihrer Intuition zu vertrauen
Sie können am wenigsten sensibel für mediale Feinheiten sein

# 5
# ***Mediales Sehen -*** *Die Gabe des Hellsehens*

An einen klaren und kalten Tag, sangen Sheila und ihre beiden jungen Söhne in der Wärme des Familienautos zu der Musik des Autoradios, während sie auf der New England Thruway nördlich fuhren. Es gab nur wenig Verkehr und die Straße war trocken. Doch plötzlich hatte Sheila eine Vision. Vor ihrem geistigen Auge sah sie einen Unfall, und sie sah sich selbst scharf rechts herüberziehen, um dem Auto auszuweichen, welches vor ihr aufzutauchen schien. Sheila war von der kurzen Vision aufgerüttelt. Sie war neugierig zu erfahren, was ihr da gerade passiert war, entschied sich aber, nicht weiter über den Vorfall nachzudenken.

Ihre Vision verwandelte sich fünf Minuten später in schreckliche Realität, als das Auto vor ihr auf einen Lastwagen auffuhr. Sheila hatte nur den Bruchteil einer Sekunde, um zu manövrieren, bevor sie selbst auf die Karambolage auffuhr.

Da sie jedoch von ihrer Vision gewarnt war, schlug sie ihr Steuerrad augenblicklich und automatisch hart nach rechts ein. Die beiden Autos, die an dem Unfall beteiligt waren, rutschten nach links. Sheilas Manöver war der einzige Weg, um in Sicherheit zu kommen. Sheilas Auto und ihre Familie kamen um Zentimeter unversehrt davon. Im gleichen Moment hörte sie die schrecklichen Geräusche von verschiedenen Autos, die hinter ihr auf die Unfallautos auffuhren.

Was Sheila erlebt hatte, war eine Vorahnung durch mediales Sehen. Zu dieser Zeit wußte Sheila noch nichts von der Welt des medialen Sehens und verstand ihre unkontrollierte hellsichtige Erfahrung auch nicht. Heute weiß sie, daß jeder auf zwei verschiedene Arten sehen kann: normal mit den physischen Augen und medial, mit dem "geistigen" oder "dritten" Auge.

Dieses Kapitel wird Dir beibringen, wie Du Deine Hellsicht entwickeln kannst. Du wirst erfahren, wie Du die Welt des Hellsehens betreten kannst, und Du wirst Dein eigenes drittes Auge entdecken. Du wirst lernen, die verschiedenen Arten des Hellsehens zu identifizieren und zu interpretieren. Du wirst Methoden kennenlernen, um den Bildschirm Deines geistigen Auges zu benutzen, um übersinnliche Informationen zu visualisieren. Und Du wirst entdekken, was Deine Träume mit medialer Schau zu tun haben.

Dieses Kapitel wird, kurz gesagt, für Dich den Vorhang heben, damit Du eine ganz neue Dimension visueller Informationen entdekken kannst. Du wirst medial nicht länger blind sein, sondern Du wirst mit Deinem Mind genauso sehen können wie mit Deinen Augen. Wenn es sich herausstellt, daß Du natürlich hellsichtig begabt bist, wirst Du verstehen lernen, warum Du die Neigung hast, in Bildern zu denken und warum Du so häufig eine Entscheidung "sehen" mußt, bevor Du sie eigentlich fällst. Schließlich wird Dir dieses Kapitel helfen, erfolgreich mit den hellsichtigen Menschen in Deinem Leben umzugehen, und es wird Dich in der Fähigkeit anleiten, Deinen eigenen Erfolg durch Visualisation zu kreieren.

## *Hellsehen: Die Welt des inneren Auges*

Durch die Jahrhunderte hindurch bezeichnete man das mediale Sehen in der Regel als Clairvoyance, was "klares Sehen" bedeutet, da es Dir erlaubt, außerhalb der Reichweite Deiner Augen klar zu sehen. Hellsehen ist die Form von ESP, die sich als ein Bild, als eine Vorstellung oder als ein visueller Eindruck zu erkennen gibt. Von alters her wird es damit in Verbindung gebracht, visuelle

Einsichten entweder durch Meditation, über Träume oder wie in Sheilas Fall durch visuelle Vorahnungen zu empfangen.

Ob Du Dir darüber im klaren bist oder nicht, Du hast bereits zahlreiche hellsichtige Erfahrungen in Deinem Leben gemacht, z.B. als plötzlich ein geistiges Bild eines alten Freundes auftauchte und Du daraufhin einen Anruf oder einen Brief von dieser Person bekamst. Wenn Du im Geiste etwas visualisierst, zapfst Du Dein mediales Sehen an, und die Bilder, die erscheinen, sind hellsichtige Eindrücke. Jedes Mal, wenn Du träumst, oder Tagträumen nachgehst, benutzen die flüchtigen mentalen Bilder auch das übersinnliche innere Auge. In der Tat ist mediales Sehen so ähnlich wie einen internen Fernsehbildschirm zu haben, der Informationen und Bilder zeigt, die Deinen physischen Augen nicht zugänglich sind. Du magst glauben, daß diese Erfahrungen Zufälle sind. Ich weiß, daß sie Deine Hellsicht bei der Arbeit sind.

Wenn Du einmal anerkennst, daß Du ein Medium bist, und daß Dir das Hellsehen nicht ganz fremd ist, ist der nächste Schritt zu lernen, wie Du Dein mediales Sehen auf Wunsch anzapfen kannst.

## *Der übersinnliche Wahrnehmungsbereich des Sehens*

Metaphysische Philosophen glaubten, daß der Sitz des medialen Sehens sich im Stirnbereich befindet. Sie nannten es das Dritte Auge. Tatsächlich ist diese Stirn/Dritte Auge Region der übersinnliche Wahrnehmungsbereich des Sehens. In vielen Religionen wird dieser Bereich gesalbt oder geschmückt, wie z.B. bei den Ritualen der Taufe oder des Segnens. Viele Meditationsschulen weisen ihre Studenten an, ihre Gedanken hier zu sammeln und eine Erscheinungsform von jemand oder etwas oder ein Bild zu visualisieren.

Traditionell dachte man auch, daß das Dritte Auge mit der Zirbeldrüse verbunden sei. Die Zirbeldrüse, die tief im vorderen Teil des Gehirns vergraben ist, ist die geheimnisvollste der endokrinen Drüsen. Ihre Funktion wird noch immer nicht vollständig verstanden, aber die Wissenschaft bringt sie mit komplexen Funktionen der Lichtsensibilität sowohl beim Menschen, als auch bei Tieren in Zusammenhang.

Eine noch logischere Verbindung zwischen dem Stirnbereich und dem medialen Sehen ist jedoch der vordere Cortex. Die Endstadien der visuellen Interpretation finden in diesem Teil des Gehirns statt, der hinter der Stirn liegt. Dem Dritten Auge einen Platz im Stirnbereich zuzuweisen, schien lange Zeit im Widerspruch zu der angenommenen Tatsache zu stehen, daß visuelle Informationen in den Hinterhauptslappen im hinteren Teil des Gehirns verarbeitet werden. In Computeraufzeichnungen der elektrischen Aktivität des Gehirns, die von dem Erfinder Jesse Salbs für die PBS (amerikanischer Fernsehsender) Serie "Das Gehirn" angefertigt wurden, kann man deutlich erkennen, daß die Endstadien der Interpretation und Organisation visueller Eindrücke tatsächlich in den vorderen Gehirnlappen stattfinden. Besonders interessant sind die Muster, die während des Träumens aufgezeichnet werden. Während den REM (rapid eye movement) Phasen des Schlafes, in denen Träume am häufigsten vorkommen, zeigt das Gehirn ein hohe Aktivität im vorderen Cortex, jedoch fast keine Aktivität in den Hinterhauptslappen. Traumbilder werden geistig gesehen und nicht mit den Augen.

Mediales Sehen geht auf gleiche Weise vor sich. Du empfängst Bilder direkt über das geistige Auge. Was in den metaphysischen Lehren über das Dritte Auge bisher gefehlt hat, ist, wie Du seinen genauen Platz wahrnehmen kannst und wie Du ohne Zweifel wissen kannst, wo es sich bei Dir befindet. Das Fokussieren im Stirnbereich ist die beste Methode, um das Dritte Auge zu aktivieren. Mit diesem Wissen wirst Du in der Lage sein, auf Wunsch Dein mediales Sehen anzuzapfen und Du wirst feststellen, wie sich Deine hellsichtigen Kräfte und Deine Fähigkeit, Auras zu sehen, entfalten.

Erinnere Dich daran, daß Du die Fähigkeit besitzt, sowohl physisch als auch medial zu sehen. Über die Jahre hinweg bist Du darauf trainiert worden, Dein physisches Sehen unter Ausschluß Deines medialen Sehens zu benutzen. Als Folge ist letztere Fähigkeit verkümmert. Du besitzt sie noch, aber sie muß wiedererweckt werden. Du mußt anfangen, Deiner Hellsicht mehr Aufmerksamkeit zu schenken, anstatt nur durch die Fenster Deiner physischen Augen zu schauen.

Hier ist ein einfacher Weg, um zu beweisen, daß Du sowohl körperlich als auch medial sehen kannst. Öffne und schließe Deine Augen. Beobachte wie und wohin sich Deine Aufmerksamkeit verlagert, wenn Du Deine Augen schließt. Du wirst entdecken, daß sich Deine Aufmerksamkeit in dem Augenblick, in dem Du Deine Augen schließt, nach oben verlagert. Mit geschlossenen Augen - wenn Deine körperlichen Sehfenster geschlossen sind - bleibt Dir nur noch Deine Hellsicht. Als Folge hiervon wird Deine Aufmerksamkeit ganz von selbst nach oben, zum Bereich des Dritten Auges, hingezogen. Versuche es ein paar Mal. Beobachte die Aufwärtsbewegung Deiner Aufmerksamkeit jedesmal, wenn Du Deine Augen schließt.

Die folgende Technik wird Dir helfen, Deinen übersinnlichen Wahrnehmungsbereich für hellsichtigen Bildempfang genaustens zu identifizieren. Sie wird Dir zeigen, wie Du die Zentren für Dein physisches und Dein mediales Sehen genau lokalisieren kannst und die Pforte zum inneren Auge öffnen.

## *Wie Du Dein drittes Auge lokalisieren kannst*

**1.** Bevor wir präzise den Ort Deines übersinnlichen Wahrnehmungsbereichs des Sehens bestimmen - Dein Drittes Auge - ist es wichtig, die Brennpunkte oder die Mittelpunkte sowohl Deines körperlichen, als auch Deines medialen Sehfeldes zu verstehen. Für Dein Verstehen ist es entscheidend, daß Dir bewußt ist, wie dieser Mittelpunkt sich verlagert, wenn Du vom körperlichen zum medialen Sehen umschaltest, damit Du effektiv Deinen übersinnlichen Wahrnehmungsbereich des Sehens einsetzen kannst.

**2.** Beginne, indem Du den Mittelpunkt Deines physischen Sehfeldes findest. Entspanne Dich und schaue geradeaus. Während Du Dein ganzes Gesichtsfeld vor Dir betrachtest, fühle, wo das Zentrum Deines Sehfeldes in Bezug auf Dein Gesicht liegt. Wenn z.B. eine vollkommen gerade und waagerechte Linie vom Zentrum Deines Sehfeldes aus zu Dir zurück verlängert würde, wo würde diese Linie Dein Gesicht berühren? Die meisten Menschen entdecken, daß dieses Zentrum ihres physischen Sehfeldes zwischen ihren Augen liegt, etwa 1 1/2 cm unter ihren Augenbrauen am Nasenansatz.

**3.** Experimentiere, um ein klares Gefühl dafür zu bekommen, wo der Mittelpunkt Deines physischen Sehfeldes ist. Wenn Du Schwierigkeiten damit hast, strecke Deinen Arm aus, zeige mit einem Finger auf Dich selbst, und führe Deinen Finger mit offenen Augen langsam näher und näher an Dich heran (wobei Du ihn im Zentrum Deines Sehfeldes hältst), bis er Dein Gesicht berührt. Dieser Punkt ist das Zentrum Deines physischen Sehfeldes.

**4.** Finde jetzt das Zentrum Deines medialen Sehfeldes. Bevor Du jedoch weitermachst, nimm Dir eine Minute Zeit, das Zentrum Deines physischen Sehfeldes vollständig wahrzunehmen. Fühle, wie Du diesen Bereich identifizieren kannst und sei Dir seiner Existenz bewußt. Schließe jetzt Deine Augen. Beobachte, ob Du irgendeine Verlagerung Deines Sehfeldes oder seines Zentrums spüren kannst. Die meisten Menschen spüren eine leichte, aber deutlich erkennbare Verlagerung nach oben, da Du, wenn Du Deine Augen schließt, in den meisten Fällen automatisch vom physischen zum medialen Schauen wechselst. Du besitzt auch mit offenen Augen beide Sehfähigkeiten, doch ignorierst Du normalerweise Dein Hellsehen zum Vorteil des physischen Sehens, welches Du gelernt hast zu benutzen, oder Du bist Dir des medialen Sehens nicht bewußt.

**5.** Öffne und schließe Deine Augen. Beobachte, ob Du die Verlagerung spüren kannst. Versuche jetzt mit geschlossenen Augen das Zentrum der visuellen Wahrnehmung (egal welche visuelle

Wahrnehmung Du jetzt hast) zu fühlen, auch wenn alles, was Du siehst völlige Schwärze ist. Die meisten Menschen spüren dieses Zentrum über dem ihres physischen Sehzentrums, im allgemeinen im Bereich des vorderen Kopfes, etwa 1 bis 1 1/2 cm über den Augenbrauen. Wenn Du Schwierigkeiten damit hast, diesen Mittelpunkt zu spüren, halte Deine Augen geschlossen und führe Deinen Finger auf Dich zu, bis Du Dein Gesicht berührst. Versuche Deinen Finger im Zentrum, von was auch immer Du mit geschlossenen Augen wahrnimmst, zu halten. Es ist ganz egal, was Du dabei siehst, auch wenn es völlige Schwärze ist, bleib einfach in seinem Zentrum. Das Entwickeln Deines Bewußtseins für dieses Sehfeld und für seinen Mittelpunkt ist der Schlüssel für das Verstehen und den Gebrauch des übersinnlichen Wahrnehmungsbereichs des Sehens. Dadurch, daß Du Deine visuelle Aufmerksamkeit mehr in diesem Bereich fokussierst, wird es Dir leichter fallen, hellsichtige Eindrükke zu empfangen.

**6.** Verlagere den Fokus Deiner visuellen Aufmerksamkeit nun mit offenen Augen hoch zum übersinnlichen Wahrnehmungsbereich des Sehens. Schau, ob Du eine größere Bewußtheit von oder in diesem Bereich Deines Sehfeldes spürst. Achte auf Deine Eindrücke und Gefühle und vergleiche sie mit den Erfahrungen, die Du hast, wenn Du körperlich schaust, oder Deine Aufmerksamkeit auf einen anderen Bereich Deines Sehfeldes richtest.

Wenn Du diese Technik mit einer anderen Person praktizierst, und seine oder ihre Mittelpunkte woanders liegen als Deine, habt ihr beide Recht. Jeder hat und fühlt einen leicht anderen Mittelpunkt sowohl des physischen, als auch des medialen Sehfeldes. Das wichtige ist nicht der exakte Punkt dieses Mittelpunkts, sondern daß die Verlagerung stattfindet, wenn Du von physischer zu medialer Schau wechselst. Wenn Du diese Verlagerung einmal beherrschst, wirst Du auf Wunsch die Fähigkeit besitzen, sowohl hellsichtig Bilder empfangen zu können, als auch Auras zu sehen.

## *Träume sind hellsichtige Erfahrungen*

Traumbilder sind eine Form des medialen Sehens, die jeder schon erfahren hat. Obwohl die Wissenschaft noch immer nicht sicher sagen kann, wie oder warum wir träumen, ist es dennoch eine Tatsache, daß wir im Traum ohne Augen sehen. Alle Träume benutzen den medialen Bildschirm des geistigen Auges, unabhängig davon, ob der Traum nicht mehr als ein zufälliges Bild, ein mentaler Rückblick auf die Ereignisse des Tages oder ein rechtzeitiges Anzeichen zukünftiger Ereignisse, also ein Wahrtraum ist. Franks Traum war ein Wahrtraum.

Frank, ein pragmatischer Elektroingenieur, der sich an keine davor liegenden medialen Erfahrungen erinnern konnte, hatte eines nachts einen sehr lebhaften Traum. Er fuhr mit seinem Auto über einen Bahnübergang, als die Warnsignale, die einen heranfahrenden Zug signalisieren, plötzlich angingen und die Schranken, die jeweils beide Fahrbahnen absperrten, sich plötzlich vor und hinter ihm begannen herabzusenken. Frank mußte sich in einem Bruchteil einer Sekunde entscheiden, ob er abbremsen sollte, um zurückzufahren, oder beschleunigen und nach vorne fahren sollte. In seinem Traum sah Frank sein Auto vorwärts hechten und es gerade noch unter der Schranke hindurch schaffen. Am nächsten Tag wurde sein Traum wahr. Er erinnerte sich sogar daran, als er sich dem Bahnübergang näherte, der Schranken hatte, die lang genug waren, um auf beiden Seiten der Schienen beide Fahrbahnen abzusperren. Als sein Auto anfing den Bahnübergang zu überfahren, begannen sich die Schranken zu schließen. Aufgrund seines Traumes fuhr Frank ohne zu zögern schnell auf die andere Seite und schaffte es sicher dorthin. Als er in seinen Rückspiegel schaute, sah er unmittelbar hinter sich ein Auto. Wenn Frank versucht hätte, zurückzusetzen, wäre er entweder auf den Schienen gefangen gewesen, oder hinten aufgefahren.

Manchmal ist die Botschaft so stark, daß sie sich solange wiederholt, bis sie vollständig empfangen wurde. Kathy Neal, eine Free Soul Ausbilderin in Denver, hatte eine bemerkenswerte Erfahrung mit einer Serie von hellsichtigen Träumen von einer Frau, die sie nicht kannte. In dem ersten Traum sprach die Frau, gab ihr jedoch keine Hinweise darüber, wer sie war oder warum sie in dem Traum auftauchte. Als der Traum in den nächsten Nächten immer wiederkehrte, wurde das Gesicht der Frau klarer. Schließlich hätte Kathy es überall wiedererkannt, und das schient auch die Absicht des sich wiederholenden Traumes gewesen zu sein.

Zwei Wochen später entdeckte Kathy das Gesicht in einer überfüllten Versammlung. Sie stellte sich aufgrund des Traumes der Frau vor und beide spürten augenblicklich eine Verbindung zwischen ihnen. Seitdem sind sie enge Freunde. Durch ihr mediales Sehen wurde Kathy im voraus mit einer Frau bekannt gemacht, die ihr eine besondere Freundin sein würde.

## *Schlüssel zur Traumdeutung*

Die wesentliche Schwierigkeit, die Menschen mit hellsichtigen Träumen haben, ist, sie richtig zu deuten, denn das mediale Sehen ist der sinnbildlichste der medialen Sinne. Diese sinnbildliche Darstellung ist besonders in dem halbbewußten Zustand des Träumens offensichtlich. Du befindest Dich dabei auf der Grenzlinie zwischen zwei Dimensionen, hast einen Fuß in der medialen Welt, aus der die Traumbilder stammen und den anderen in der physischen Welt, wo Du versuchst die Botschaft aufzuzeichnen und sie zu verstehen. Das wirkt sich so aus, daß viele Eindrücke aus Träumen eher symbolischen als wörtlich zu nehmenden Charakter zu haben. In beiden Fällen ist der erste Schritt der, Deine Aufmerksamkeit nach oben zum übersinnlichen Wahrnehmungsbereich des Sehens zu verlagern und den Traum mit Deinem "Dritten Auge" nochmals durchzugehen.

Der zweite Schritt ist, zu entscheiden, ob die Traumbilder als das, was sie sind genommen werden sollen oder als Symbole mit tieferer Bedeutung betrachtet werden sollen. Im Allgemeinen ist es so, daß

Du mit zunehmender Stärke der medialen Botschaft auch klarere Bilder bekommen wirst, die genau das aussagen sollen, was sie auch darstellen. So ein wörtlich zu nehmender Traum wird lebhaft und kraftvoll sein. Die Gefühle und Geräusche des Traumes werden kräftig, laut und klar sein. Desweiteren wirst Du in den meisten wörtlich zu nehmenden Träumen aktiv präsent sein. Du wirst Dich im Traum selbst sehen, anstatt nur eine Szene zu beobachten. Sowohl Kathys, wie auch Franks Träume sind Beispiele für wörtlich zu nehmende Träume.

Symbolische Träume haben die Tendenz verschwommener zu sein. Da die mediale Botschaft nicht stark genug ist, um ein klares Bild hervorzubringen, setzt Dein Mind Symbole ein, die die Botschaft darstellen, die versucht durchzukommen. Wegen der niedrigeren medialen Stärke, wird das ganze Gefühl des Traumes schwächer sein. Um symbolische Träume zu interpretieren, mußt Du zuerst lernen, was Deine eigenen Symbole bedeuten. Z.B. träumen Menschen häufig davon zu sterben oder ein Kind zu bekommen. Diese alltäglichen Traumsymbole zeigen den Tod eines alten Bewußtseinszustandes oder die Geburt einer neuen Phase im eigenen Leben an.

Deine eigenen hellsichtigen Symbole zu interpretieren, ist nicht so schwer wie es scheint. Denke daran, daß jede mediale Botschaft gleichzeitig auf allen vier medialen Frequenzen mitschwingt. Daher kannst Du die anderen medialen Sinne benutzen, damit sie Dir bei der Interpretation der Symbole in Deinen hellsichtigen Bildern helfen. Wenn Deine Stärke das mediale Fühlen ist, frage Dich:"Was fühle ich, was das Bild bedeuten könnte?" Wenn Deine Stärke die Intuition ist, folge Deinem intuitiven Wissen und vertraue Deinem ersten Eindruck bzgl. der Bedeutung des Bildes. Wenn Deine Stärke die rationalen Aspekte des Hellhörens sind, dann lasse Deine Logik Dich darin unterstützen, die Bedeutung des Symbols zu enträtseln.

Belindas Traum ist ein gutes Beispiel eines symbolischen Traumes und seiner Interpretation. Sie war an einem Abend ins Bett gegangen und war noch immer dabei zu versuchen, eine Entscheidung für ihre weitere Karriere zu treffen. Sie fragte sich, ob sie mit einem höheren Gehalt in Los Angeles bleiben sollte, oder eine andere Stelle in Santa Barbara annehmen sollte, was 90 km nördlich lag und vorübergehend weniger Gehalt, aber größere Befriedung bei der Arbeit bieten würde. In dieser Nacht träumte sie von den weitgestreckten grünen Bergen und den zerklüfteten Küsten ihrer Heimat Irland. Sie sah sich selbst in dem Traum jedoch überhaupt nicht.

Barbara war der Berufshetze und -konkurrenz so müde geworden, daß sie zuerst dachte, daß der Traum wörtlich meinte, daß sie nach Hause nach Irland gehen sollte. Nach einer Weile erkannte sie, daß das wichtige Element in ihrem Traum das Gefühl war, welches sie hatte, als sie seine Szenen nochmals durchging. Die grüne Landschaft und das wunderschöne Meer gaben ihr immer noch das Gefühl innerer Gelassenheit, welches sie aus ihrer Kindheit noch kannte. Intuitiv wußte sie, daß das Fehlen einer solchen friedvollen Umgebung ein wesentlicher Faktor war, warum sie mit Los Angeles unzufrieden war. Es machte logisch Sinn, daß der Traum ihr symbolisch mitteilte, sie solle die Stelle in Santa Barbara annehmen, denn ihre inneren Gelassenheit wiederzugewinnen war jetzt wichtiger, als finanzielle Sicherheit.

Als ich Belinda auf einem meiner Vorträge in Südkalifornien traf, war sie seit drei Monaten in Santa Barbara. Nach einem Besuch alter Freunde in Los Angeles bereute sie ihre Entscheidung nicht. Ihre Lebensqualität hatte sich wesentlich verbessert. Und um das Ganze abzurunden, hatte sie auch erst kürzlich eine Gehaltserhöhung bekommen, die ihr Gehalt auf den früheren Stand hob.

## *Wie Du Deine eigenen Träume interpretieren kannst*

Das wundervolle an Träumen ist, daß die medialen Botschaften, die sie bringen, gefangen und eingekapselt sind, wie mentale Kristalle. Du kannst zu jeder Zeit zurückgehen und jeden beliebigen Traum interpretieren. Alles, was Du tun mußt, ist Dich an den Traum erinnern, Deine Aufmerksamkeit auf den übersinnlichen Wahrnehmungsbereich des Sehens zu lenken, um ihn nochmals durchzugehen, und Dich auf Deine anderen medialen Sinne einzustimmen, während Du Dir die Bilder anschaust. Deine Träume müssen Dir nicht länger Rätsel bleiben. Du kannst jetzt Dein Hellsehen einsetzen, um die übersinnlichen Botschaften zu entschlüsseln, die Du im Schlaf empfängst. Übe das mit einigen Träumen, die Du erst vor kurzer Zeit hattest. Hier ist eine Übersicht der wesentlichen Schritte dafür:

**1.** Erinnere Dich an einen oder zwei Träume, die Du vor kurzem geträumt hast, die aber unklar sind.

**2.** Verlagere Deine Aufmerksamkeit nach oben zu Deinem übersinnlichen Wahrnehmungsbereich des Hellsehens und gehe einen der Träume mit Deinem geistigen Auge nochmals durch.

**3.** Während Du dies tust, achte auf Deine Gefühle, Deine Intuitionen und Momente des Verstehens.

**4.** Schreibe Dir Dein Verständnis der Bedeutungen der Bilder auf, während Du sie durchgehst.

**5.** Wenn Du verschiedene mögliche Bedeutungen wahrnimmst, schreibe sie alle auf. Prüfe dann mit Deinen anderen medialen Sinnen, welche dem Kern der Dinge näher kommt.

**6.** Laß zu, daß Dich Deine übersinnlichen Eindrücke langsam tiefer und tiefer in die Bedeutung des Traums hineinführen. Erforsche alle seine Aspekte und Gesichtspunkte.

**7.** Fahre mit dieser übersinnlichen Untersuchung fort, bis Du Dich sicher fühlst und die Interpretation, die Du ausgearbeitet hast, Dir vollständig erscheint. An irgendeinem Punkt wird es "Klick" machen und Du wirst Gewißheit haben und das Gefühl, daß alles paßt. Suche dann nicht krampfhaft weiter nach Bedeutungen, die es wahrscheinlich nicht gibt.

Du kannst diesen einfachen, aber sehr effektiven Prozeß auf jeden Traum anwenden, egal, ob Du ihn erst kürzlich geträumt hast, ob er immer wiederkehrt, oder ein Rätsel aus Deiner Vergangenheit ist. Der einzige begrenzende Faktor ist, wie gut Du Dich an den Traum erinnerst. Da unsere Träume in dieser Dämmerzone, auf der Grenze zwischen dem physischen und dem medialen Bereich, stattfinden, kann Deine Erinnerung an sie sehr schnell schwinden, wenn Du sie nicht gleich, wenn Du aufwachst, einfängst und aufschreibst. Du mußt nicht den ganzen Traum aufschrieben. Häufig reicht eine Liste von Schlüsselworten und Sätzen aus, um den Traum im Gedächtnis zu behalten, damit Du ihn später interpretieren kannst. Wenn Du versuchst, einen Traum gleich nach dem Aufwachen zu interpretieren, wird das normalerweise dazu führen, daß Du wieder einschläfst. Schreib ihn auf und deute ihn später, als Teil Deiner Morgenmeditation oder abends, als Teil Deiner Rückschau auf den Tag.

Der gleiche Vorgang ist genauso effektiv, wenn Du ihn auf hellsichtige Visionen anwendest, die Du vielleicht hast, wenn Du wach bist. Diese hellsichtigen Tagträume sind genauso gültig und häufig lebenswichtig, wie Sheilas Geschichte am Anfang des Kapitels beweist. Lerne, 24 Stunden am Tag offen für Deine innere Vision zu sein. Hellsichtigkeit am Tage ist nichts anderes, als der natürliche mediale Gebrauch Deines geistigen Auges. Wenn Du einmal den übersinnlichen Wahrnehmungsbereich des Sehens kennst, kannst Du das Leben gleichzeitig von zwei Gesichtspunkten aus betrachten. Du kannst sehen, wie etwas physisch vor Dir passiert und Dir gleichzeitig des übersinnlichen Gesichtspunktes dahinter bewußt sein.

## *Mediale Schau oder Imagination?*

Skeptiker argumentieren, daß innere Vision nichts anderes als Imagination ist. Es stimmt, daß das mediale Sehen und die Imagination den gleichen inneren Bildschirm des geistigen Auges benutzen. Jedoch unterscheidet sich Hellsehen von bloßer Imagination. Es ist der Gebrauch des Minds, um Bilder hellsichtig zu empfangen im Gegensatz zu dem Erschaffen dieser Bilder. Um eine Analogie zu verwenden, schau Dir einmal an, wie Videogeräte in Zusammenhang mit Fernsehbildschirm funktionieren. Der Fernseher ist dabei der Bildschirm Deines geistigen Auges. Wenn Du Dir etwas vorstellst, ist es so, als ob Du den Videorecorder benutzt, um etwas auf dem Bildschirm zu kreieren, indem Du eine Kassette einlegst, von dem, was Du Dir vorstellst. Wenn Du jedoch Deine Hellsichtigkeit einsetzt, ist es so, als ob Du eine Antenne hast (einen übersinnlichen Empfänger), die die Signale einfängt, die um Dich herum gesendet werden und diese in den Fernseher hineinleitet. Sowohl die Antenne, als auch das Videogerät benutzen den gleichen Fernsehbildschirm, um ihre Bilder zu übertragen, aber die Quelle ihrer Bilder ist ziemlich unterschiedlich. Die übersinnliche Antenne empfängt Signale, die außerhalb des Bereiches der Video-Kassette der Imagination liegen.

Allerdings verbessern Imaginationstraining und Visualisationsübungen Deine Fähigkeit des medialen Sehens. Je häufiger Du das eine oder das andere durchführst, umso besser werden Deine mentalen Bilder sein. In dieser Hinsicht sind mediales Sehen und Imagination miteinander verbunden. Wenn Du Dir nochmals die Analogie mit dem Fernseher durch den Kopf gehen läßt, wirst Du erkennen können, warum die Praxis des Visualisierens helfen kann, Deine Hellsichtigkeit zu entwickeln. Wenn Du das Bild eines Fernsehers dadurch verbesserst, daß Du Farbe und Kontrast besser einstellst, während Du ein Video über einen Videorecorder abspielst, wird der Empfang auch dann noch besser sein, wenn Du umschaltest und den Fernseher über eine Antenne laufen läßt. Auf ähnliche Art und Weise wird die Übung im mentalen Fokussieren, die Du bekommst, wenn Du Dir Dinge vorstellst und visualisierst, auch die Klarheit Deiner medialen Bilder verbessern, wenn Du hellsichtig empfangen möchtest.

## *Ignoriere Deine Hellsichtigkeit nicht*

Viele Menschen ignorieren die hellsichtigen Eindrücke, die sie bereits empfangen. Sie denken, daß ihre mentalen Bilder nur eine Spiegelung ihres umherwandernden Geistes sind, besonders wenn die Bilder, die sie sehen, ohne Bezug zu sein scheinen, oder symbolischen Charakter haben (wie z.B. Farben, seltsame Formen, oder Szenen aus alten Erinnerungen). Während es, wie bereits gesagt, stimmt, daß das Hellsehen von allen medialen Sinnen der symbolischste ist, sollte man nicht den Fehler machen zu denken, daß die Symbole bedeutungslos sind. Jedes hellsichtige Bild trägt eine Botschaft.

Es hilft den so häufig symbolhaften Charakter des Hellsehens zu verstehen, wenn man sich den Vorgang, ein hellsichtiges Bild zu empfangen, genau ansieht. Dein bewußter, denkender Mind und Dein Gehirn erhalten Signale auf einer Frequenz, die von denen aus der Welt der physischen Sinne abweicht. Wenn Gehirn und Mind den Versuch unternehmen, diese Signale in etwas zu übersetzen, was Du verstehst, sind häufig Symbole das Ergebnis. Ein altes Sprichwort besagt, daß ein Bild so viel Wert ist, wie tausend Worte. Manchmal kann eine einfache Folge von Symbolen ganze Bände übersinnlicher Information beinhalten.

Häufig können diese Symbole Szenen aus einer früheren Zeit Deines Lebens sein. Tatsächlich sind Symbole, die aus einer früheren Zeit Deines Lebens stammen zutreffender und beschreiben mehr als abstrakte Bilder. Folglich machen sie auch mehr Sinn als einfach nur eine Reihe von Farben oder Formen. Und wenn die übersinnliche Botschaft stark oder vertraut ist, kann Deine Hellsicht den Symbolismus umgehen. In diesen Fällen sind die Bilder, die Du empfängst wörtlich zu nehmen und klar. Wie die Traum-Anekdoten bereits zeigten, können sie sogar exakte Informationen über die Zukunft beinhalten. Dieses große Spektrum des Hellsehens ist der andere wesentliche Grund, warum sich viele Menschen das volle Potential ihrer Hellsicht entgehen lassen. Lerne alle vier Arten der Hellsicht zu erkennen und anzuwenden.

## *Die vier Arten hellsichtiger Eindrücke*

***1. Das abstrakte Bild oder Symbol*** ist normalerweise eine Farbe, ein Farbmuster oder eine farbige Form. Diese Bilder werden von Menschen häufig nicht wahrgenommen oder ignoriert (obwohl wir sie unterbewußt doch wahrnehmen), weil sie so abstrakt oder symbolisch sind. Menschen, die glauben, sie seien nicht medial, neigen dazu, diese Abstraktionen zu mißachten, sie als bloße Tagträume oder geistigen Störungen zu betrachten. Wieder können wir eine Analogie zu einem Fernseher bilden. Auch wenn Du dem laufenden Fernseher keine Aufmerksamkeit schenkst, laufen trotzdem Bilder über den Bildschirm. Wenn Dich jemand fragen würde, was Du gesehen hast, könntest Du es wahrscheinlich nicht sagen, obwohl Du weißt, daß da etwas war. Es könnte sein, daß Du Dir Deine hellsichtigen Bilder in ganz ähnlicher Weise entgehen läßt, indem Du ihnen keine Aufmerksamkeit schenkst.

Laß mich Dir ein persönliches Beispiel geben. Als ich nach 5 Jahren in Übersee in die Vereinigten Staaten zurückkam, mußte ich ein Auto kaufen. Wenn ich mir neue Autos anschaute, sah ich vor meinem geistgen Auge nichts als einen leeren Bildschirm. In einem Fall sogar noch schlimmer: das Bild einer Zitrone. An einem Tag ging ich an einer Autovermietung vorbei, die einige ihrer Gebrauchtwagen verkaufte. Meine Augen hefteten sich auf einen Thunderbird, der offensichtlich nicht zum Verkauf angeboten war. Als ich meine Augen schloß, sah ich lebhafte grüne Pfeile und die Zeichen "4U". Ich ging auf den Geschäftsführer zu und fragte:"Können Sie mir das Auto verkaufen?" Er sagte, es sei, soweit er wüßte, noch nicht zum Verkauf freigegeben. Er benutzte es außerdem als sein persönliches Fahrzeug und schien nicht besonders daran interessiert zu sein, es herauszufinden. Ich belästigte den Mann drei Tage lang, bis er schließlich sein Hauptbüro anrief und ihm gesagt wurde, daß das Auto gerade zum Verkauf freigegeben worden war. Ungeachtet meiner normaler Ängste in Bezug auf gebrauchte Autos und den 12.000 Meilen, die es von was weiß ich für Autofahrern gefahren worden war, kaufte ich es vom Fleck weg. Mein 5000-$-unter Neupreis-Auto und ich sind jetzt schon seit über 150.000 problemlosen Meilen zusammen.

*2. Das hellsichtige Bild, welches sich durch Deine* ***visuellen geistigen Erinnerungen ausdrückt***, erscheint, wenn Dein Gehirn übersinnliche Signale, die es empfängt, in ein Bild aus Deiner Vergangenheit übersetzt, welches Du verstehen kannst. Je umfassender und erlebnisreicher Dein Leben gewesen ist, umso mehr visuelle Bilder sind in Deinem Gedächtnis gespeichert: Orte, Filme, die Du gesehen hast, besondere Ereignisse und Menschen. Hellsichtiger Bildempfang über das visuelle Gedächtnis macht grundsätzlich Gebrauch von einem früheren Bild, um Dir zu helfen, eine gegenwärtige mediale Botschaft zu interpretieren. Die Gefühle, die Umstände oder Assoziationen, die Du in Verbindung mit der Erinnerung hast, sind die Schlüssel, um die mediale Botschaft zu entziffern.

Hier ist ein Beispiel, wie die Botschaft einer hellsichtigen visuellen Erinnerung die berufliche Laufbahn meines hellsichtigen Freundes und Kamerades John Hill förderte. John, ein Free Soul Ausbilder in Colorado, ist einer der besten Fotografen von Rocky Mountains Landschaften. Er und seine Frau stellen großartige Drucke von Colorados landschaftlicher Schönheit in Kunstqualität in ihrer Aspen Studio Galerie her. Ein Teil von Johns normaler wöchentlicher Routinearbeit besteht daraus, visuell zu fühlen, welche Gebiete am ehesten ein besonders kunstvolles Foto hergeben werden. Er bekommt oft dadurch Ideen für neue Plätze und ungewöhnliche Kameraeinstellungen, daß ihm blitzartig ein früheres Bild einfällt, welches einzigartige Eigenschaften hatte.

Auf der Suche nach einem neuen Standort, wo er eine Gruppe von Espen finden könnte, deren Laub sich gerade in leuchtendes Gold verwandelte, sah John vor seinem geistigen Auge ein Bild eines unberührten Waldes, welches er in einem erst kürzlich erschienen Fotomagazin gesehen hatte. Augenblicklich wußte er, daß er einen ähnlich geschützten Espenstandort finden mußte, um eine perfekte Aufnahme zu machen. Bei seiner Wanderung den Rocky Mountains Independence Pass hinauf, sah John Dutzende von Landstrichen mit Espen, aber irgendetwas trieb ihn immer weiter den Berg hinauf. Er wußte, er würde dort das Bild finden, welches er im Geiste gesehen hatte. Er lief viele Meilen weiter, als er normalerweise gelaufen wäre, bis er schließlich den Gipfel einer Anhöhe erreichte, und einen exquisiten Hain weißer Espen erblickte. Das sanfte Licht, welches durch ihre goldenen Blätter hindurchschien, gab dem Hain einen warmen, leuchtenden Frieden, welchen John auf dem Film einfangen konnte.

Die Aufnahme war so eindrucksvoll, daß *Aspen Airlines* sie nicht nur auf der Titelseite einer Ausgabe ihres Flugmagazins benutzte, sondern sie veröffentlichten auch eine Titelstory über das Studio von John und Judy. Diese Aufnahme ist eine derjenigen, die John am besten verkauft hat. Er war immer froh, daß er seiner Hellsicht gefolgt ist.

***3. Der wörtlich zu nehmende visuelle Eindruck*** ist eine tatsächliche visuelle Wahrnehmung. Dazu gehört, daß Du Dein mediales Sehen bis zu einem Punkt verfeinerst, an dem Du die hereinkommenden Signale in ein genaues Bild oder eine genaue Szene übersetzen kannst. Dies ist die fortgeschrittenste Form hellsichtigen Bildempfangs und erfordert normalerweise sehr viel Übung oder eine natürliche Begabung für das mediale Sehen. Kathy Neal, die wir in diesem Kapitel bereits kennengelernt haben, ist von Natur aus hellsichtig. Sie war sogar als Kind schon von der Idee außersinnlicher Wahrnehmungen fasziniert und hatte ihre erste wirklich beeindruckende Erfahrung mit visuellem ESP in der vierten Klasse am Valentins-Tag. Das Kind, welches beim Erraten der Anzahl von Herzbonbons in einem Glas der wirklichen Anzahl am nächsten kam, sollte das Glas mit Inhalt gewinnen. Es kam Kathy völlig vernünftig vor, in das Glas zu schauen und eine Zahl zu sehen, die richtig sein würde. Kathy hatte das Gefühl, daß ihr das Spaß machen würde und sie es einfach ausprobieren würde. Ohne etwas herbeizuzwingen, schloß sie ihre Augen und sah die Nummer 462. Sie schrieb diese Zahl als die Zahl, die sie geraten hatte auf, und wie Du Dir wahrscheinlich schon gedacht hast, stimmte sie ganz genau. Mediale Wahrnehmung wurde für Kathy an dem Tage real.

***4. Die Vorahnung in Form einer Vision***, oder der ***Blick in die Zukunft*** kann über jeden der vier medialen Sinne empfangen werden. Über das mediale Sehen erreichen uns diese Blicke in die Zukunft entweder als Wahrträume oder als visuell wahrgenommene Vorahnungen. (Franks Erfahrung ist ein Beispiel eines Wahrtraumes, während Sheilas ein Beispiel einer Vision ist, die die Zukunft vorhersagte.) Am besten dokumentiert wurde über die Jahre hinweg eine besondere Form dieser Art von medialer Erfahrung. Es sind dies die visuellen Vorahnungen von Menschen, die eine Gefahr oder den herannahenden Tod einer ihnen nahestehenden Person zum Thema haben. In diesen Fällen ist die Dringlichkeit des Signals so übermächtig, daß sogar ein Neuling die Botschaft klar empfängt.

Eine Frau erinnerte sich an eine Erfahrung, die sie drei Wochen vor dem Tod ihres Mannes machte. In einem Traum sah Lydia sich mit ihm im Bett. Langsam öffneten sich seine Augen."Liebling, ich werde bald sterben." sagte er. Dieser Traum war so lebhaft, daß Lydia erschrocken aus dem Schlaf hochfuhr und sich zu ihrem Mann hinüberlehnte, um zu sehen, ob alles in Ordnung war. Als sie ihn ansah, setzte ihre übersinnliche Vision wieder ein. Einen Augenblick lang sah sie den hohlen Anblick eines Schädels, welcher das Gesicht ihres Mannes überlagerte. Nach ein paar Sekunden verschwand die Vision.

Lydia wußte ohne Zweifel, daß die 15 Jahre ihres Zusammenseins nun bald zuende sein würden. Statt nun panisch oder ängstlich zu werden, benutzte sie die Vision, um ihr zu helfen, das meiste aus jedem Augenblick zu machen, den sie in den nächsten Tagen miteinander verbrachten. Einige Wochen später starb ihr Mann an einem massiven Herzanfall. Trotz ihrer Trauer war Lydia in der Lage, ihn in Frieden gehen zu lassen, da sie in den letzten Wochen die Gelegenheit gehabt hatte, ihm zu sagen, wie sehr sie die Zeit, die sie gemeinsam verbracht hatten, wertschätzte. Im Gegensatz zu so vielen anderen Menschen, die plötzlich einen geliebten Menschen verlieren, konnte Lydia sich Dank ihrer hellsichtigen Vision verabschieden.

## *Du brauchst keine Angst vor dem Hellsehen zu haben*

Erfahrungen, die der von Lydia ähneln, machen einigen Menschen Angst vor dem Hellsehen. “Ich möchte über unangenehme Dinge, die sich ereignen werden oder von geliebten Menschen, die sterben werden, nichts wissen”, sagen sie. Dieser Gesichtspunkt macht für mich keinen Sinn. Meiner Meinung nach kann jede frühe Warnung nur hilfreich sein. Auch wenn nichts getan werden kann, um den Tod eines geliebten Menschen zu verhindern, kann eine Vorahnung Dir die Gelegenheit geben, der Person zu zeigen, was sie Dir bedeutet und Deine liebevollen Gefühle auszudrücken. Der größte Anteil der Hilfestellung, die Trauernden normalerweise gegeben werden muß, besteht darin, ihren Schmerz darüber zu lindern, daß sie nicht genug Zeit hatten gerade diese Gefühle auszudrücken. Wenn Du im voraus in Bezug auf ein Problem gewarnt wirst, kannst Du häufig Schritte unternehmen, um es zu vermeiden. Zumindest kann Dir eine Vorwarnung helfen, besser vorbereitet zu sein. Wenn das Hellsehen die Qualität Deines Lebens dadurch verbessern kann, daß es Probleme vermeiden hilft, oder deren Auswirkungen vermindern kann, ist Angst davor einfach unlogisch.

Es ist sinnvoll die eigene Hellsicht zu entwickeln, um sie in allen Lebenssituationen anzuwenden. Obwohl viele der Beispiele in diesem Kapitel bestürzend oder außergewöhnlich sind, kann das Hellsehen auch bei den kleinen Dingen des täglichen Lebens für Dich vorteilhaft sein. Wie hilfreich wäre es, die wahre Natur der Menschen sehen zu können, mit denen Du im täglichen Leben umgehst? Denke an ähnliche zahllose Gelegenheiten in Deinem Tagesablauf, in denen Du auf den höheren hellsichtigen Bildschirm schauen könntest, um hinter die Oberfläche zu schauen. Wenn Du lernst Deine Hellsicht im täglichen Leben anzuwenden, verbessert dies auch Deine Fähigkeit intensivere Warnungen und kritischere Botschaften klarer zu empfangen. Das mediale Sehen kann ein praktischer Aspekt Deines Lebens sein, nicht nur ein Wohnzimmerspiel oder eine Quelle von Überraschungen. Du hast bereits gelernt, wie Du Deine Aufmerksamkeit nach oben zum Dritten Auge verlagern kannst, um von dort aus zu sehen. Warum solltest Du dieses zusätzliche Fenster zur Welt ignorieren?

## *Warum Du vielleicht nicht erkennst, daß Du hellsichtig bist*

Manche Menschen machen nicht vollen Gebrauch von ihren hellsichtigen Fähigkeiten, weil sie nach einer falschen Bildqualität Ausschau halten. Sie erwarten, daß ihre Eindrücke leuchtende, intensive Bilder sind, die alles andere um sie herum ausblenden, einschließlich des Bewußtseins ihrer physischen Sinne. Dies ist am Anfang nur sehr selten der Fall. Das Schlüsselwort bei der Hellsicht ist Eindruck. Welche Eindrücke hast Du? Welches Bild siehst Du im Augenblick im Geiste? Ganz unabhängig davon, was für ein Bild Du empfängst (ein wörtlich zu nehmendes, symbolisches, oder ein visuelles geistiges Erinnerungsbild), erwarte am Anfang, daß die Qualität des Bildes vergänglich und fein ist. Wenn Du damit beginnst, Dir Deine Hellsicht zu erschließen, werden Deine Visionen keine Sensationen in voller Farbe sein, sondern subtile Eindrücke. Lerne diese feinen Anzeichen von Hellsichtigkeit einzufangen und baue auf ihnen auf.

Erkenne auch, daß Menschen mit unterschiedlichen medialen

Stärken hellsichtige Bilder in verschiedenen Ausführungen sehen. Am bemerkenswertesten ist der Unterschied in der Art des medialen Sehens bei den Menschen, deren Stärke die Intuition ist. Propheten neigen dazu, rasch vorüberziehende geistige Bilder zu sehen, Blitzlichtern ähnlich. Wenn Deine Stärke mediales Wissen ist, könntest Du denken, daß Dir jegliche Hellsicht fehlt, da Du nicht in der Lage bist, Deine hellsichtigen Bilder anhalten zu können. In einem Augenblick erscheinen sie, nur um gleich wieder zu verschwinden. Das ist völlig in Ordnung. Es ist für Dich natürlich so hellzusehen. Da die Stärke der Propheten Schnelligkeit ist, solltest Du nie versuchen, Deine blitzartigen Eindrücke zu verlangsamen. Vertraue darauf, daß Du intuitiv weißt, was das Bild war. Wenn Du mehr Informationen benötigst, lasse das Bild einfach nochmal aufblitzen oder mehrmals vor Deinem geistigen Auge vorbeiziehen.

Menschen, deren Stärke das mediale Fühlen ist, neigen eher zu verschwommenen Bildern. Das, was sie sehen, ähnelt häufig impressionistischer Malerei. Wenn Deine Stärke das mediale Fühlen ist, versuche Deine Eindrücke nicht schärfer zu bekommen, sondern erfühle stattdessen, die sanfteren Farben und Eindrücke anfühlen und beobachte, welche Gefühle sie in Dir auslösen.

Menschen, deren Stärke das mediale Hören ist, sehen häufig überhaupt keine Bilder. Sie verstehen einfach das Gesamtbild, wie alles zusammenpaßt. Ihre Beschreibungen hören sich häufig so an, als ob sie ein Diagramm oder einen Entwurf von dem beschreiben, was sie gesehen haben.

## *Erinnere Dich daran, es nicht zu sehr zu versuchen und es nicht herbeizwingen zu wollen*

Wenn Du versuchst, Hellsichtigkeit herbeizuzwingen, wird es nicht funktionieren. Wenn Du versuchst, das visuelle Bild herbeizuzwingen oder Dich zu sehr darauf konzentrierst, bewirkst Du nur die Verlagerung Deines Bewußtseins hinunter zu den physischen Augen. Folglich siehst Du als Ergebnis häufig nicht mehr als Dunkelheit hinter Deinen geschlossenen Augenlidern. Halte Deine Aufmerksamkeit nach oben auf den übersinnlichen Wahrnehmungsbereich des Sehens gerichtet und erlaube den Eindrükken, zu Dir zu kommen.

Wie bei den anderen Formen medialer Wahrnehmung solltest Du nach einem Eindruck Ausschau halten, der in den ersten fünf bis zehn Sekunden auftaucht. Wenn Du das Gefühl hast, keinen empfangen zu haben, hast Du ihn wahrscheinlich verpaßt oder hast eine Rückkehr zum physischen Sehen herbeigezwungen. Entspanne Dich und fange nochmals von vorne an. Halte diesmal Ausschau nach einem flüchtigen Eindruck, einem aufblitzenden Bild oder einem mentalen Verstehen.

Die beste Herangehensweise beim Üben der Hellsicht ist, es aus Spaß zu tun, als ein Spiel oder ein Experiment. Nimm den Druck weg, indem Du alle vorgefaßten Meinungen darüber, was Du sehen solltest, fallenläßt. Entspanne Dich und schau, was auf Dich zukommt. Die folgende Technik wird Dir helfen, Dich auf Dein inneres Auge einzustimmen. Wenn Du sie richtig ausführst, wirst Du ein hellsichtiges Bild empfangen, welches Dir etwas über jemanden in Deiner Umgebung sagen wird. Diese Technik soll Dir als Methode dienen, Dir diese höhere Art des Sehens zu erschließen. Laß sie später zur Routine werden, indem Du täglich mindestens eine Person oder Situation hellsichtig überprüfst.

## *Hellsichtiger Bildempfang*

**1.** Entspanne Dich, setze Dich bequem hin und schließe Deine Augen. Fühle beim Schließen Deiner Augen das Umschalten Deines Sehens und konzentriere Deine Aufmerksamkeit auf den übersinnlichen Wahrnehmungsbereich des medialen Sehens. Bleibe einen Augenblick hier und beobachte, welche Bilder und Eindrücke Du empfängst. Nimm das Gefühl des erweiterten

Bewußtseins wahr, welches Du hast, wenn Du Dich in diesen Bereich einstimmst.

**2.** Schreibe Dir die Namen von fünf Personen auf, die Du kennst. Schließe Deine Augen und vergegenwärtige Dir einen Namen nach dem anderen von der Liste. Nimm durch den übersinnlichen Wahrnehmungsbereich des Sehens wahr und beobachte, während Du Dich auf jedes Individuum konzentrierst, welche Bilder oder Eindrücke Du bekommst. Achte auf die Gefühle, das Wissen und das Verstehen, welches jedes Bild begleiten.

**3.** Sei offen dafür, jede der vier Arten hellsichtiger Bilder zu empfangen. Wenn Du ein reines Gefühl oder eine reine Farbe erhältst, nimm es zur Kenntnis. Wenn eine visuelle Erinnerung in Deinem Geiste aufblitzt, achte auf seine Gefühle und Umstände. Wenn Du eine wörtlich zu nehmende Szene siehst, bekomme ein Gefühl dafür, ob Du ein gegenwärtiges oder ein zukünftiges Ereignis siehst.

**4.** Versuche die Eindrücke nicht zu analysieren, während Du sie bekommst. Merke sie Dir einfach oder schreib sie Dir auf und gehe zum nächsten Namen auf der Liste über. Dies wird Dir helfen im medialen Fluß zu bleiben.

**5.** Wenn Du mit allen 5 durch bist, gehe durch Deine Aufzeichnungen und analysiere die Bilder, die Du empfangen hast, während Du hellsichtig die Schwingungen jedes Individuums wahrgenommen hast. Was sagen Dir Deine Bilder über diese Person oder darüber, wie Du mit ihm oder mit ihr umgehen sollst?

*Anmerkung:* Wenn Du Zeit hast und diese Technik weiter üben möchtest, oder wenn Du das Gefühl hast, daß Du unbefangener beim Empfangen der Bilder bist, dann schreibe die Namen von 5 weiteren Personen auf Papierstreifen. Drehe die Papierstreifen um und mische sie, damit Du nicht weißt, welcher Name auf welchem Streifen steht. Numeriere sie mit 1 - 5 und halte dann einen nach dem anderen (wobei der Name nicht zu sehen ist) in Deiner Hand. Schließe Deine Augen und beobachte, welche visuellen Eindrücke Du empfängst. Schreibe Deine Eindrücke auf eine Liste unter Punkt 1 - 5 auf. Wenn Du fertig bist, schaue nach, welche Personen zu den Zahlen gehören, um zu sehen, welche Eindrücke Du für jede Person erhalten hast. Nimm wenn möglich Kontakt mit ihnen auf, um herauszufinden, wie Deine Bilder entweder auf ihre gegenwärtigen inneren Zustände oder zu Ereignissen oder irgendwelchen Aktivitäten, die ihr Leben betreffen, passen.

Eine weitere Methode, um hellsichtigen Bildempfang zu praktizieren ist, Dir ein Symbol für Deinen Tag zu holen. Laß Dir als Anleitung zu erfolgreichem Verhalten an diesem Tag eine Schlüsselvorstellung oder einen bildhaften Eindruck geben. Denke an Dich selbst und diesen Gedanken und beobachte, welche Eindrücke Du empfängst. Als ich an einem Morgen an meinem hellsichtigen Bildempfang arbeitete, erhielt ich im Geiste ein Bild eines vorwärts stürmenden Bullen. Ich interpretierte es als ein Symbol, an diesem Tage in positivem Sinne unaufhaltsam aggressiv zu sein. Ein paar Stunden später hatte ich die Gelegenheit die Botschaft anzuwenden. Durch Hartnäckigkeit und aggressives Selbstbewußtsein überzeugte ich zwei skeptische Radioprogramm Produzenten davon, mich als Gast in ihre Sendungen aufzunehmen. Am nächsten Tage erhielt ich ein Bild eines Meditierenden und einer Uhr, die 2 Uhr Nachmittags anzeigte. Deshalb nahm ich mir um 14 Uhr Zeit für eine zusätzliche Meditation. Als mein Telefon um 14:30 Uhr klingelte, war ich ruhig und vorbereitet auf das unerwartete Interview mit der Washington Post, was dann folgte.

Versuche für den heutigen Tag eine Schlüsselvorstellung für Dich selbst zu bekommen. Konzentriere Dich dann auf eine Schlüsselvorstellung für morgen, für die nächste Woche, für den nächsten Monat zu bekommen. Versuche die Bilder nicht zu analysieren, während Du sie empfängst. Entspanne Dich einfach, nimm Deine Eindrücke zur Kenntnis und interpretiere sie, wenn Du fertig bist und Deine Augen wieder geöffnet hast. Schreibe Dir Deine Eindrücke auf. Was bedeuten sie für Dich? Vermitteln sie Dir irgendwelche Einsichten? Wie leicht fiel es Dir, sie zu empfangen? Diese Technik kann eine wichtige praktische Hilfe in Deinem Leben sein.

Männer und Frauen, deren natürlichste außersinnliche Fähigkeit das Hellsehen ist, neigen dazu, ihr physisches und übersinnliches Leben von einer visuellen Perspektive aus zu leben. Das ist es, was wir in Free Soul meinen, wenn wir sagen, daß jemand ein Hellseher ist. So eine Person erfährt das Leben als ein lebhaftes mentales Bild nach dem anderen. Ob sie eine Mahlzeit planen oder das eigene Lebenswerk, der wichtigste Bezugspunkt und die größte Stärke ist die Fähigkeit, das ganze Bild zu überblicken.

Hellseher müssen ein inneres Bild haben. Ohne dieses Bild fühlen sie sich verloren. Im Gegensatz hierzu brauchen Fühlende und Propheten keinen inneren bildhaften Plan. Fühlende sind bereit "mit dem Fluß mitzugehen". So lange sich alles für sie gut anfühlt, werden sie den Augenblick genießen und sich nicht viel um die Zukunft kümmern. Propheten wissen, daß der Plan rechtzeitig auftauchen wird, daher belassen sie es dabei, sich auf ihre Instinkte zu verlassen sich von einem Moment zum nächsten neu anzupassen. Hellseher können so nicht leben. Sie müssen ihr inneres Bild haben, um sich stabil zu fühlen. Man könnte sagen, daß Hellseher ohne ihre Bilder wie Propheten ohne Intuition sind, oder wie Fühlende, die gezwungen werden, in einer unbehaglichen Umgebung zu bleiben. Während eine hellsichtige Person nicht nur das Bedürfnis hat, das ganze Bild zu sehen, sondern es auch mit sämtlichen Verbindungen sehen will, ist der Hellhörige mehr daran interessiert, zu verstehen, wie die gegenwärtige Situation erklärt werden kann. Genauso, wie der Hellhörige verstehen möchte warum, will der Hellseher sehen wie die Dinge alle zusammenpassen werden. Ohne diesen vollständigen Überblick ist der Hellseher genauso unbeweglich wie der Hellhörige ohne sein Verstehen.

Ich bin mir sicher, daß es inzwischen klar geworden ist, daß der es erste Schritt zum Erfolg für Menschen, deren Stärke das Hellsehen ist, das Formen eines vollständigen inneren Bildes ist. Sich Zeit zu nehmen, etwas zu visualisieren und zu planen, gibt ihnen innere

Stabilität und eine solide Grundlage, von der aus sie vertrauensvoll vorwärts gehen können. Wenn man ihnen Zeit gibt, können Hellsichtige immer den produktivsten Lebensweg erkennen und einen umfassenden Plan entwickeln, der alle Elemente integrieren wird. Sie sind die Meister Vorausplanen.

Für Hellseher ist die Zeit, die sie damit verbringen, zu visualisieren und zu tagträumen, absolut notwendig. Bei diesem visuellen Nachdenken bekommen sie ihre besten Ideen und legen die Richtung ihres Lebens fest. Visualisation ist für sie mehr als nur Wunschdenken. Es ist das mediale Projizieren einer Landkarte, der sie folgen können, um erfolgreich zu werden.

## *Hellseher müssen auch physisch Dinge sehen*

Für einen Hellseher ist Sehen für das Treffen weiser Entscheidungen unbedingt notwendig. Das physische Sehen hilft ihnen nämlich, tiefere Ebenen des medialen Sehens auszulösen. Erinnerst Du Dich an meine Erfahrung beim Kaufen des Gebrauchtwagens? Als ich ihn physisch anschaute, wurde ich zu ihm hingezogen, und dann wurde die symbolische, mediale Vision ausgelöst, die mir bestätigte, daß er der Richtige war.

Wenn Deine Stärke das mediale Sehen ist, wird das physische Anschauen der Objekte oder Plätze, um die es bei einer Entscheidung geht, zusätzliche Bestätigung liefern. Während der Prophet einfach weiß, daß etwas richtig ist, muß der Hellseher es sehen. Ein Hellhöriger kann jemandem am Telefon zuhören und einen Eindruck der Person bekommen. Der Hellseher wird ihn oder sie persönlich treffen wollen. Der Fühlende wird in die Nähe von Menschen kommen wollen, oder sie gar berühren wollen, um ein besseres Gefühl von ihnen zu bekommen. Der Hellseher wird ein paar Schritte zurücktreten, um die Person besser sehen zu können. Natürlich bedeutet dieser gleiche Wunsch zu sehen auch, daß der Hellsichtige viele Fenster in seiner Wohnung liebt oder viele Sehenswürdigkeiten auf Reisen sehen möchte, und möglichst viele Lichter im Haus anhaben will. Wie kannst Du sehen, was wichtig für Dich ist, wenn nicht alle Lichter an sind?

## *Wie der Hellseher in das Licht verliebt ist*

Ein lustiges Beispiel dieses klassischen hellsichtigen Charakterzuges ereignete sich im meinem Fall während einer meiner ersten intimen Begegnungen. Es war ein wunderschöner Abend gewesen, mit guter Unterhaltung und gemeinsamen Verbindungen, fast so, als ob man einen alten Geliebten nach einer langen Trennung wiederfand. Eins führte zum anderen und es dauerte nicht lange, bis ich kurz davor stand eine für mich ganz neue Welt visueller Stimulation zu enthüllen. Plötzlich wurde meine Partnerin ganz kühl und wich vor mir zurück. "Ist etwas nicht in Ordnung?" fragte ich. "Ist Dir klar, daß in diesem Zimmer jedes Licht an ist?" fragte sie. Im Geiste sagte ich:"Natürlich. Dies ist ein erinnerungswürdiger Augenblick und ich möchte jede wunderschöne Einzelheit davon sehen können."

Für mich machte es völlig Sinn, so viele Lichter wie möglich anzuhaben. Schließlich muß ein Hellseher doch sehen, was er oder sie tut, um möglichst effektiv zu sein, und dies war das eine Mal, an dem ich bestimmt keine Fehler machen wollte. Meine Partnerin, deren Betonung mehr auf dem medialen Fühlen lag, teilte weder meine visuellen Bedürfnisse noch Interessen. Nach einer kurzen mentalen Anpassung an die Situation war meine tatsächliche Antwort so etwas wie:"Tut mir Leid, das habe ich nicht bemerkt." Ich bin wohl ein Hellseher, aber ich bin nicht dumm. Einige Lichter wurden eiligst ausgemacht, aber die wichtigen blieben an.

In jeder Art intimer Beziehung brauchen Hellseher Licht und visuelle Stimulierung. Für Fühlende sind Berührungen, Umarmungen und körperliche Nähe unbedingt notwendig. Für Hellhörige sind die Schlüsselelemente das Sprechen und die Tatsache, daß ihnen zugehört wird. Menschen, deren Stärke die Intuition ist, scheinen die Besten darin zu sein, sich intuitiv an die Bedürfnisse ihres Partners anzupassen.

Das Schlafzimmer ist nicht der einzige Ort, an dem Hellseher gerne Licht mögen. Sie wollen es überall haben, manchmal zum Ärgernis anderer. Hellseher lassen häufig die Lichter an, wenn sie einen Raum verlassen, da sie die Lichter bereits anhaben wollen, wenn sie wieder zurückkommen. Bob und Pam waren in Baltimore Studenten von mir. Bob, dessen Stärke das mediale Sehen ist, ließ ständig die Lichter in ihrer Wohnung brennen. Pam, der das mediale Fühlen mehr lag und die die Lichter nicht brauchte, ging ständig hinter Bob her, um die Lichter auszumachen. Als Pam in einer Nacht nach hause kam, sagte sie:"Warum brennt jedes Licht hier im Haus?" "Weil Bob und ich heute die Klasse leiteten." sagte ich. "Wie sonst sollte es bei zwei Hellsehern aussehen?"

Bob und Pam waren seit Monaten uneins über die Lichter gewesen. Jetzt wußten sie, daß der Grund dafür in ihren unterschiedlichen medialen Stärken zu suchen war. Sie klärten die Angelegenheit dadurch, daß sie sich darauf einigten, daß Bob die Lichter in seinem Studierzimmer anlassen konnte (auch wenn er nicht drin war), wenn er daran dachte die anderen Lichter in den anderen Zimmern auszumachen.

## *Verändere das Bild eines Hellsehers nicht*

Ein weiterer ausgeprägter Charakterzug der Hellseher ist ihr anfänglicher Widerstand gegen Veränderung. Wie Du weißt, haben Hellseher ein inneres Bild davon, wie alles werden wird. Dieses innere Bild ist ihre Sicherheit und ihr Bezugspunkt. Wenn jemand dieses innere Bild verändern will, oder eine neue Idee vorbringt (egal wie gut sie ist), die den Plan kompliziert, werden sie starken Widerstand leisten. Ihre ganze Aura schreit:"Laß mein Bild in Ruhe!" Dies kann den Anschein erwecken, daß Hellseher starr und unflexibel sind. Wenn Du sie unter Druck setzt, eine sofortige Antwort auf etwas zu geben, was eine Veränderung ihrer Vorstellung mit einschließt, wirst Du immer ein klares "Nein!" erhalten.

Wenn Du einem Hellseher eine Veränderung vorschlagen mußt, ist das Geheimnis des Erfolges, die Idee ruhig vorzustellen und ihm oder ihr Zeit zu geben, um seine oder ihre innere Vorstellung umzugestalten. Wenn eine Idee ohne Druck vorgetragen wird, können Hellseher immer mit der Zeit einen Weg finden, um die Veränderung in den allgemeinen Plan einzuarbeiten. Gib dem Hellseher deshalb Zeit zum Nachdenken.

Wenn Deine Stärke das mediale Sehen ist, ist das Überschlafen von Ideen eine gute Richtlinie. Laß Dir Zeit, um Deinen Gesichtspunkt zu verändern. Sag nicht sofort "Nein!". Sag stattdessen lieber: "Ich möchte mir das überlegen und morgen nochmals mit Dir darüber sprechen." Du wirst in der Regel einen noch besseren Gesamtplan entwerfen, der die neue Idee mit einbezieht.

## *Um einen Hellseher zufriedenzustellen...*

Da Hellseher alles mögen, was mit der Welt des Sehens zu tun hat, gehe mit ihnen ins Kino oder ins Museum, schau mit ihnen fern und kaufe ihnen Bilderbücher. Bei einem Theaterbesuch oder einem Sportereignis, besorge Plätze mit bester Sicht. Wenn Du mit ihnen reist, setze sie ans Fenster und auch an die Seite des Tisches, wo sie alle auf einmal sehen können. Und denke daran, nie, nie die Lichter bei ihnen auszumachen.

Im nächsten Kapitel wirst Du einen weiteren Aspekt des medialen Sehens kennenlernen: die Aura. In der Lage zu sein Auras zu sehen, ist die Pforte zu einer ganz neuen Dimension der Bewußtheit. Es ist ein mediales Geschenk, das darauf wartet, daß Du es öffnest.

## *Hellsichtigkeit - Mediales Sehen*

**Vorteile**

Der beste mediale Sinn, um alle vier Sinne in einen Aktionsplan einzubeziehen

Der beste mediale Sinn, um alle Aspekte der Aura einer Person wahrzunehmen

Der beste mediale Sinn, um Probleme zu entdecken

Der beste mediale Sinn, um Dir selbst ESP zu beweisen (sehen heißt glauben)

Der detaillierteste der medialen Sinne

**Nachteile**

Von den vier medialen Sinnen ist er der symbolhaltigste

Es kann schwer sein das Hellsehen von Imagination oder Tagträumen zu unterscheiden

Einer der langsameren medialen Sinne

## *Menschen, deren Stärke des Hellsehen ist*

**Stärken**

Sie sind ausgezeichnet darin, alle Faktoren in einen Gesamtplan zu integrieren

Sie sind bei der Lösung von visuellen/räumlichen Problemen gut (Packen, Möbel anordnen, u.ä.)

Sie können problemlos erkennen, wenn etwas nicht in Ordnung ist, und sie wissen was falsch ist

Sie können sich Situationen, Probleme und Lösungen im Geiste vorstellen

Sie haben einen sehr guten Zeitsinn und können gut mit Kalendern planen

Sie haben einen sehr guten Orientierungssinn und können mit einer Landkarte überall hinfinden

Sie sind überragend darin, Farben harmonisch zusammenzustellen und sie halten die Welt optisch interessant

**Schwächen**

Sie können starr und unflexibel sein (wobei sie ihre Vorstellung nicht ändern wollen)

Handeln häufig nicht, bevor sie nicht einen Überblick haben

Sie machen sich von allen medialen Typen die meisten Sorgen (sie stellen sich alles vor, was schiefgehen könnte)

Sie können einen Hang zur Perfektion haben ("es ist nicht okay, bis die Vorstellung perfekt ist")

Sie können sehr selbstkritisch sein (dadurch, daß sie ihre Fehler mehr betrachten und betonen, als ihre Stärken)

# 6

# *Das Wahrnehmen der Aura - Die Sprache des feinstofflichen Körpers*

Das Wort "Aura" werden wir alle schon einmal gehört haben. Einige von uns benutzen dieses Wort im täglichen Leben, wenn wir eine besondere Person oder einen besonderen Gegenstand beschreiben möchten. "Das Gemälde hat eine Aura der Magie um sich", sagen wir oder "Ich mag die Aura von dem Raum" oder "Sie hat eine leuchtende Aura." Das Wort taucht in den Namen von Boutiquen auf und es gibt sogar eine Zeitschrift, die Aura heißt. Es sieht fast so aus, als ob die Idee der Aura unsere Vorstellungen gefangen hält. Aber ist sie eine eingebildete Essenz, eine mythische Eigenschaft oder ein Aberglaube? Oder existiert sie wirklich?

Die Aura ist metaphysisch als die Strahlung der spirituellen Energie einer Person, die durch ihren Körper hindurch scheint und die die Auswirkungen der auf sie übertragenen Gedanken und Gefühle zeigt, beschrieben worden. Für mich ist die Aura ein mediales Röntgenbild. Wenn sie richtig interpretiert wird, kann sie die Stimmung einer Person, ihre Absichten, ihre Gesundheit, ihre Gefühle und Motive verraten. Das Wahrnehmen der Aura kann als eine fortgeschrittene Methode dienen, die Signale der Körpersprache einer Person zu lesen, eine Methode, die uns weitreichende Einsichten in seine oder ihre Persönlichkeit liefert. Mir werden häufig Fragen gestellt wegen meinem Glauben an Auras. "Wie kannst Du als Wissenschaftler an sie glauben?" Ich antworte ganz einfach: "Sehen heißt glauben." Ich weiß, daß es Auras gibt, weil ich sie sehe und weil ich die Informationen, die sie mir liefern, im täglichen Leben verwende. Nachdem Du die wichtigen Daten und Techniken aus diesem Kapitel gelernt hast, wirst Du auch in der Lage sein, Auras zu sehen.

## *Das Sehen von Auras spart Geld und vermeidet Probleme*

Häufig ist die Information, die ich beim Wahrnehmen einer Aura bekomme, für mich die Grundlage meiner Entscheidungsfindung bei Menschen, Plätzen und Ereignissen und sogar Gegenständen. Meine Frau und ich kauften z.B. kürzlich ein neues Haus, jedoch erst nachdem ich meine Fähigkeit, Auras zu sehen, benutzt hatte, um zwei potentielle zukünftige Katastrophen abzuwenden. Das Haus, das ich kaufen wollte, wurde von dem Besitzer verkauft, der das Haus auch gebaut hatte. Bob war ein warmherziger, enthusiastischer Mann mit einem freundlichen Gesicht. Er berichtete mir ganz ausführlich von der Struktur des Hauses und wie verträglich die Nachbarn seien, denen das angrenzende unbebaute Grundstück gehörte. Da das Haus an einem Abhang lag und nur einen kleinen Garten besaß, interessierte ich mich dafür, wo unsere beiden Kinder gefahrlos spielen konnten. Bob erzählte mir, daß die Nachbarn nicht nur unsere Kinder auf ihrem unbebauten Grundstück spielen lassen würden, sondern daß sie mir auch erlauben würden, mein zweites Auto dort zu parken. Während Bob mir diese erfreulichen Dinge erzählte, beobachtete ich, wie seine Aura anfing, sich zu kräuseln, was ein sicheres Anzeichen dafür war, daß seine Versprechungen nicht ganz zutreffend waren.

Bob erzählte mir auch, daß er das Haus mit sehr viel Sorgfalt konstruiert hatte. Dieses Mal beobachtete ich, wie seine Aura sich von einer starken und soliden Form in eine unvollständige verwandelte (ein Streifen fehlte in der Mitte). Dies zeigte mir, daß in der Konstruktion etwas fehlte, obwohl sich Bob dessen vielleicht nicht einmal bewußt war. Ich beschloß, die widersprüchlichen Eindrücke zu untersuchen. Zuerst rief ich den Mann an, dem das unbebaute Grundstück gehörte. Ich fand heraus, daß er alles andere war, als die kooperative Person, die Bob mir beschrieben hatte. Als ich ihm erzählte, daß Bob mir gesagt hatte, daß ich auf dem unbebauten Grundstück parken könnte, erklärte mir der Mann, daß er niemals irgend jemandem die Erlaubnis gegeben habe, dort zu parken. Er war ärgerlich darüber, daß Bob es getan hatte, ohne ihn zu fragen. Es stand völlig außer Frage, daß Kinder dort spielen konnten, sagte er. Außerdem glaubte der Mann, daß eine der stützenden Wände, die Bob als Teil des zu verkaufenden Hauses errichtet hatte, in Wirklichkeit auf seinem Grundstück lag. Wenn dies in einer Untersuchung festgestellt würde, sagte der Mann, würde er klagen, damit sie entfernt würde.

Als nächstes wollte ich die Konstruktion prüfen. Ich stellte einen Bauingenieur ein, der das Haus inspizieren sollte. Er berichtete, daß obwohl das Haus im allgemeinen gut gebaut war, ein wesentlicher verbindender Stützbalken fehlte, was wiederum einen zentralen tragenden Balken des Daches unsicher und potentiell lebensgefährlich machte. Als Folge meiner Untersuchungen erklärte sich Bob einverstanden, den Konstruktionsfehler auf seine Kosten auszubessern und im Vertrag zuzusichern, daß, wenn die stützende Wand tatsächlich auf das benachbarte Grundstück übergriff, er die Kosten für die Entfernung und den korrekten Wiederaufbau übernehmen würde. Es ergab sich, daß eine Untersuchung tatsächlich feststellte, daß die Wand auf dem Grundstück des anderen Mannes lag. Bob bezahlte in einem außergerichtlichen Vergleich, damit die Wand unangetastet stehen bleiben und das Haus unbeschädigt bleiben konnte.

## *Die wissenschaftliche Erklärung der Aura*

In der heutigen Welt ist die Wissenschaft in der Teilchenphysik häufig noch wundersamer als Fiktion. Die Wissenschaft hat die Existenz des Neutrinos nachgewiesen, das ist ein Teilchen, das keine meßbare Masse besitzt, weder elektrische Ladung noch irgendwelche anderen physikalischen Merkmale aufweist, und man nimmt an, daß es sich mit Lichtgeschwindigkeit fortbewegt und durch jedes Hindernis hindurch kann. Atomphysiker produzieren schon fast routinemäßig Antimaterieteilchen und lassen sie in Beschleunigungsringen umhersausen. Jedes Jahr entdecken sie neue seltsame Kräfte und bisher unbekannte Teilchen.

Wenn man sich allen dies einmal vor Augen führt, ist der Glaube an die Existenz eines Aura-Energiefeldes um den Körper herum nicht mehr allzu weit hergeholt. Mit einem elektromagnetischen Vorgang, der Kirlian-Fotografie, kann man tatsächlich Bilder aufnehmen, die dem ähneln, was viele Medien als Auras wahrnehmen. Besonders bemerkenswert ist der "Phantom-Blatt"-Effekt, wobei das vollständige aurische Bild des Blattes auf dem Foto erscheint, obwohl man kurz vor der Kirlian-Fotografie dem Blatt die obere Spitze abgeschnitten hat.

Die vollständige Erklärung dafür, was die Aura hervorbringt, oder welche Energien die Aura bilden, entzieht sich noch immer unserer Kenntnis. Manche Menschen nennen es das spirituelle Energiefeld des Körpers. Andere denken, daß es sich in erster Linie um elektromagnetische Strahlung handelt. Was wir wissen, ist, daß Millionen von Nervensignalen in jeder Sekunde durch unsere Nerven jagen, und das jeder Impuls ein sich ständig veränderndes Minimagnetfeld produziert. Ich habe keine Zweifel daran, daß die Wissenschaft in den kommenden Jahren herausfinden wird, daß die Aura eine komplexe Verbindung sowohl elektromagnetischer Strahlung als auch von bisher noch unbekannten Energien ist.

Bis dahin wirst Du Deiner persönliche Erfahrung erlauben müssen, Dir als Wegweiser in die Welt der Auras zu dienen. Unabhängig davon, was Deine medialen Stärken sind, kannst auch Du die Auras von Menschen, Gegenständen und Orten sehen, fühlen, wissen oder verstehen. Auras können Dir bei der Auswahl eines Arztes, eines neuen Autos, eines Babysitters, eines Partners, oder, wie in meinem Fall, eines Hauses, die besten Einsichten liefern.

Da das mediale Sehen der ESP-Kanal ist, der am häufigsten mit der Aura in Verbindung gebracht wird, laß uns damit anfangen, zu lernen, wie man eine Aura sieht. Auch wenn Du nicht daran glaubst, daß Du die Gabe des medialen Sehens besitzt, lies die folgenden Abschnitte sorgfältig durch. Du wirst dort eine visuelle Überraschung erleben. Weiter hinten in diesem Kapitel wirst Du dann lernen, wie Du Dein mediales Gefühl, Deine Hellhörigkeit und Deine Intuition benutzen kannst, um die Aura einer Person genauso leicht wahrzunehmen wie durch das mediale Sehen.

## *Drei Schlüssel zum erfolgreichen Sehen einer Aura*

- Auras müssen mit Deinem inneren Auge betrachtet werden. Mit Deinen physischen Augen kannst Du eine Aura nicht wahrnehmen. Du siehst mit den physischen Augen nur den Körper der Person. Du wirst keinen Erfolg haben, wenn Du versuchst, die Aura nur mit Deinen physischen Augen zu sehen. Die meisten Menschen können deswegen keine Auras sehen, weil sie versuchen es zu "erzwingen", daß sie sie mit ihren physischen Augen sehen. Wenn Du eine Aura siehst, benutzt Du Dein mediales Sehen und überlagerst damit das physische Bild, welches Du mit Deinen Augen wahrnimmst. Beide zusammen liefern Dir das kombinierte Körper-Aura-Bild.
- Versuche nicht, eine Aura zu sehen, indem du auf etwas starrst. Wenn Du auf etwas starrst, wird sich Dein Bewußtsein auf der Ebene der physischen Augen fixieren. Schau an der Person vorbei. Schau über seine oder ihre Schulter oder über und um seinen Kopf. Entspanne Deine Augen. Laß sie defokussieren.

Dies hilft Dir, ganz automatisch Dein Bewußtsein nach oben zum übersinnlichen Wahrnehmungsbereich des Sehens zu verlagern.

Nimm Dir einen Augenblick Zeit, um es selbst zu erfahren. Beobachte, daß, wenn Du auf einen Gegenstand oder eine Person starrst, Dein Bewußtsein vom Zentrum Deines medialen Sehfeldes weggezogen wird und sich auf die Ebene Deiner physischen Augen verlagert. Vergleiche den Fokus Deiner Aufmerksamkeit mit dem, was Du im letzten Kapitel erlebt hast, als Du Deinen übersinnlichen Wahrnehmungsbereich des Sehens ausfindig gemacht hast. Versuche jetzt an einem Gegenstand vorbeizuschauen. Anstatt ihn direkt anzusehen, schaue durch ihn hindurch und schaue die Wand dahinter an. Oder schaue einfach an einer Person vorbei, und halte lediglich ihre Erscheinung im Vordergrund, anstatt sie anzustarren. Bemerke, wie Deine Aufmerksamkeit sich automatisch nach oben verlagert, wenn Du dies tust. Nimm auch wahr, daß, wenn Du an einer der Person oder dem Gegenstand vorbeischaust, Dein Bewußtsein scheinbar in dem Augenbrauenbereich fokussiert ist, den Du als Deinen übersinnlichen Wahrnehmungsbereich des Sehens identifiziert hast.

● Wende sanfte Kontrolle an, um in dem Gebiet des Dritten Auges fokussiert zu bleiben. Die Verlagerung wird normalerweise automatisch stattfinden, wenn Du Deine physischen Augen entspannst. Bleibe Dir des Aufrechterhaltens des höheren Fokus bewußt. Wenn Du aus Versehen anfängst zu starren, oder abgelenkt wirst, verlagere Deine Aufmerksamkeit wieder nach oben zum übersinnlichen Wahrnehmungsbereich des Sehens. Erkenne, daß Du Dein mediales Sehen auf Wunsch einschalten kannst.

Das wirkliche Geheimnis, das Du kennen mußt, wenn Du lernen willst, eine Aura zu sehen, ist, daß Du es nicht zu erzwingen oder Dich zu sehr zu konzentrieren darfst. Wie mit allen medialen Dingen ist es so, daß je angestrengter Du es versuchst, umso weniger wahrscheinlich ist es, daß Du erfolgreich sein wirst. Lerne Deine Aufmerksamkeit zu fokussieren und führe sie sanft dorthin, wo Du sie haben möchtest. Das Verweilen in Deinem übersinnlichen Wahrnehmungsbereich des Sehens erfordert sanftere Einwirkung und subtileres Bewußtsein.

Ein ausgezeichnetes körperliches Beispiel für dieses feine Bewußtsein kannst Du beim peripheren oder seitlichen Sehen erleben. Wenn Du versuchst, ein klareres Bild von etwas in Deinem peripheren Gesichtsfeld herbeizuzwingen, wirst Du normalerweise automatisch zum Starren übergehen, und Deinen Kopf und Deine Augen drehen, um die Zentralgrube (Mitte der Netzhaut) einzusetzen. Wenn Du Dich stattdessen entspannst, und zuläßt, daß Deine Aufmerksamkeit sich an der Seite Deines Gesichtsfeldes sammelt, kannst Du genauso klar sehen, ohne daß Du Dich herumdrehst, oder etwas herbeizwingst. Probiere es aus. Erkenne den Unterschied zwischen der gezwungenen Konzentration beim Geradeausstarren und dem sanft fokussierten Bewußtsein, welches dem peripheren Sehen nachgeht. Diese sanftere Form des fokussierten Bewußtseins ist das Geheimnis medialer Erfahrungen.

## *Nach 10 Jahren sah sie das Licht*

Elaine Gibbs, die jetzt eine Free Soul Ausbilderin in Fort Worth ist, ist nicht besonders gut im medialen Sehen. Elaine studierte 10 Jahre lang spirituelle und mediale Gebiete und alles in ihrer Ausbildung überzeugte sie, daß jeder in der Lage sein sollte, Auras zu sehen. Doch gelang es ihr nie eine zu sehen. Es war Elaine nicht bewußt, aber zehn Jahre lang hatte sie es zu intensiv probiert. Sie tröstete sich selbst damit, daß sie entschied, daß es ja nicht unbedingt notwendig war, daß sie Auras sah. Sie kannte andere Methoden, um die medialen Energien einer Person wahrzunehmen.

Als sie schließlich mit dem Free Soul Programm begann und meine einfachen Methoden ausprobierte, änderte sich ihre Meinung. Sie verstand die praktischen Vorteile, die es mit sich brachte, Auras sehen zu können. Sie übte sich darin, mit dem Starren aufzuhören, das Herbeizwingen zu lassen und zu entspannen. Dadurch schaffte sie es, nach 10 erfolglosen Jahren endlich eine Aura zu sehen.

In einer unserer ersten Gruppen verlagerte sie ihre Aufmerksamkeit nach oben zum übersinnlichen Wahrnehmungsbereich des Sehens und schaute an einer Person vorbei. "Ich ließ meine Augen defokussieren und wurde mir des hinteren Teiles seines Kopfes bewußt, und da war sie: die Aura", erinnert sie sich. "Ich war erstaunt darüber, wie einfach es war."

Elaines Beispiel ist sehr dramatisch. Du wirst nicht zehn Jahre dafür benötigen, um Dein mediales Sehen zu entwickeln oder Auras sehen zu lernen. Du kannst heute lernen, eine Aura zu sehen, wenn Du die Prinzipien und Techniken anwendest, die in diesem Kapitel beschrieben werden. Denke daran, nichts herbeizuzwingen. Sei geduldig mit Dir selbst, Du versuchst gerade eine neue Fähigkeit zu entwickeln. Weiterhin ist es wichtig, daß Du nicht versuchst, das, was Du siehst, zu interpretieren, während Du es siehst. Bis Du geübter im Aurasehen bist, wird der Versuch zur gleichen Zeit zu analysieren, nur Deine mediale Wahrnehmung schwächen und behindern. Dies bedeutet nicht, daß der denkende Mind unwichtig ist. Aber er wird Aufmerksamkeit von Dir fordern und Dich in Deiner anfänglichen Effektivität beim Aurasehen einschränken. Empfange zuerst die Wahrnehmungen, und wenn Du mit der Praxis fertig bist, analysierst Du die Ergebnisse.

## *Vermeide die Nachbild-Falle*

Einige Medien, die behaupten, daß sie das Aurasehen lehren, zeigen Dir eigentlich nur, wie man ein Nachbild sehen kann. Ein Nachbild ist der physikalische Effekt, der auftritt, wenn bestimmte Pigmente der Netzhaut "ausgebleicht" werden. Wenn Du eine leuchtende Farbe für längere Zeit anstarrst, werden bestimmte Pigmente in der Netzhaut ausgebleicht. Wenn sich dann Deine Augen bewegen oder Du auf einen weißen Hintergrund schaust, siehst Du weiß, jedoch ohne die Farbe, die ausgebleicht worden ist (diese übrig bleibende Farbe wird häufig Komplementärfarbe genannt). Rot und Grün sind z.B. Komplementärfarben, auch Blau und Orange und Gelb und Lila. Wenn Du mit Deinen physischen Augen eine Person anstarrst, die einen leuchtend gelben Anzug trägt, und danach auf eine weiße Wand schaust, oder Deine Augen etwas bewegst, wirst Du ein lila, violettes oder blaues Nachbild (abhängig von dem gelben Farbton) sehen. Im Gegensatz hierzu wirst Du, wenn Du jemanden anstarrst, der Lila trägt, ein gelbes Nachbild sehen. Das gleiche trifft auf die Rot/Grün Kombination zu.

Es ist wichtig, die Komplementärfarben zu kennen, und zu wissen, was ein Nachbild ist, damit Du nicht denkst, daß Du eine Aura siehst, wenn Du tatsächlich immer noch physisch auf Dinge starrst und einfach die Farbe eines Nachbildes siehst. Menschen, denen absichtlich oder irrtümlich beigebracht wurde, Nachbilder zu sehen und die denken, daß sie eine Aura sehen, verrennen sich immer weiter in ihr physisches Sehen. Es wird für sie schwieriger werden, wirklich Auras zu sehen, da sie sich beigebracht haben zu starren, anstatt sich zu entspannen.

Du kannst dieses Problem vermeiden, wenn Du beginnst mit Leuten das Aurasehen zu üben, die weiße oder helle Farben tragen und wenn Du Dich mit den Komplementärfarben auskennst. Wenn Du daher ein gelbes Muster um jemanden herum siehst, der etwas rotes trägt, dann ist dies eine Aura, da Gelb nicht die Komplementärfarbe von Rot ist. Wenn Du eine rote Farbe um jemanden herum siehst, der etwas blaues trägt, wirst Du wissen, daß Du einen Aspekt der Aura siehst und nicht ein Nachbild, da Rot und Blau keine Komplementärfarben sind.

## *Wie Du damit beginnst, Auras zu sehen*

Folge dieser Anleitung Schritt für Schritt, um mit dem Aurasehen anzufangen. Wenn Du irgendwo sitzt, wo Du Menschen sehen kannst, versuche es jetzt. Wenn nicht, studiere die Anweisungen und wende sie später an. Denke in beiden Fällen daran, es nicht herbeizuzwingen. Konzentriere Dich nicht zu sehr. Fokussiere Deine Aufmerksamkeit. Erlaube Dir selbst, die Erfahrung zu machen. Erinnere Dich daran, wo Dein übersinnlicher Wahrnehmungsbereich des Sehens ist, und benutze ihn, um gleichzeitig Deine medialen und physischen Sehfelder miteinander zu verbinden.

**1.** Begebe Dich irgendwohin, wo Du Menschen beobachten kannst, wenn möglich Menschen, die vor einem hellen Hintergrund sitzen, oder bitte einen Freiwilligen, Dir zu helfen.

**2.** Wende Dich im Abstand von ca. 3 - 7 m der Person zu. Werde Dir Deines übersinnlichen Wahrnehmungsbereichs des Sehens bewußt. Ohne die Person anzuschauen, entspanne Dich und fokussiere Dein Bewußtsein im Dritten Auge im Stirnbereich. Lasse Deine Augen offen, aber verlagere Deine Aufmerksamkeit nach oben zu Deinem medialen Sehen.

**3.** Wenn Du das Gefühl hast, auf Deinen übersinnlichen Wahrnehmungsbereich des Sehens eingestimmt zu sein, betrachte die Person, die vor Dir steht. Lasse Deine Augen eine Weile auf ihm oder ihr ruhen, während Du auf Deinem übersinnlichen Wahrnehmungsbereich des Sehens fokussiert bleibst. Wenn Du das richtig machst, wirst Du eher das Gefühl haben, von der Stirn aus zu schauen, als von der Ebene Deiner Augen. Schaue die Person nicht direkt an, sondern eher über sie hinaus, oder eine kleines bißchen über seinen oder ihren Kopf. Dies verlagert auf ganz natürliche Weise Dein Bewußtsein nach oben zum Gebiet des Dritten Auges.

**4.** Du wirst anfangen ein 1 1/2 bis 5 cm breites Lichtband oder ein Leuchten um den Körper herum zu sehen. Dieser Effekt wirkt am stärksten um den Kopf und die Schultern herum sein. So beginnen die meisten Menschen eine Aura zu sehen: als einen Lichtschein um die andere Person herum. Je mehr Du Dich entspannst und je mehr die Person sich entspannt, umso weiter und klarer wird dieser Lichtschein werden. Mit der Zeit wirst Du innerhalb dieses Feldes Farben und farbige Bereiche sehen, sowohl über dem Kopf, als auch vor dem Körper. *Anmerkung:* Da das Aurasehen für Dich noch ziemlich neu ist, werden die Farben wahrscheinlich transparent, flüchtig und durchsichtig sein. Erwarte nicht, daß Du lebhafte oder kräftige Farben siehst, die Dir den Blick auf die Person nehmen. Halte nach feineren Farbeindrücken Ausschau.

**5.** Probiere dies mit verschiedenen Personen aus, damit Du die Auras von verschiedenen Menschen gesehen hast. Bemerke, daß die Auras von einigen Personen weiter sind als andere und wie verschieden die Farbmuster sind, die um jede Person herum erscheinen. Die Weite oder die Intensität der Aura kann Dir einen guten Einblick in den Entspannungsgrad der Person als auch in die Lebenskraft von seinem oder ihrem Energiefeld geben. Die verschiedenen Farben können Dir als Hinweise für die grundsätzlichen Charakterzüge und Persönlichkeitsmerkmale der anderen Person dienen.

Diese Technik ist entwickelt worden, um Dich in das weite Feld des Aurasehens einzuführen, und um Dir zu helfen, den ersten Lichtschein oder das erste transparente Energiefeld um eine Person herum zu sehen. So wie Du Dich vollständiger entspannen kannst und Dich bei dem Vorgang wohler fühlst, wirst du lebhaftere Farben und schärfere Eindrücke empfangen.

## *Übung: Unentbehrlich für den Erfolg beim Aurasehen*

Vor nicht allzu langer Zeit fragte mich ein aggressiver junger Mann in herausforderndem Ton:"Warum sehe ich noch nicht ganz automatisch Auras?" Ich fragte ihn, wie oft er das Aurasehen in der letzten Woche geübt hatte. "Garnicht," sagte er. Dann fragte ich ihn, wie oft er im letzten Monat geübt hatte. Wieder antwortete er:"Garnicht." Meine endgültige Antwort war: "Und es überrascht Dich, daß Du noch nicht automatisch Auras sehen kannst?"

Es liegt ganz in Deinen Händen, Deine Fähigkeit zu verbessern, Auras sehen zu können. Je mehr Du übst, umso einfacher wird es. Du kannst die verschiedensten Situationen zuhause und bei der Arbeit ausnutzen, um Deine Fähigkeit zu verbessern. Überall und zu jeder Zeit, wo Du verhältnismäßig bewegungslose Menschen wahrnehmen kannst, Dich entspannen kannst und Deine Eindrücke fließen lassen kannst, kannst Du üben, Auras zu sehen.

Zu erfahren, wo Dein übersinnlicher Wahrnehmungsbereich des Sehens liegt, ist der Schlüssel, der Dir die Tür zum Aurasehen öffnet. Du bist derjenige, der diese Tür völlig öffnen muß. Je mehr Du übst, umso mehr wirst Du mit den vielen verschiedenen Besonderheiten, die man in einer Aura sehen kann, Erfahrungen sammeln. Übrigens ist es nicht notwendig, daß Du Farben siehst, um Auras sehen zu können. Auch am Anfang, wo Du nur erste Umrisse einer Aura sehen kannst, kannst Du Deine Fähigkeit, Auras zu sehen, anwenden, um mehr über die Menschen zu erfahren, mit denen Du es zu tun hast.

## *Die zwei Dimensionen der Aura-Bildersprache*

Die Bildersprache der Aura hat zwei Dimensionen: Farbe und Form. Die meisten Menschen denken nur an das Sehen von Farben, wenn sie davon sprechen, eine Aura zu sehen. Wie Dir von meiner Geschichte mit meinem Haus bekannt ist, ist die Farbe nicht immer der wichtigste Aspekt beim Aurasehen. Es ist genauso wichtig, die Stärke der Randbereiche, die Beschaffenheit der Aura, ihre Form und Intensität zu beachten. Achte darauf, ob die Aura um verschiedene Körperteile herum enger zu sein scheint. Achte darauf, ob die Randbereiche glatt oder ausgefranst sind. Wie sind die Stärke der Aura und ihre Leuchtkraft beschaffen?

Diese Aspekte können Dir verraten, wie entspannt eine Person ist, ob er oder sie aufnahmefähig ist und ob er oder sie mental fokussiert ist. Je entspannter z.B. eine Person ist, umso weiter wird ihre Aura. Wenn die Aura um den Menschen herum eng ist, bedeutet dies in der

Regel, daß die Person unter Spannung und Druck steht. Je ruhiger die Person ist, desto weiter wird die Aura. Wenn eine Person sich in einem meditativen oder reflektiven Geisteszustand befindet, wird der Rand der Aura weicher, er verwischt sich mehr. Das Tagträumen bewirkt das gleiche. Wenn die Person sich andererseits kreativ auf eine Arbeit konzentriert, wird er oder sie eine entspannte, weite Aura haben, aber mit einem klaren, scharfen Rand. Sie wird auch um den Kopf herum strahlen.

Du kannst sehen, ob eine Person Dir zuhört oder nicht, indem Du nachschaust, ob der Rand seiner oder ihrer Aura klar und scharf ist. Wenn der Rand verwischt und undeutlich ist, ist die Wahrscheinlichkeit groß, daß sie Dich ausgeblendet hat. Wenn die Aura sich kräuselt oder zu flimmern scheint, wird es Zeit zu überprüfen, ob das, was die Person sagt, auch stimmt.

Wir wollen alle effektiver kommunizieren. Wenn Du die Aura einer Person studierst, auf die Du gerade zugehen möchtest, kann Dir das zusätzliche Erkenntnisse darüber liefern, wie Du sie am besten erreichen kannst. Wenn seine oder ihre Aura leuchtend und eng anliegend ist, wird sein oder ihr Mind aktiv und schnell sein. Um erfolgreich zu sein, bringe in diesem Fall Deine Ideen rasch vor und sei prägnant und zuversichtlich. Wenn die Aura entspannt und weit um den Kopf herum ist, kannst Du daran erkennen, daß die Person sich in einer reflektiven oder nachdenklichen Gemütsverfassung befindet. Gehe nicht in zu aufdringlicher Weise auf die Person zu. Sei darauf vorbereitet, daß Du Dich damit zufrieden geben mußt, Dein Projekt nach und nach zu besprechen.

Wende das, was Du gerade gelernt hast, an. Finde durch den folgenden interessanten Test heraus, inwieweit Du eine Gemütsverfassung mit einer Auraform in Verbindung bringen kannst. Zeichne Linien, um die einen mit den anderen zu verbinden:

| Gemütsverfassung | Auraform |
|---|---|
| Entspannt, ruhig | Verwischter, undeutlicher Rand |
| Anspannung, Druck | Kräuselt sich oder flimmert |
| Meditativ, tagträumend | Weit, expansiv |
| Zuhörend, fokussiert | Scharfer, klarer Rand um den Kopf herum |
| Lügen oder Übertreiben | Eng anliegend |

Wie gut hast Du abgeschnitten? Ein entspannter, ruhiger Geisteszustand wird eine weite expansive Aura haben. Anspannung und Druck lassen die Aura eng um den Körper herum anliegen. Ein meditativer Tagträumer wird einen undeutlichen, verwischten Aurarand haben. Wenn eine Person zuhört und fokussiert ist, wird die Aura um seinen oder ihren Kopf herum einen scharfen, deutlichen Rand haben. Eine Person, die lügt oder übertreibt, wird eine Aura haben, die sich kräuselt oder flimmert.

## *Grundlegende Warnsignale beim Aurasehen*

Auch wenn Du keine Farben in der Aura siehst, kannst Du die Auraeindrücke, die Du empfängst, benutzen, um auf potentielle Probleme aufmerksam zu werden. Hier sind ein paar grundsätzliche Warnsignale in der Aura, die im täglichen Leben hilfreich sein können. Du kannst diese Eindrücke wahrnehmen, indem Du sie siehst, fühlst, weißt oder sogar als ein mentales Verstehen empfängst. Dadurch, daß Du ihnen Aufmerksamkeit schenkst, kannst Du ernste Fehleinschätzungen vermeiden. Zumindest können sie Dich veranlassen, der Sache weiter nachzugehen.

**Der Arzt**

1. Seine oder ihre Aura ist schwach und blaß. Hast Du das Gefühl, daß er ausgeruht genug ist, sich kompetent um Dich zu kümmern?

2. Seine Aura fließt von Dir weg, statt auf Dich gerichtet zu sein. Denkst Du, daß er sich voll auf Deinen Fall konzentriert?

3. Seine Aura kräuselt sich und flimmert leicht. Ist es möglich, daß er Dir nicht alles über Deine Diagnose erzählt, oder über die Nebenwirkungen Deiner Medikamente?

**Der Babysitter**

1. Die Aura scheint zu ausgedehnt zu sein, ist schwach und flimmert leicht. Der Babysitter erzählt Dir, daß er oder sie alle auftauchenden Probleme handhaben kann. Glaubst Du es?

2. Der Aurarand ist fransig und ungleichmäßig. Nimmt der Babysitter eventuell Drogen?

3. Die Aura verengt sich, wenn sich Kinder nähern. Mag der Babysitter Kinder wirklich?

**Ein Partner / Mitarbeiter**

1. Die Aura verändert sich sichtbar, wenn er oder sie mit verschiedenen Menschen spricht. Ist diese Person aufrichtig? Oder hast Du gerade den Schwindler im Büro entdeckt?

2. Die Aura ist zurückgezogen und entfernt sich, wenn Du versuchst, Dich auf sie zu konzentrieren. Gibt es etwas, was Dir diese Person absichtlich nicht erzählt?

3. Die Aura scheint sich durch Dich hindurch und über Dich hinaus zu erstrecken. Wird diese Person zu Dir herüber kommen und sich das holen, was sie oder er will?

**Ein Liebespartner**

1. Die Aura ist ausgefranst, verstreut und am Rand unregelmäßig. Hatte Dein Partner einen schweren Tag? Muß er oder sie für eine Zeit ausspannen? Ist dies der geeignetste Moment für Liebe?

2. Die Aura scheint nach Dir zu greifen. Solltest Du über Geschäfte oder die Liebe sprechen?

3. Der Rand der Aura ist durchgängig, hart und inflexibel. Ist dies ein Kopfschmerz, der dazu neigt, nicht wegzugehen?

4. Die Aura ist fest, wird aber weicher, während ihr zusammen seid. Ist dies die Zeit, in der man langsam aber sicher vorgehen sollte?

## *Die Interpretation der Farben beim Aurasehen*

Wenn Du einmal gelernt hast, Dich zu entspannen und die grundlegenden Grenzen der Aura wahrnehmen kannst, ist der nächste Schritt, Dein Drittes Auge weiter zu öffnen und auf die Farben zu achten, die Du fühlst oder siehst. Die Farben sind eine ganz neue zusätzliche Dimension von Informationen, die Du durch Dein Aurasehen sammeln kannst. Die folgende Liste ist für Dich als Leitfaden entwickelt worden, der Dir hilft, die Bedeutung der Farben und der Farbmuster zu interpretieren, die Du in einer Aura sehen könntest. So wie jeder von Euch eine eigene Sammlung von vergangenen Erinnerungen und Assoziationen besitzt, so hat jeder von Euch seine eigenen einzigartigen Farbcodes und Schlüssel zu der Art und Weise, wie er das Energiefeld um andere Individuen herum wahrnimmt. Denke auch daran, daß Du die Aura einer anderen Person immer durch Deine eigene Aura hindurch wahrnimmst. Dieser Leitfaden kann Dir als Ausgangspunkt dienen, Dein eigenes Interpretationssystem zu entwickeln. Es beschreibt allgemeine Charakterzüge, Energien oder Schwingungen, welche die Erscheinung von verschiedenen Farben in der Aura hervorbringen können.

***Rot:*** Energie, Lebenskraft, Stärke, harte Arbeit, oder starke Emotion; dunkle Rottöne können Anspannung, Frustration, Ärger, Haß oder Übelwollen signalisieren; Rosatöne können Freude oder Enthusiasmus anzeigen; grundsätzlich ist Rot auch die Farbe, die am meisten mit dem medialen Hören in Verbindung steht.

***Orange:*** Mut oder mit einer Herausforderung konfrontiert sein.

***Gelb:*** Offen, kommunikativ, Einsichten haben oder visuell auffassungsfähig; die Farbe, die am meisten mit Hellsichtigkeit in Verbindung steht.

***Grün:*** Wachstum, Lehren, ein neuer Anfang, Veränderung, Regeneration, Heilung oder ein neuer Anfang, nachdem eine Krankheit fast überstanden ist.

***Blau:*** Gefühlen gegenüber sensibel, fürsorglich, friedvolle Harmonie, oder Heilung (das Vermengen oder Hinzufügen von Energie während einer Krankheit); Blau kann darauf hinweisen, daß heilende Energie gebraucht oder empfangen wird, während Grün das eigene Hervorbringen von heilenden Effekten und neues Wachstum anzeigt; Blau ist auch die Farbe, die am meisten mit medialem Fühlen in Verbindung steht.

***Lila*** und/oder ***Violett:*** Spiritualität, tiefe Gedanken, oder Zukunftsorientierung; die Farben, die mit Intuition und Weissagung am meisten in Verbindung stehen.

***Braun:*** Praktisch, erdbezogen oder sinnlich

***Grau:*** Geschäftlich, auf eine streng geschäftliche Art und Weise organisiert oder beschäftigt.

***Schwarz:*** Druck, Anspannung, Verletzung oder Fehlfunktion; Schwarz um den Körper herum zeigt normalerweise Druck oder Spannung von außen an; auf dem Körper kann es für körperliche Verletzung oder Krankheit stehen.

***Weiss:*** Reinheit, Unschuld, Klarheit der Motive, Neuheit, oder die ausgewogene Integration aller Energien.

***Silber:*** idealistisch, vertrauenswürdig, mit noblen Prinzipien, aufrichtig.

***Gold:*** Königlich, von hohem Wert; Weisheit und Meisterschaft oder spiritueller Überfluß.

Da Du jetzt die vorherrschenden Charakterzüge kennst, die sich in den Hauptfarben wiederspiegeln, kannst Du die Farben zusammensetzen, um Dir ein vollständiges Bild davon, was eine Person fühlen könnte, zu machen. Der Schlüssel, um dies möglichst erfolgreich zu tun ist, darauf zu achten, um welche Bereiche des Körpers herum die Farbe erscheint.

- Farben, die sich über und um den Kopf und die Schultern herum befinden, reflektieren den Bewußtseinszustand einer Person.
- Wenn die Farbe sich um den Körper herum befindet, aber etwas weiter weg ist, dann bezieht sie sich in der Regel auf Aspekte im Leben der Person oder ihre Umgebung.
- Wenn die Farbe sich direkt über dem Körper befindet, hat sie sehr wahrscheinlich einen Bezug zu der Gesundheit der Person oder zu ihrer körperlichen Energie.

Ein helles Grün um den Kopf herum kann z.B. ein wachsendes Bedürfnis nach Veränderung anzeigen. Schwarz um den Körper herum zeigt Druck auf der Arbeit oder aus der Umgebung an. Ein leichtes Dunklerwerden der Aura über dem Körper zeigt zunehmende körperliche Anspannung an, die jedoch noch nicht erträglich ist. Wenn Du eine Person siehst, deren Aura auf diese Beschreibung paßt, weißt Du, daß Du jemanden anschaust, der ein wachsendes Bedürfnis nach Veränderung aufgrund des Drucks und der Spannung in der Umgebung hat. Sein oder ihr körperlicher Energiespiegel mag vielleicht noch akzeptabel sein, da die Frustration noch nicht ein unerträgliches Ausmaß angenommen hat.

## *Teste Deine Fähigkeit, Farben zu interpretieren*

Schau nach, wie gut Du die folgenden Persönlichkeitstypen oder Gemütsverfassungen den passenden Aurafarbmustern zuordnen kannst:

| Aurafarbe | Paßt zu wem? |
|---|---|
| 1. Starke, aber dunkle Rottöne | A. Sinnlicher Sam/Sue<br>Ist in der Stimmung dafür oder kann zumindest sicherlich in Stimmung gebracht werden |
| 2. Warme Braun- und Gelbtöne | B. Philosophischer Phil/Phyllis<br>Stellen ständig Fragen und erforschen neue Ideen in Bezug auf die Zukunft |
| 3. Sanfte aber tiefe Blau- und Gelbtöne | C. Ärgerlicher Al/Alice<br>Angespannt und unter Druck; aus dem Weg gehen |
| 4. Leuchtende, lebhafte Grau- und Silbertöne | D. Vorwärts strebender Marc/Marge<br>Verändert sich und wächst, dennoch gut motiviert und vertrauenswürdig |
| 5. Pulsierende Lila- und Goldtöne | E. Einfühlsamer Irv/Irma<br>Fühlt mit allen und ist häufig übersensibel für die Probleme anderer |

Lösung: (1C, 2A, 3E, 4D, 5B)

Es gibt keine Grenzen bei der Vielfalt der möglichen Anwendungsmethoden des Aurasehens und seinen fortgeschritteneren Versionen, um Menschen, Situationen oder Umgebungen wahrzunehmen. Für mich ist das Aurasehen zu einer natürlichen Fähigkeit geworden, die ich jederzeit anwenden kann. Ich benutze sie, um einen tieferen Einblick in eine Person oder eine momentane Situation zu bekommen. Wenn ich diesen Einblick zu den Informationen hinzufüge, die ich durch meine körperlichen Sinne aufnehme, bekomme ich ein umfassenderes Bild.

## *Die Fähigkeit, Auras zu sehen, rettet ein Interview*

In Washington D.C. stand ich einmal kurz vor einem Interview in einem großen Fernsehprogramm, von dem ich dachte, daß es schwierig werden würde. Der Gastgeber war bekannt dafür, für das Thema ESP wenig empfänglich zu sein, und da ich am Vortage seine Sendung angeschaut hatte, wußte ich, daß er eine aggressive Art hatte, Fragen zu stellen.

Während ich darauf wartete, daß das Programm anfing, schaltete ich um auf Aurasehen und konzentrierte mich auf den Gastgeber. Da ich planmäßig der erste Gast sein sollte, schaute ich, was mir seine Aura darüber sagen konnte, wie ich am besten das Interview handhaben sollte. Ich überprüfte zunächst, was die medialen Stärken des Gastgebers sein könnten und bemerkte sofort die starken roten Farben an den Seiten seines Kopfes. Diese erscheinen normalerweise bei Menschen, deren Stärke das Hellhören ist. Von den persönlichen Charakterzügen, die hellhörigen Menschen sehr häufig haben, wußte ich, daß der Weg, ihn zu erreichen, darin bestand, ihm zu helfen zu verstehen. Der Schlüssel, um das Interview erfolgreich sein zu lassen, bestand daraus, ihm (und damit auch den Zuschauern) klare Erklärungen zu liefern.

Als der Direktor signalisierte, daß wir auf Sendung waren, gab es eine faszinierende Veränderung in der Aura des Gastgebers. Das erste Kamerabild nahm den Gastgeber auf, wie er der Kamera zugewandt stand, während das Smithsonian String Quartett (es sollte planmäßig später in der Show auftreten) im Hintergrund spielte. Ich sah, wie die Aura des Mannes vorne blaß war, während sie sich fast nach hinten verdrehte, da er von der Musik hinter ihm abgelenkt wurde. Die Wirkung dieser aurischen Störung wurde sofort offensichtlich. Der

Gastgeber konnte seine Eröffnungsworte nicht fließend vom Telepromter ablesen. Er stotterte und stammelte, und sprach ganz abgehackt. Seine Aura verlagerte sich so stark nach hinten, daß seine Aufmerksamkeit nach vorne durcheinandergebracht wurde.

Als er sich hinsetzte, um das Gespräch mit mir aufzunehmen, sagte der Interviewer mehrere Male hintereinander, wie peinlich es ihm war, das er seine Eröffnungssätze vermasselt hatte. Ich erklärte ihm, was mir seine Aura über seine medialen Stärken verraten hatte, und was ich beobachtet hatte, als das Quartett anfing zu spielen. Er war von meiner Erklärung fasziniert. Anstatt mich anzugreifen, half er mir dabei, ein außerordentlich gutes Fernsehinterview zu machen. Später sagte er: "Das war das erste Mal, daß mir jemand etwas über ESP erklärt hat, was für mich Sinn machte."

## *Wie man die Aura durch mediales Fühlen wahrnimmt*

Wenn Du im medialen Fühlen sehr begabt bist, fällt es Dir vielleicht leichter ,eine Aura zu fühlen, als sie tatsächlich zu sehen. Zumindest werden Dir Deine Gefühle dabei behilflich sein, Deine hellsichtigen Wahrnehmungen zu interpretieren. Mediales Erfühlen der Aura führt zu genauso zutreffenden Ergebnissen wie, sie medial zu sehen.

Da die Aura ein Energiefeld ist, welches außerhalb des Wahrnehmungsspektrums unserer körperlichen Sinne existiert, sollte die mediale Fähigkeit, die es Dir am besten erlaubt, über das Körperliche hinauszugreifen, Deine bevorzugte Methode sein, um Auras wahrzunehmen. Außerdem sind Eindrücke, die Du fühlst, leichter zu deuten, als Farben, die Du siehst.

Um Dir durch Dein mediales Erfühlen einer Aura bewußt zu werden, erspüre die Person oder den Gegenstand, die Du betrachtest, während Du nach der Aura schaust. Du mußt nicht unbedingt spezielle Farben oder Aspekte der Aura sehen. Lasse einfach Deine

Aufmerksamkeit sich dort sammeln, wo die Aura sein sollte. Frage Dich:"Wie fühlt sich der äußere Bereich der Aura an? Weit? Eng? Welche Farbe fühle ich um den Kopf der Person herum?" Für Fühlende kann das Erfühlen der Aura etwas ganz Natürliches sein. Fühlende spüren häufig in ihrer eigenen Aura oder in ihrem eigenen Körper die Eigenschaften, die in der Aura der anderen Person vorhanden sind. Auf diese Art und Weise können Fühlende die Aura von einer anderen Person wahrnehmen, ohne sie jemals zu sehen.

Anna Marie Nowak ist staatlich geprüfte Krankenschwester und eine Free Soul Ausbilderin in Philadelphia, Pennsylvania. Bei ihrer Arbeit in einem Institut für geistig Behinderte hatte sie mit autistischen Kindern zu tun, unter anderem dem 16-jährigen Rory. Rory war zurückgezogen wie alle autistischen Kinder. Auch wenn er mit den Mitarbeitern Kontakt aufnahm, sprach er nie. Offensichtlich machte dieser Umstand es schwer, irgendeine Verletzung, die er hatte, zu behandeln oder eine Krankheit zu diagnostizieren. Rory wurde aufgeregt, wenn ihm etwas weh tat oder wenn er sich krank fühlte, und nur über seine Gesten und eine Untersuchung konnten die Krankenschwestern herausfinden, was nicht in Ordnung war.

An einem Tag war Rory jedoch aufgeregter als sonst. Er warf sich umher, gestikulierte wild und konnte nicht beruhigt werden. Jedoch konnte man noch nicht einmal durch körperliche Untersuchungen irgendetwas finden, was nicht in Ordnung war. Anne Marie versuchte es mit einer anderen Herangehensweise. Sie stimmte sich auf ihre medialen Empfindungen ein und versuchte Rorys Energie wahrzunehmen. Ihr erster Eindruck, den sie medial fühlte, sagte ihr, daß die Aura des Jungen schwach war, daß sich dessen schützende äußere Schicht aufgelöst hatte und daß er von den intensiven medialen und emotionalen Schwingungen bombardiert wurde, die auch in der besten Institution auftreten. Instinktiv wußte Anna Marie, daß er einen Energieschub benötigte, einen medialen "Kickstart" sozusagen, um seine Aura wieder aufzuladen und auszuweiten und um ihm den Energiepuffer wiederzugeben, der ihm fehlte.

Sie legte ihre Hände auf die beiden Schlüsselzentren an seinem

Kopf und ließ Energie durch sie hindurch zu Rory fließen. Dieser mediale *Therapeutic Touch* half ihm, sich wieder aufzuladen und besänftigte seine wilden Bewegungen. Sie hatte inzwischen eine Gruppe von Zuschauern aus dem Krankenhauspersonal um sich, da Rory sich zuvor noch nie hatte länger als für wenige Sekunden berühren lassen.

Während Rory sich hin und her wiegte, hielt Anna Marie ihre Hände sanft auf seinem Kopf und führte ihm weiterhin Energie zu. Innerhalb weniger Minuten wurden seine Bewegungen langsamer und hörten dann auf. Mit einem friedlichen Seufzer legte der Junge seinen Kopf an Annas Seite. Er brauchte keine ärztliche Behandlung. Er hatte nur einen spirituellen und medialen Energieschub gebraucht. Da Anna Marie seine Aura über mediales Fühlen spüren konnte, war sie in der Lage, ihm die angemessene ganzheitliche Behandlung zukommen zu lassen.

## *Wie man die Aura über die Intuition wahrnehmen kann*

Menschen, die intuitiv begabt sind, können sich darauf verlassen, daß ihre Intuition ihr Aurasehen durch unmittelbares Wissen bereichert. Der Schlüssel für Propheten ist, diesem Wissen zu vertrauen, d.h. an das zu glauben, was sie empfangen, auch wenn es nur eine blitzartige Eingebung ist, und sie garnicht wirklich etwas sehen. Die medialen Eindrücke von Propheten können in Sekundenschnelle kommen und gehen. Wenn sie also eine Aura betrachten, kann das, was sie sehen genauso flüchtig sein: eine plötzliche Erkenntnis, ein flüchtiger Farbeindruck. Sie sollten fragen:"Was war mein erster Eindruck von dem, was ich sah?" anstatt zu versuchen, die Farbwahrnehmung zu verlängern. "Was weiß ich intuitiv?" Das Wissen um die Aura über die Intuition kann so schnell vor sich gehen, daß Propheten Eindrücke bekommen können, bevor sie überhaupt anfangen hinzuschauen.

Wenn Propheten ihrem inneren Wissen vertrauen und ihm folgen liegen sie meist richtig. Warum sollte man sich bemühen, diese unmittelbare Richtigkeit zu verlangsamen? Es macht keinen Sinn, Wissen in ein Bild zu zwingen und dann das Bild zu interpretieren. Wenn Intuition Deine Stärke ist, vertraue und handle gemäß Deinem Wissen.

Terry Padilla z.B., eine Free Soul Ausbilderin und Therapeutin am *Washington County Mental Health Center* in Montpellier in Vermont, arbeitet einmal noch spät daran, um Patientenakten in ihrem Büro in Ordnung zu bringen, als Brenda, eine Therapeutenkollegin und Freundin fragte, ob sie reinkommen und sich für einen Moment setzen könnte. Terry nahm sofort wahr, daß etwas nicht stimmte, und als Brenda still blieb, schaltete Terry auf mediale Wahrnehmung um. Beim Überfliegen spürte sie, daß Brendas Aura schwach war, und besonders der Bereich über dem Herzen machte den Eindruck einer klaffenden emotionalen Wunde. Terry sah und fühlte nicht direkt etwas, sie wußte einfach nur, daß Brenda verletzt worden war.

Terry erzählte Brenda, was sie wahrnahm, und schlug vor, daß Brenda sich vorstellen sollte, daß sie ein Pflaster oder einen Energieflicken über diesen Bereich legte, bis sie sich wieder gesammelt hatte. Das war alle die Anregung, die Brenda brauchte, und sie fing an zu erzählen. Ihre Kompetenz war von einem anderen Mitarbeiter vor anderen Kollegen angegriffen worden, von jemanden, den Brenda für einen Freund hielt. "Wie soll ich jemals wieder einem von ihnen entgegentreten?" fragte sie. "Vielleicht sollte ich einfach kündigen."

Da Terry sie immer wieder dazu aufforderte, visualisierte Brenda schließlich, daß ihr ganzer Körper in Energiebinden, die sie gegen den emotionalen Schmerz desensibilisierten, eingewickelt war. Fast augenblicklich fühlte sich Brenda stärker und konnte wieder ihrer Arbeit nachgehen. Terry kam dies auch zugute. Diese Erfahrung bewies ihr, daß sie auf das, was sie intuitiv von einer Aura wahrnahm, vertrauen konnte, auch wenn sie sie nicht wirklich sah. Seitdem hat Terry ihre Fähigkeit, Auras wahrzunehmen, verbessert. Jetzt gehört es zu ihrer Routine bei der Untersuchung ihrer Patienten und Klienten.

## *Das Verstehen der Aura*

Für hellhörige Menschen sind Analyse und Verstehen die Schlüssel zur Aurawahrnehmung. Hellhörige "finden Dinge heraus", oder "versuchen zu verstehen, was Dich bewegt". Das machen sie so automatisch, daß sie selten erkennen, wann ein Teil ihrer analytischen Eindrücke medial ist. Die Logik ihrer medialen Wahrnehmung ist schwer von ihrer normalen mentalen Aktivität zu unterscheiden. Daher mag es ihnen noch nicht einmal auffallen, wenn sie die Aura einer Person lesen.

Hellhörige empfangen statt Bilder auf mediale Weise Worte und Sätze über die Aura einer Person, die ihnen ermöglichen die Persönlichkeitsmerkmale zu verstehen, die eine Person ausstrahlt. Diese innere Bewußtheit steht dem normalen mentalen Dialog des Hellsichtigen so nahe, daß sie denken, daß sie die Person einfach nur analysieren.

Es gibt jedoch ein Unterscheidungsmerkmal. Die Eindrücke eines Hellhörigen neigen dazu, stärker zu sein, wenn die andere Person spricht. Da das Hören der physische Sinn ist, der dem Hellhören am nächsten steht, hilft es dem Hellhörigen, sich auf die Aura der anderen Person einzustimmen, wenn er ihr zuhört. Und da Hellhörige "zwischen den Zeilen" hören können, sollten sie auf die Eindrücke und ihr Verstehen achten, die sie losgelöst von dem eigentlich Gesagten bekommen. Eindrücke einer Stimmenqualität, z.B., können mediale Informationen beinhalten. Waren die Worte freundlich, aber der Ton schroff oder streng? Wurde eine Garantie gegeben, aber ohne Entschlossenheit?

Als Carol Swersky, eine Free Soul Ausbilderin und Selbstentfaltungs-Beraterin in Aspen, Colorado, ein Seminar über mediale Entfaltung gab, kam das Thema Aura auf. "Was macht man, wenn man keine Auras sieht?" fragte jemand. Als Antwort beschrieb Carol die vier medialen Sinne und erklärte, wie die Aura von jedem von ihnen wahrgenommen werden konnte. Um ein Beispiel dafür zu geben, suchte sie sich eine Frau aus den Zuschauern aus und sagte:

"Wenn ich Sie anschaue und an ihre Aura denke, sehe ich die Worte in Rosa und Grün." sagte sie. Bei einer anderen Frau berichtete Carol, daß sie die Worte in Grün und Blau-Grün hörte.

Beide Frauen waren erstaunt. Die erste Frau sagte, sie hätte gerade ihre Wohnung neu in Rosa und Grün eingerichtet. Indem sie den mentalen Aspekt des Verstehens ihres medialen Hörens anwandte, sagte Carol der Frau, daß diese Farben ein Bedürfnis nach einer Zeit der Heilung anzeigten. Das Grün stand für körperliche Heilung und Rosa für spirituelle Erneuerung. "Das ist genau der Grund, warum ich hier in Aspen bin", sagte die Frau.

Die zweite Frau lieferte sogar weitergehende Bestätigung. Sie hatte erst kürzlich einen Hellsichtigen aufgesucht, der die gleichen zwei Farben in ihrer Aura gesehen hatte, die Carol "gehört" hatte. Es gab noch eine weitere interessante Entwicklung: diese zweite Frau hatte nie eine Aura gesehen, aber häufig Worte gehört, wenn sie versuchte eine zu sehen. Sie hatte die Worte immer ignoriert, wußte jetzt aber, daß sie auf diese Art und Weise Auras wahrnehmen konnte.

## *Mache das Aurasehen zu einem Teil Deines Lebens*

Wenn Du das anwendest, was Du in diesem Kapitel gelernt hast, weißt Du, daß Du (d.h. jeder) eine Art von Aurasehen erleben kannst, egal welche mediale Fähigkeit Deine Stärke ist. Der Erfolg mag am Anfang noch nicht automatisch da sein. Es wird Arbeit und Übung erfordern, aber der Lohn ist unbezahlbar. Die mediale Information, die Du bekommst, wird Dir ein unmittelbares Feedback liefern bei allem, was Du tust. Übe Dich darin, die Auras der Menschen in Deinem Leben zu überfliegen, und beweise Dir Deine eigene Fähigkeit. Mache das Wahrnehmen einer Aura sogar noch realer für Dich, indem du lernst, Deine eigene Aura wahrzunehmen. Du schaust Dir alles andere an Dir an, bevor Du rausgehst: Deine Haare, Deine Kleider. Warum solltest Du nicht auch Deine Aura prüfen? Nimm Deine Aura entweder mit einem Spiegel oder mit Deinem Gefühl, Deinem Wissen, und Deinem Verstehen wahr, und stelle fest, ob sie aufgebessert werden muß. Da die Aura mit Deinem Bewußtseinszustand verbunden ist, bedarf es nur eines Gedankens, um sie zu glätten oder zu weiten. Du kannst ihre Grenzlinie in jede Form bringen, in die Du willst, einfach dadurch, daß Du den Gedanken daran im Geiste behältst.

Im nächsten Kapitel werden wir noch tiefer die Verbindung zwischen Körper und Geist untersuchen und wie Du sie benutzen kannst, um Dein eigenes inneres physisches Wesen mehr im Griff zu haben. Du wirst lernen, wie Du Deinen Körper mit Deinem Geist kontrollieren kannst und wie Du innere Heilung bewirken kannst.

# 7

# ***Selbstheilung*** - *Die jüngsten Durchbrüche mit Biofeedback*

Vor einem Jahr startete ich mit einer Gruppe von Freunden eine Floßtour durch den Grand Canyon. Gemeinsam mit einem Dutzend anderer Urlauber sahen wir der Aufregung entgegen, auf einigen der wildesten Stromschnellen des Colorado Flusses zu fahren und waren gespannt auf die Herausforderung der 10 Meilen Wanderung aus dem Canyon heraus.

Es war nicht überraschend, daß einige der Teilnehmer in beiden Gruppen sich fragten, wie sie mit den körperlichen Anforderungen der Reise fertig werden würden. In gewisser Weise gab es in unserer Gruppe von Männern und Frauen von Free Soul mehr, um was man sich Sorgen machen konnte. Mehrere waren schon in ihren späten Vierzigern oder Fünfzigern, einige waren übergewichtig, drei hatten mit dem Atmen aufgrund von Asthma und chronischer Bronchitis Probleme, eine Frau hatte einen Teil ihrer Lunge verloren und zwei Teilnehmer hatten Knieprobleme. Alles in allem waren es nicht gerade die Leute, von denen man erwarten würde, daß sie ohne viele Wehwehchen, Schmerzen und Beschwerden wieder aus dem Canyon herauskommen würden. Als wir jedoch alle einige Tage später den südlichen Rand des Canyons erreichten, war unsere Gruppe guter Dinge und in bester körperlicher Verfassung, während unsere Mitreisenden geistig und körperlich erschöpft waren.

Der Unterschied lag nicht in unseren Körpern, sondern in unseren Minds, nicht in unseren körperlichen, sondern in unseren geistigen Fähigkeiten. Jede Person in unserer Free Soul Gruppe wußte nämlich etwas, was die in der anderen Gruppe nicht wußten: wie wir diese geistigen Fähigkeiten benutzen konnten, um unseren Körpern zu helfen, mit den körperlichen Anstrengungen der Reise fertig zu werden.

Nach der Floßfahrt am ersten Tag waren wir begeistert, gleichzeitig jedoch auch entspannt und ruhig. Da wir Streßreduzierungstechniken benutzt hatten, waren wir die Stromschnellen gelassen herunter gefahren, und wir hatten sogar einem anderen Floß geholfen, welches gekentert war. Die andere Gruppe, die mit uns reiste, war müde und abgespannt. Am zweiten Tag wurden wir von einem der wilden Sommerstürme empfangen, die manchmal unten im Canyon wüten. Innerhalb von Minuten fiel die Temperatur um mehr als 20 Grad. Die brennende Sonne machte Regengüssen, tobendem Sturm und Hagelschlag Platz. Regen und Wind waren so heftig, daß unsere motorisierten Flöße an die Seiten des Flusses ziehen und warten mußten, da die Sichtweite auf wenige Meter zurückgegangen war.

Wie die beiden Gruppen mit dem Sturm umgingen, war ein weiteres Anzeichen für den Unterschied zwischen ihnen. Die Menschen aus dem anderen Floß kauerten sich unter den Sitzen zusammen und zitterten in der Kälte. Das 9 Grad kalte Spritzwasser des Flusses aus den Stromschnellen, durch die wir zuvor gekommen waren, bereitete ihnen noch weitere körperliche Beschwerden. Unsere Gruppe stellte sich mental auf die Situation ein, wir verengten die Grenzen unserer Auras und paßten unsere internen Thermostate wieder neu an, um warm zu bleiben. Statt unter den Unannehmlichkeiten zu leiden, kletterten wir auf eine nahe 30 m hohe Felswand und meditierten dort, während wir dem großartigen Schauspiel des durch den Canyon tobenden Sturmes zuschauten.

Die Wanderung aus dem Tal hinaus machte wirklich den Gegensatz zwischen den beiden Gruppen deutlich. Obwohl die meisten der Free Soul Teilnehmer keine Wanderer waren, hatten sie gelernt,

Energie zu kanalisieren und Biofeedback Techniken anzuwenden, um ihren Körper zu unterstützen und ihren Muskeln zu helfen, sich wieder aufzuladen. Ich schickte mit jedem Schritt Kraft und Unterstützung in ein verletztes Knie. Die Frau, die einen Teil einer Lunge verloren hatte, hielt geistig ihren Körper ruhig, um dies auszugleichen. Wir schafften es alle bis nach oben und waren begeistert von dem Aufstieg. Als ein Freund ankam, um uns abzuholen, veranstalteten wir gerade eine Eiscreme-Party und genossen die Einheit, die wir mit der Natur erlebt hatten. Und die andere Gruppe? Die meisten von ihnen waren in der Eingangshalle des Forsthauses "Zum Hellen Engel" zusammengebrochen. Ein Mann, ein Chirurg, sagte:"So etwas machen wir nie wieder!" Anstatt den Grand Canyon zu erobern, waren sie von ihm besiegt worden.

Zu welcher Gruppe möchtest Du gehören? Möchtest Du zu denen gehören, die die Herausforderungen des Lebens genießen und über seine Belastungen die Oberhand gewinnen, oder zu denen, die den Härten des Lebens zum Opfer fallen? Es gibt keinen Grund, warum Du nicht zur ersten Gruppe gehören solltest.

Wenn Du einmal das innere Heilen erlernt hast, welches Dir in diesem Kapitel erklärt wird, wird ein neues Abenteuer für Dich beginnen: geistige Freiheit jenseits körperlicher Begrenzungen. Wir in der westlichen Welt wissen jetzt, was die Yogis aus dem Osten seit Jahrhunderten wissen: der Mind kann mit fortgeschrittenen Biofeedback Techniken jede Körperfunktion verbessern, sogar jene, von denen man einmal dachte, daß sie sich außerhalb der bewußten Kontrolle befinden. Du kannst Dir diese neue mentale Dimension erschließen und sie für alles mögliche, von Streßreduktion bis hin zu gesteigerter Lebendigkeit und Gesundheit benutzen. Dieses Kapitel wird Dir die Schlüssel zu den Biofeedback Fähigkeiten des Minds in die Hand geben. Du wirst lernen, wie Du Deinen Körper schnell von den negativen körperlichen und psychologischen Auswirkungen von Streß befreien kannst. Du wirst in der Lage sein, Deinen Blutdruck zu reduzieren und Deinen Puls herabzusetzen. Du wirst lernen, wie Du in Deinem Körper umherreisen kannst und Heilkräfte jedem seiner Teile zuführen kannst. Kurz gesagt, Du wirst eine neue Stufe der geistigen Beherrschung Deines Körpers erreichen. Wenn Du einmal gelernt hast, Deinen Mind zu benutzen, um Deinem Körper zu helfen, werden körperliche Herausforderungen weniger bedrohlich sein, Streßsituationen werden ruhig zu handhaben sein und die Selbstheilungsfähigkeiten Deines Körpers werden Dir zur Verfügung stehen.

## *Wie Du die schädlichen Streßreflexe des Körpers verhindern kannst*

Der erste Schritt, um innere Heilung zu erlernen ist, zu verhindern, daß Dein Körper Dir unabsichtlich Schaden zufügen kann. Streß und aufgestaute Spannung tragen wahrscheinlich am meisten zu körperlichen und geistigen Krankheiten bei. Wir haben alle mit Streß zu tun. Wie Du damit umgehst, ist ausschlaggebend dafür, ob Dein Leben eine aufregende Suche ist, bei der Du das Kommando führst, oder ein ständiger Test, dem Du Dich unterziehen mußt.

In dem Maße, in dem die Belastungen des täglichen Lebens zugenommen haben, hat sich unsere Fähigkeit verschlechtert, den Streß zu handhaben, der dadurch ausgelöst wird. Diese zusätzlichen Belastungen führen auch zu gesteigerten Anforderungen an unsere Zeit und beschneiden die Entspannungperioden, die unser Körper braucht, um sich zu regenerieren und wieder aufzuladen. Das Problem wird noch größer, wenn die Menschen ihre Spannungen mit ins Bett nehmen und mit ihren normalen Schlafrhythmen Mißbrauch treiben. Wenn es dazu noch an Ausbildung fehlt, wie man bewußt Entspannung herbeiführen kann, können die Folgen verheerend sein.

Die Wissenschaft hat erst vor kurzem damit begonnen, die Auswirkungen der Mind-Körper Kontrolle zur Streßreduzierung zu dokumentieren, aber schon jetzt sind die Ergebnisse bemerkenswert. Biofeedbacktechniken werden jetzt für alles mögliche, vom Senken des Blutdrucks über die Reduzierung chronischer Schmerzen, bis hin zur Verbesserung sportlicher Leistungen benutzt. Im Zentrum dieser Mind-Körper Revolution steht das, was Dr. Herbert Benson der Harvard Medical School die "Entspannungsreaktion" nennt.

Dr. Benson studiert seit 20 Jahren den Einfluß des Minds auf den Körper. Vor nicht allzu langer Zeit erschien er als Beratungsexperte in einen Programm eines öffentlichen Fernsehnetzwerkes mit dem Namen "Entdecken: Die Welt der Wissenschaft". Ein Teil des Programms mit dem Titel "Minding the Body", fand im Meditationsraum eines Lamaklosters in der Nähe von Tibet statt. Mönche betraten den Raum und tränkten Laken in Eiswasser. Während sie im Lotussitz saßen, legten sie die nassen gefrierenden Laken um ihre nackten Körper.

Dann begannen die Mönche dadurch, daß sie eine fortgeschrittene Yoga-Art mit dem Namen Tumo Yoga anwandten, bewußt ihre Hauttemperatur zu erhöhen. Innerhalb von Minuten begannen die Laken zu trocknen. Die gesteigerte Hitze der Körpern der Mönche ließen sie in der kalten Luft dampfen.

Dr. Benson überwachte elektronisch die körperlichen Reaktionen der Mönche, während sie meditierten. Seine Instrumente zeigten in einigen Fällen einen Anstieg der Hauttemperatur um bis zu 8 Grad an, in einer Umgebung, wo sie eigentlich fallen sollte. Tibetische Magie? Eine Illusion? Natürlich nicht. Die Mönche hatten gelernt, Mind-Körper Biofeedback anzuwenden, um bewußt etwas zu kontrollieren, was normal eine unwillkürliche biologische Reaktion ist.

Dieser spannende Beweis dafür, daß Biofeedback funktioniert, bewies wieder einmal die Gültigkeit von Dr. Bensons frühen Theorien und Experimenten. Er hatte ferner herausgefunden, daß eine Person, die unter Streß steht, oder das Gefühl hat, unter Streß zu stehen, eine Steigerung des Blutdrucks, der Herzfrequenz, und der Menge an Streßhormonen im Blut aufweist. Wenn diese Reaktion zu häufig auftritt, oder zu lange anhält, kann sie eine Menge körperlicher Leiden, wie z.B. Bluthochdruck, Magengeschwüre, Kolitis, und Herzkrankheiten verursachen oder verschlimmern. Benson folgerte, daß wenn Streß und die Reaktion des Körpers auf Streßhormone mental ausgelöst werden konnten, auch eine umgekehrte Reaktion vom Mind stimuliert werden konnte, um ihre negativen Auswirkungen zu vermindern. Diese andere Möglichkeit, die wir wählen können, nennt er die Entspannungsreaktion.

Der Ausdruck Entspannungsreaktion scheint für mich mehr Betonung auf die Physiologie der Streßreduktion zu legen, anstatt auf Deine Beteiligung daran. Daher ziehen wir es in Free Soul vor, den Ausdruck Selbstentspannung zu benutzen, da wir dadurch die Tatsache betonen, daß es sich um einen mentalen Prozeß handelt, und daß Du selbst es völlig in der Hand hast, ihn hervorzubringen.

Durch Selbstentspannung beruhigt sich der Körper selbst. Der Blutdruck sinkt, Herz- und Atemfrequenz sinken. Die Blutzufuhr zu den Muskeln stabilisiert sich und ein Gefühl von Gelassenheit breitet sich aus. Diese unmittelbaren Auswirkungen haben auch Langzeitvorteile. Individuen, die regelmäßig Selbstentspannung herbeiführen, zeigen eine herabgesetzte Sensibilität auf eines der wichtigsten Streßhormone des Körpers. Daher verspannen sie sich nicht so schnell, wenn sie unter Streß stehen. Ihre Körper reagieren automatisch ruhiger auf Alarmsignale.

## *Der Mind kontrolliert den Körper: Befreiung von Bluthochdruck*

Sophia hatte bis auf dieses Jahr ihr ganzes Leben unter Bluthochdruck gelitten. Sie fürchtete sich vor ihrer jährlichen Vorsorgeuntersuchung. Ihre Familie hatte eine lange Bluthochdruck Geschichte, und Sophias stieg häufig über die gefährlichen Werte 200/140. Jeder Besuch beim Arzt brachte den gleichen Vortrag: sie sollte auf ihre Ernährung achten und Streß vermeiden. Jedes Mal wurde sie vor den potentiellen schweren Krankheiten gewarnt, die bei ihr Bluthochdruck hervorrufen konnte. Sophia wurde so nervös, wenn es darum ging, daß man ihren Blutdruck messen wollte, daß allein schon der Gedanke daran den Blutdruck steigen ließ.

In diesem Jahr war es jedoch anders. Sophia, die vor kurzer Zeit einen Free Soul Kurs besuchte, praktizierte täglich unsere wirkungsvollen Methoden, um rasch Selbstentspannung auszulösen. In diesem Jahr lag ihr Blutdruck bei 140/90. Das war der niedrigste Wert seit 20 Jahren. Der Arzt war erstaunt, Sophia begeistert. Jetzt benutzt sie ihren Mind, um zu helfen, den Blutdruck zu kontrollieren, anstatt ständig teuere Medikamente zu nehmen.

## *Der Schlüssel zur Selbstentspannung*

Menschen mit Bluthochdruck, die in ambulanten Krankenhausgruppen sind und andere mit chronischen Schmerzen, werden z.Zt. unterrichtet, eine 20-minütige Meditation zu machen, um Selbstentspannung herbeizuführen. Die meisten von uns haben keine Zeit, 20 Minuten über Ruhe zu meditieren, oder sogar noch länger Zeit, um ein Mantra zu singen, wie es von einigen östlichen spirituellen Organisationen empfohlen wird. Die unter Euch, die Familien haben oder kleine Kinder, sind wahrscheinlich dankbar, auch nur 10 Minuten am Tag Zeit für Euch selbst zu haben. Es wird daher eine schnelle und wirksame Methode benötigt, um Selbstentspannung herbeizuführen.

Ich habe so eine Methode entwickelt und nenne sie das "Entspannungs-Atemmuster". Es ist Dein Schlüssel, um schnell Streß abzubauen, und der erste Schritt, um Mind-Körper Kontrolle zu erlernen.

Der optimale Weg, um Mind-Körper Kontrolle zu lernen, ist über den Atem, da der Atem sowohl mit dem willkürlichen als auch mit dem unwillkürlichen Nervensystem in Verbindung steht. Normalerweise wird Dein Atem automatisch gesteuert. Das autonome Nervensystem spürt die physiologischen Zustände in Deinem Körper und paßt die Tiefe der Atmung und die Atemfrequenz entsprechend an. Wenn Du unter Streß stehst, wird Dein Atem automatisch flacher und schneller. Wenn Du entspannt und ruhig bist, wird Dein Atem tiefer und langsamer.

Man kann den Atem benutzen, um Selbstentspannung herbeizuführen, da er willentlich kontrolliert werden kann, obwohl er direkt mit der Physiologie des Körpers verbunden ist. Indem Du bewußt ein bestimmtes Atemmuster annimmst, das mit Entspannung in Verbindung steht und es beibehältst, kannst Du diesen physiologischen Zustand im Körper herbeiführen. Das Geheimnis liegt darin, die Atemfrequenz und Atmungstiefe zu finden, die Dein Körper mit Entspannung verbindet. Wenn Du einmal Dein persönliches Entspannungs-Atemmuster erlernt hast, kannst Du es jederzeit aufnehmen und Selbstentspannung und Streßreduktion in wenigen Augenblicken herbeiführen.

## *Wie Du Dein persönliches Entspannungs-Atemmuster findest*

Das Entspannungs-Atemmuster ist die Atmungstiefe und Atemfrequenz, die Dich körperlich am meisten beruhigt. Es ist für jede Person unterschiedlich, abhängig von der eigenen Größe, dem Gewicht und der Lungenkapazität. Außerdem machen die meisten Menschen, die häufig Atemmethoden benutzen, um sich zu entspannen, einen Fehler. Sie gehen normalerweise zu weit. Sie atmen zu tief oder zu langsam und verspannen sich tatsächlich wieder. Wenn Du schon einmal kontrollierte Yoga-Atmung ausprobiert hast (nur ein oder zwei Atemzüge pro Minute), weißt Du, daß diese Technik schwer ist und man sich, bis die Lungenkapazität aufgebaut ist, eher anspannt als entspannt.

Um Dein eigenes Entspannungs-Atemmuster herauszubekommen, mußt Du den Punkt finden, an dem es sich schon nicht mehr so gut anfühlt, auch nur ein klein wenig langsamer oder tiefer zu atmen. Du kannst diesen Punkt finden, indem Du Dir einfach Deines Atmens bewußt wirst, ihn allmählich langsamer und tiefer werden läßt, bis Du einen Punkt erreichst, wo es anstrengend wird, weiterzumachen. Wenn Du einmal Dein Entspannungs-Atemmuster erreicht hast, konzentriere Dich mental darauf, Ruhe einzuatmen und Anspannungen auszuatmen. Innerhalb weniger Minuten wirst Du fühlen, wie der Streß abfließt. Dein Körper wird zur Selbstentspannung übergehen und Du wirst ein Gefühl von Frieden und Wohlergehen erleben. Probier es aus. Doch bevor Du beginnst, werde Dir bewußt, wie Du Dich innerlich fühlst. Wie entspannt und ruhig fühlst Du Dich? Vergleiche diesen Zustand mit dem Entspannungszustand, den Du erreicht hast, nachdem Du in Deinem Entspannungs-Atemmuster geatmet hast.

**1.** Setze Dich oder lege Dich bequem hin. Bei Meditations- oder Entspannungstechniken ist keine Magie mit den Stellungen oder Körperhaltungen verbunden. Du hast die Wahl, solange die folgenden drei Bedingungen erfüllt sind: (a) es ist bequem, damit Du nicht durch körperliche Empfindungen des Schmerzes und des Unbehagens abgelenkt wirst, (b) es führt keinen Schlaf herbei (ist nicht so bequem, daß Du ständig in dieser Körperhaltung einschläfst), (c) es ist eine Körperstellung, die Du beherrscht oder einnehmen kannst oder die Du mit Meditation oder Entspannung in Verbindung bringst.

**2.** Wenn Du Dich gut fühlst, werde Dir Deines Atems bewußt. Achte auf die Frequenz und die Tiefe Deines Atems. Lasse Deinen Atem langsam tiefer werden, während Du die Frequenz des Atems zur gleichen Zeit herabsetzt. Geh in Deiner eigenen Geschwindigkeit vor. Komm zu einem Punkt, an dem Du das Gefühl hast, in dem für Dich am meisten entspannenden und beruhigenden Muster zu atmen. Das ist der Punkt, an dem auch nur ein klein wenig tiefer oder langsamer zu atmen, für Dich bedeuten würde, daß du Dich wieder unwohler fühlst. Dies ist Dein persönliches Entspannungs-Atemmuster.

Anmerkung: Es ist keine bestimmte Atemmethode notwendig (z.B. durch die Nase oder den Mund). Finde die Methode, die Dir am meisten liegt. Viele Menschen ziehen es vor, durch die Nase einzuatmen und durch den Mund auszuatmen. Du kannst auch Deine Augen offen lassen oder schließen, wie Du möchtest.

**3.** Sobald Du bequem Dein Entspannungs-Atemmuster aufrecht erhalten kannst, konzentriere Dich mental darauf, Dich mit jedem Atemzug zu entspannen. Konzentriere Dich bei jeder Einatmung darauf, ruhiger und friedlicher zu atmen. Visualisiere und fühle, daß die Entspannung mit jeder Einatmung in Dich hineinfließt. Fühle, wie Du bei jeder Ausatmung den Druck und die Spannungen des Tages ausatmest, und wisse, daß die Anspannung aus Deinem Körper fließt. Atme ruhig und atme alles aus, was Dir zu höchstmöglicher Entspannung im Wege steht.

**4.** Behalte diesen bewußten Atem noch für 5 - 10 Atemzüge aufrecht. Befehle mental Deinem ganzen Körper sich zu entspannen und loszulassen. Vergegenwärtige Dir eine Zeit, als Du ganz zufrieden warst. Während Du in Deinem einzigartigen Entspannungs-Atemmuster atmest, fühle wie der gleiche ruhige Frieden durch jede Faser Deines Wesens strömt.

**5.** Stelle nach ein paar Minuten fest, wie Du Dich fühlst. Vergleiche Dein inneres Gefühl der Ruhe mit Deinem Gefühl, das Du vor der Übung hattest.

Je öfter Du diese einfache Technik anwendest, um so einfacher wird es werden, Selbstentspannung herbeizuführen. Jedes Mal, wenn Du dem oben beschriebenen Vorgang folgst, wird es leichter für Dich werden, Dein einzigartiges Entspannungs-Atemmuster zu erkennen. Allmählich wirst Du Dir die spezielle Atemfrequenz und die Atmungstiefe merken, die Selbstentspannung herbeiführt.

Mit der Zeit wirst Du nur noch wenige Sekunden brauchen, um es zu finden und in das Muster hineinzukommen. Außerdem wird Dein Körper jedes Mal, wenn Du diese Technik anwendest, mehr dahin kommen, Entspannung mit diesem speziellen Atemmuster gleichzusetzen. Es wird nicht lange dauern, bis Du nur ein oder zwei Minuten in Deinem Entspannungs-Atemmuster atmen mußt, um Deine Pulsfrequenz herabzusetzen, Deinen Blutdruck zu senken, und die negativen Auswirkungen von Streß loszulassen.

Da dies so eine schnelle und einfache Methode ist, um Selbstentspannung herbeizuführen, kannst Du sie überall und zu jeder Zeit praktizieren. Wende vor einem wichtigen Treffen oder einem Interview ein paar Minuten lang diese einfache Methode des Entspannungsatems an, und Du wirst feststellen, daß Du diese Situationen ruhig handhaben kannst und die Kontrolle über sie haben wirst. Probiere auch auf ähnliche Art und Weise Dein Entspannungs-Atemmuster aus, wenn Du plötzlich mit einer belastenden Situation konfrontiert wirst oder fühlst, wie sich Spannungen aufbauen. Du wirst spüren, wie das Gefühl der Enge und die Angst dahinschmelzen. Mit der Zeit wirst Du die Augen nicht mehr schließen müssen, um zu üben. Folglich wirst Du in der Lage sein, Dein Entspannungs-Atemmuster zu benutzen, wenn Du Auto fährst und Dich in einem Stau befindest, oder Du kannst es auch direkt vor Leuten praktizieren, die versuchen, Dich unter Druck zu setzen.

Das Erlernen Deines persönlichen Entspannungs-Atemmusters ist eine dynamische Lösung, um bewußt den Abbau von Streß zu kontrollieren. Das Wichtigste ist, daß, wenn Du es einmal gelernt hast, bereits der bloße Gedanke an diese Atemfrequenz und Atmungstiefe Selbstentspannung stimuliert. Du mußt nicht zwei Mal am Tag für eine halbe Stunde meditieren, Mantras singen oder Dich zurückziehen, um tiefe Entspannung zu erreichen. Du hast gelernt, wie Du innere Ruhe auf eine schnelle und praktische Art und Weise erreichen kannst.

## *Der Mind hilft in Gefahrensituationen*

Bob und Paula, Free Soul Absolventen aus Nordarizona, erwarteten freudig die Ankunft ihres ersten Kindes, als Paulas Fruchtblase 2 1/2 Monate vor dem Termin platzte. Das Leben des ungeborenen Kindes war plötzlich im Wettlauf gegen die Zeit in Gefahr. Bob wußte, daß er ruhig und gelassen bleiben mußte, besonders da das nächste Krankenhaus 30 Meilen entfernt lag und der Weg dorthin über vereiste Straßen führte. Bob benutzte sein Entspannungs-Atemmuster, um Selbstentspannung herbeizuführen, während er bei höchstmöglicher Geschwindigkeit um rutschige Kurven und auf verschneiten Straßen entlang fuhr.

Mehr Schwierigkeiten erwarteten sie noch, als sie im Krankenhaus ankamen. Der Arzt war im Urlaub, und seine Vertretung konnte nicht aufgefunden werden. Die zweite Phase ihrer Unglücksreise bestand aus einer Stunde Flug nach Phoenix, wo sich die nächste Intensivstation für Frühgeburten befand. Als Paulas Wehen einsetzten, benutzte auch sie ihr Entspannungs Atemmuster, um ihren Körper zu beruhigen. In Phoenix gab es noch mehr Streß: ein unbekanntes Krankenhaus und Ärzte, die das Paar noch nie gesehen hatte. Die Gruppen für natürliche Geburt an denen sie teilgenommen hatten, waren jetzt nutzlos. Es waren beim Baby die ersten Anzeichen einer Notlage zu sehen, und die Ärzte entschieden, einen Notkaiserschnitt durchzuführen.

Bob und Paula hatten die gleiche Blutgruppe, und Bob wollte wegen der AIDS-Gefahr durch infiziertes Blut, die ihm in den Sinn kam, einen Liter Blut spenden, der während Paulas Operation benutzt werden konnte. Man sagte ihm, daß dies nur möglich wäre, wenn sein Blutdruck in akzeptabler Höhe lag. Während er wieder sein Entspannungs Atemmuster einsetzte, konzentrierte sich Bob darauf, seinen Blutdruck zu senken. Nachdem trotz des Stresses, den er durchgemacht hatte, der fast perfekte Wert 130/85 gemessen wurde, durfte Bob Blut spenden.

Aufgrund seines kontrollierten Verhaltens durfte Bob zu Paula in den Operationssaal. Dort liefen die Dinge nicht so gut. Die Rückenmarksanästhesie wurde nicht völlig angenommen, und Paula fühlte immer noch etwas in der einen Körperhälfte. Die Chirurgen hatten das Gefühl, daß es gefährlich war, noch länger zu warten. Zusammen mit Bob, der sie führte, benutzte Paula wieder ihr Entspannungs-Atemmuster, diesmal, um sich zu helfen, die Schmerzen zu mindern. Sie konzentrierte sich auf Ruhe und Losgelöstheit, der Chirurg machte weiter, und schließlich erreichte die Rückenmarksnarkose ihre volle Wirkung. Das nur 30 Wochen alte, 2 1/2 Pfund schwere Baby von Bob und Paula kam wohlbehalten zur Welt. Das Kind hat sich völlig von den Auswirkungen der Frühgeburt erholt und ist jetzt in seiner Entwicklung den meisten Babys um etwa ein Jahr voraus.

## *Wie Du lernen kannst, der Meister Deines Körpers zu sein*

Genauso, wie Bob und Paula mentale Kontrolle benutzten, um ihren Körpern zu helfen, kannst auch Du in dieser Form des Biofeedbacks ein Meister werden. Sobald Du einmal gelernt hast, Dein Entspannungs-Atemmuster anzuwenden, um Selbstentspannung herbeizuführen, ist der nächste Schritt zum inneren Heilen, zu lernen, wie Du die Funktionen Deines Körpers kontrollieren kannst.

Bist Du einer von denen, die denken, daß Mind-Körper Kontrolle etwas vages, mystisches ist, was sich jenseits dessen befindet, was Du erfahren kannst? Oder siehst Du das Ganze als eine neue Form wissenschaftlichen Biofeedbacks, was genauso unerreichbar für Dich ist, weil man dafür eine teure und kostspielige Ausrüstung benötigt? Keiner der Standpunkte ist richtig. Mind-Körper Kontrolle ist für jeden erreichbar. Man braucht weder mystische noch mechanische Unterstützung dafür. Das Kontrollieren des Körpers durch den Mind wird heutzutage wissenschaftlich völlig als Methode akzeptiert, um unwillkürliche Körperfunktionen bewußt zu lenken. Ob Du es Yoga oder Biofeedback nennst, ist egal. Alles was Du brauchst, um erfolgreich zu sein, ist der Wunsch zu lernen, eine Bereitschaft zu experimentieren und die Geduld und die Disziplin, um zu üben. Mehr ist erforderlich.

Tatsächlich übst Du Dich schon Dein ganzes Leben lang in Mind-Körper Kontrolle. Seit Jahren kontrollierst Du schon mental die Aktionen Deiner willkürlichen Muskeln, Deiner körperlichen Sinne, der gesamten Koordination des Körpers. Es lohnt sich, sich daran zu erinnern, daß, egal wie gewöhnlich und natürlich es Dir erscheint, das willkürliche Nervensystem des Körpers zu lenken, es nichtsde-sto-trotz ein wissenschaftliches Wunder ist. Du nimmst es als gegeben hin, einfach weil Du es schon seit Jahren erfolgreich tust. Ich betone diesen Punkt, damit Du erkennst, daß Mind-Körper Kontrolle für Dich nichts völlig Neues ist. Die fortgeschritteneren Formen des Yoga und des Biofeedback sind einfach der nächste Schritt. Sie umfassen die bewußte Kontrolle der normalerweise unwillkürlichen oder unbewußten Körperfunktionen und -systeme. Während dies Dir weniger vertraut ist, ist es aber doch nur eine Erweiterung von Fähigkeiten, die Du bereits besitzt und die Du ausbauen kannst: die des Lenkens, des Beeinflussens und des Koordinierens der "Verdrahtung" Deines Körpers.

Fast alles, woraus unser Körper besteht, wird von der elektrischen Verdrahtung, die wir das Nervensystem nennen, beeinflußt und erreicht. Unter den vielen Wundern des Körpers fällt das Nervensystem ganz besonders ins Auge. Die enorme Anzahl von Nervenzellen und ihre im ganzen Körper unermeßlichen Verbindungen untereinander machen aus dem Nervensystem das komplexeste und ausgedehnteste Verdrahtungssystem, das der Wissenschaft bekannt ist. Die Anzahl der möglichen Verbindungen zwischen Nervenzellen im Gehirn beträgt allein schon 1.000 Millionen Millionen Millionen. Das ist mehr als die Anzahl der Atome in dem uns bekannten Universum. Es ist so, als ob jede Nervenzelle sich mit jeder anderen Nervenzelle egal wo im Körper unterhalten kann. Dies bedeutet, daß

Du von der Verdrahtung her gesehen, alle Verbindungen hast, um jede körperliche Handlung oder jede körperliche Wirkung zu erzielen, die Du möchtest. Es bleibt nur noch zu lernen, wie das möglich ist.

## *Die zwei Nervensysteme*

Dein Körper besitzt zwei verschiedene und unabhängige Nevengeflechte: das willkürliche, oder Bewegungskoordinationssystem und das unwillkürliche, oder autonome Nervensystem. Beide verfügen innerhalb des zentralen Nervensystems und des Rückenmarks über fast unendliche Verbindungen und Quer-Verbindungen. Warum haben wir zwei getrennte aber gleichermaßen wichtige Nervengeflechte?

● Das willkürliche Nervensystem kontrolliert in erster Linie die Bewegungen und die Koordination der Skelettmuskeln des Körpers. Die bewußte Kontrolle dieses Systems ermöglicht uns, in hohem Maße unsere Umgebung zu beherrschen. Es ermöglicht körperliche Bewegung, die Manipulation von Objekten und bewußt ausgeführte Handlungen in unserer Umwelt.

● Das unwillkürliche oder autonome Nervensystem ist ebenso lebensnotwendig. Es kontrolliert und reguliert ständig, aber für uns unbewußt, die Körperorgane und ihre Funktionen. Dies stellt die reibungslose Zusammenarbeit der körperinternen Physiologie sicher und befreit uns davon, an diese Funktionen, die beständige Regulierung benötigen, um das Leben zu erhalten, zu denken: Blutkreislauf, Atmung, Metabolismus, usw.

Die Arbeit des unwillkürlichen Nervensystems ist jedoch so automatisch geworden, daß unsere Fähigkeit, uns vorübergehend darüber hinwegzusetzen, verkümmert ist. Die Nervenverbindungen, mit denen wir das bewerkstelligen können existieren jedoch, und diese Verkümmerung kann rückgängig gemacht werden. Du kannst lernen, vorübergehend jede der vom Körper automatisch regulierten Funktionen zu beeinflussen und zu verbessern. Studien zeigen, wie aktive mentale Einmischung die natürliche Gesundheit und die Heilungsmechanismen des Körpers fördern kann. Erfolgreiche Selbstheilung ist direkt mit dem Erlernen von Mind-Körper Kontrolle gekoppelt.

## *Wie Du alte Hindernisse bei der Selbstheilung verlernst*

Um die verlorene Fähigkeit der bewußten Kontrolle über die autonomen Funktionen des Körpers wieder erlernen zu können, mußt Du erst alte Gewohnheiten ablegen. Deine vorrangige Erfahrung beim Kontrollieren Deines Körpers, ist die, Deinem willkürlichen Nervensystem und Deinen Skelettmuskeln Befehle zu erteilen. Hierfür ist Konzentration der Schlüssel. Folglich bist Du es gewohnt, Dich zu konzentrieren, etwas erzwingen zu wollen, wenn Du Deinen Körper mental führst. Diese Herangehensweisen sind genau die falschen, um erfolgreich mental die unwillkürlichen Funktionen zu kontrollieren.

Das willkürliche System ist grundsätzlich ein Netzwerk schlafender Übertragungskabel, die darauf warten, aktiviert zu werden. Je mehr Du Deine Gedanken konzentrierst, um so mehr Drähte aktivierst Du und umso besser kannst Du Deine Feinmotorik kontrollieren. Dies gilt nicht für das unwillkürliche Nervensystem. Es ist dafür angelegt, selbständig zu funktionieren. Sein Netzwerk funktioniert bereits in ununterbrochenen geschlossenen Kreisläufen. Um es zu beeinflußen und ein Signal einzusetzen, mit dem wir uns darüber hinwegsetzen, bedarf es einer neuen Form des Denkens, einer subtileren und sanfteren Berührung. Wenn Du versuchst, etwas zu erzwingen, bringt Dich das nur dazu, das willkürliche System einzuschalten und es entsteht muskuläre Spannung. Entspannung statt Konzentration ist der Schlüssel dazu, maximalen Erfolg bei Deiner Mind-Körper Kontrolle zu erzielen.

● Selbstentspannung herbeizuführen ist der erste von drei Schritten, um Zugang zu Selbstheilungsfähigkeiten zu bekommen. Da Du jetzt weißt, wie Du dies mit Deinem Entspannungs Atemmuster erreichen kannst, bist Du bereits ein Drittel des Weges gegangen, um Deinen Körper vollkommen zu meistern.

●Der zweite Schritt besteht daraus, Dein Bewußtsein sanft zu lenken, es zu führen und ihm zu erlauben, in der Richtung zu wandern, die Du bestimmst. Da die Nervenverbindungen, die Dein autonomes Nervensystem kontrollieren, sich von denen unterscheiden, mit denen Du vertraut bist, mußt Du neue Methoden erforschen, um ganz leicht Deine innere Bewußtheit zu fokussieren. Diese leichte Berührung ist es, die Dir erlaubt, das unwillkürliche Nervensystem zu beeinflussen.

●Der Dritte Schritt besteht daraus, Deine Aufmerksamkeit in dem Gebiet zu fokussieren, welches Du beeinflussen möchtest. Erinnere Dich an das, was ich im ersten Kapitel darüber schrieb, wie ich meine Aufmerksamkeit im Herzen fokussierte und es mir dadurch gelang, meinen Puls schnell weit unter meine bisherigen Ergebnisse zu senken? Die wesentlichen Bestandteile dieses dritten Schrittes sind, Deine Gedanken zu dem gewünschten Gebiet fließen zu lassen, und Deine Aufmerksamkeit behutsam dort zu halten. Zwinge nichts herbei und konzentriere Dich nicht. Anstatt Deinen Fokus im Kopfbereich zu lassen, laß Dein Bewußtsein zum gewünschten Gebiet hinfließen und mental dort verweilen. Du kannst diese projizierte Form des Bewußtseins üben, indem Du eine eigene “innere Reise” in den Körper unternimmst.

## *Die innere Reise: Das Wahrnehmen Deines Körpers*

Vor einigen Jahren stellte ein Hollywood Studio einen Film her, der “Die Fantastische Reise” hieß, und auf einem Roman des Science-Fiktion Schriftstellers Isaac Asimov beruhte. Er erzählte die Geschichte eines extrem verkleinerten “Unterseeboots”, welches in die Blutbahn eines wichtigen Wissenschaftlers eingeschleust wurde. Die Aufgabe der in ähnlicher Weise extrem verkleinerten Experten, die die Mannschaft des U-Bootes bildeten, bestand darin, entlang dem Blutstrom das beschädigte Gehirn des Wissenschaftlers zu erreichen und dort ein Blutgerinnsel aufzulösen.

In gewissem Sinne und natürlich mit weitaus weniger Risiko, kannst Du Deine eigene fantastische Reise in Deinen Körper unternehmen. Diese innere Reise ist eine Technik, den Körper wahrzunehmen. Sie bildet die Grundlage für das Wissen um den eigenen Körper und dessen Selbstheilung.

Du wirst auf den Nervensträngen in jeden Teil Deines Körpers reisen. Sie sind Schnellstraßen zu inneren Abenteuern und Entdekkungen. Sobald Du in der Lage bist, Dein Bewußtsein in jedem Bereich Deines Körpers zu fokussieren, kannst Du dazu übergehen, seine Funktionen zu beeinflussen. Lenke Dein Bewußtsein hinunter zu dem Teil Deines Körpers, den Du besuchen möchtest. Du mußt kein besonderes Bild sehen oder eine besondere Beschaffenheit spüren. Achte einfach auf Deine Eindrücke, während Dein Bewußtsein diese innere Reise macht.

**1.** Schließe Deine Augen und entspanne Dich kurz, wobei Du Dein Entspannungs-Atemmuster benutzt.

2. Bekomme ein Gefühl für Dich selbst, für Dein Bewußtsein und fühle, daß Du die Fähigkeit besitzt, es zu lenken.

**3.** Führe sanft Dein ganzes Wesen und Deine Aufmerksamkeit nach unten in den Körper und reise zu einem Deiner Knochen. Denke an den Knochen und lasse Dein Bewußtsein an den Nerven entlang dorthin fließen. Fühle die Kraft und die Härte des Knochens. Fühle den Halt, den er dem ganzen Körper gibt. Schau, ob Du die Aktivität wahrnehmen kannst, die im Knochenmark vor sich geht.

**4.** Folge dem Skelett von einem Knochen zum anderen, wobei Du so viele verschiedene Knochen untersuchst, wie Du möchtest. Verlagere Dein Bewußtsein von einem Knochen zu einem Muskel.

Fühle seine charakteristischen Eigenschaften, seine Fähigkeit sich zusammenzuziehen und zu arbeiten. Setze Deine Untersuchungen fort und reise zu verschiedenen Muskeln und Muskelgruppen.

**5.** Laß Deine Aufmerksamkeit von einem Muskel zu einem Blutgefäß wandern. Reise weiter, indem Du durch die Rohrleitungen des Kreislaufs gleitest, zu jedem Teil oder Organ Deines Körpers. Während Du dies tust, achte auf die Gefühle, die Bilder und Empfindungen, die jedem eigen sind.

**6.** Bringe sanft Dein Bewußtsein zum Zentrum Deiner Stirn zurück. Wenn Du Dich bereit fühlst, öffne Deine Augen. Gehe geistig nochmals durch Deine Reisen, rufe Dir die Empfindungen und charakteristischen Eigenschaften ins Gedächtnis zurück, die zu jedem Gebiet und jedem System gehören, das Du besucht hast.

Du bist gerade durch Deinen Körper gereist. Während Deiner Reise hast Du gelernt, Dein Bewußtsein auf jede Zelle, jedes Gewebe oder Gebiet auszudehnen. Du kannst Dein Bewußtsein jetzt auf und in jedem Teil, den Du beeinflussen möchtest, durch Mind-Körper Kontrolle fokussieren. Alles was noch übrig bleibt, ist die drei Schritte zusammenzusetzen: Selbstentspannung auszulösen, sanft mental zu fokussieren und das Bewußtsein eines Bereiches zu einen bestimmten Zweck herbeizuführen.

## *Der Mind regiert den Puls: Wie Du lernen kannst, Dein Herz zu kontrollieren*

Die Herzfrequenz zu kontrollieren, ist ein guter Einstieg in Mind-Körper Kontrolle, da diese so leicht gemessen werden kann. Alles was Du dafür brauchst, ist eine Armbanduhr mit einem Sekundenzähler und die Fähigkeit Deinen eigenen Puls entweder am Hals oder (an einer Seite des Halses/der Luftröhre) oder am Handgelenk zu messen. Obwohl der Puls am Hals stärker und leichter aufzufinden ist, empfehle ich, den Puls am Handgelenk zu messen, da Du dort leichter ohne ruckartige körperliche Bewegungen hinfassen kannst. Halte eine Hand mit der Handfläche nach oben. Greife mit der anderen Hand über Dein nach oben gedrehtes Handgelenk. Wenn Du mit den Fingern etwa 3/4 über der Hand bist (etwas unterhalb der Daumenwurzel Deiner nach oben gedrehten Hand), drücke mit Deinem Mittel- und Zeigefinger nach unten. Zwischen den Sehnen und dem Knochen kannst Du die pulsierende Arterie fühlen, die zur Hand führt.

Bevor Du beginnst, übe Deinen Herzschlag zu messen, indem Du Deinen Ruhepuls mißt. Zähle im Sitzen die Anzahl der Pulsschläge im Verlauf von 30 Sekunden. Multipliziere sie mit 2 und Du hast Deinen normalen Ruhepuls. Benutze ihn als Standardwert, um zu sehen, wie gut Du darin bist, Deine Herzfrequenz zu steigern oder zu senken. Versuche zuerst, Deinen Puls zu steigern:

- Schließe Deine Augen und stelle Dir vor, daß Du eine anstrengende körperliche Arbeit verrichten mußt. Fühle dabei, wie Dein Herzschlag schneller und schneller wird.
- Visualisiere weiterhin diese intensive körperliche Arbeit und mache eine kurze "innere Reise" zu Deinem Herzen. Sehe und fühle Dein Herz von innen und stimuliere es mental schneller zu werden, um den Anforderungen Deiner visualisierten Aktivität gerecht zu werden.
- Halte dies für einige Augenblicke aufrecht, wobei Du andere Visualisationen nach Wunsch hinzufügen kannst. Wenn Du das Gefühl hast, daß Du Deinen Herzschlag beschleunigt hast, öffne langsam Deine Augen und messe 30 Sekunden lang Deinen Puls. Multipliziere diese Zahl mit 2 und vergleiche den Wert mit Deinem anfänglichen Wert. Eine durchschnittliche Steigerung um 2 bis 5 Schläge pro Minute sind für diesen anfänglichen Versuch ein gutes Ergebnis. Alles, was darüber hinaus geht, ist noch besser. Wie hast Du abgeschnitten?

Wir haben damit angefangen, den Puls zu steigern, weil das normalerweise einfacher ist. Da Du wahrscheinlich sitzt, während Du dies hier liest, ist Dein Puls bereits ziemlich niedrig. Arbeite als nächstes daran, Deinen Puls zu senken.

●Beginne, indem Du Dein Entspannungs Atemmuster benutzt. Atme allmählich tiefer und langsamer. Während Du das tust, fühle, wie Dein ganzer Körper anfängt sich zu entspannen.

●Schließe Deine Augen und visualisiere, wie Dein Körper in einen tiefen Ruhezustand kommt, fast wie in einen Winterschlaf. Schicke an jede Zelle den "gedanklichen Befehl", ihre Aktivität auf ein Minimum zu reduzieren.

●Reise wieder nach innen zum Herzen, wobei Du das Bild und das Gefühl tiefer Entspannung aufrecht erhältst. Fühle, wie Dein Herz sich zusammenzieht und pumpt. Bestimme bewußt, daß es langsamer pumpt. Während Du fühlst, wie Dein Körper in diesen tiefen Entspannungszustand kommt, visualisiere und fühle, daß Dein Herz sich entspannt und auch langsamer wird.

●Halte dies einige Minuten lang aufrecht, wobei Du andere beruhigende Gedanken, die für Dich Bedeutung haben, hinzufügst. Wenn Du das Höchstmaß an Entspannung erreicht hast, öffne langsam Deine Augen und nimm 30 Sekunden lang Deinen Puls. Multipliziere diese Zahl mit 2 und vergleiche das Ergebnis mit Deinem Ruhepuls und Deinem erhöhten Puls. Eine Verlangsamung um 2 - 5 Schläge in der Minute vom Ruhepuls aus gesehen, ist für diese erste Erfahrung ein gutes Ergebnis.

Die Herzfrequenz ist eine der am leichtesten und am schnellsten zu messenden autonomen Funktionen, die Du durch Mind-Körper Kontrolle beeinflussen kannst. Dein erster Versuch die Technik der "inneren Reise" anzuwenden, erlaubt Dir vielleicht zum ersten Mal, Deine Fähigkeit zu erleben, mental Aspekte Deines Körpers zu kontrollieren, die normalerweise außerhalb Deine Reichweite liegen. Je mehr Du übst, desto leichter wird es.

## *Der Selbstheilungsmechanismus des Körpers*

Die Erforschung der Wunder des menschlichen Körpers ist heutzutage eine der großen wissenschaftlichen Herausforderungen. Das Immunsystem, das Gehirn, die Welt der DNS und die Gene werfen noch immer viele ungelöste Fragen auf. Was wir jedoch wissen, zeigt unmißverständlich auf das Potential, den Mind dafür zu benutzen, um die Gesundheit zu fördern. Jeder Bereich des Körpers kann über die existierenden Nervenverbindungen erreicht werden. Jede Zelle trägt in ihren Chromosomen die Vorlage für die vollständige menschliche Regeneration. Und es ist bereits bewiesen worden, daß Dein Geisteszustand direkt Dein Immunsystem beeinflußt.

Vor zwanzig Jahren spottete man noch über Mind/Körper-Unterstützung physischer Heilungsprozesse, heute bringt man vielen Krebspatienten bei, Visualisationen zu benutzen, um ihre Tumore anzugreifen. Ein Video-Spiel mit dem Namen "Killer T-Zelle" ist entwickelt worden, um krebskranken Kindern zu helfen, eine positive Einstellung zu bewahren. Sie haben dadurch das Gefühl, daß sie am Kampf gegen ihre Krankheit teilnehmen können. Das Spiel, welches Pac-Man sehr ähnlich ist, wird so gespielt, daß die Kinder auf dem Bildschirm eine "T-Zelle" bewegen, welche symbolische Krebszellen auffrißt, die angreifen. Es wurde auch bereits ein direkter Zusammenhang zwischen der Anzahl der T-Zellen (die hauptsächlichen Krankheitsbekämpfer des Immunsystems) im Blut und einer positiven geistigen Einstellung wissenschaftlich festgestellt.

Dr. Bernie S. Siegel von der Yale University Medical School ist einer von vielen prominenten Ärzten und Psychologen, welche die Verbindung zwischen einem positiven, gesteuerten Geisteszustand und einem starken Immunsystem erforschen. Wenn Du Dich gut mit Dir selbst fühlst, steigt der Spiegel der T-Zellen. Wenn Du Dich wegen Deiner Situation deprimiert fühlst, fällt er, und Du wirst verwundbarer. Ein positiver Geisteszustand, der mit daran arbeitet, die Krankheit zu besiegen, verändert die interne Chemie des Körpers.

Die sich daraus ergebende Heilung ist nicht wunderbar oder spontan, sondern logisch, wissenschaftlich und selbst herbeigeführt. Dies soll Dich alles nicht ermutigen die herkömmliche Medizin zu verlassen oder Dich veranlassen, Deinen Arzt nicht mehr aufzusuchen, wenn es notwendig ist. Mein Ziel ist, Dir Wege aufzuzeigen, wie Du ihre Anstrengungen unterstützen oder dahin kommen kannst, sie durch Vorbeugung garnicht erst zu brauchen. Je mehr Waffen Du zur Verfügung hast, um gegen eine Verletzung oder eine Krankheit anzugehen, um so besser. Je mehr Fähigkeiten Du besitzt, um bei guter Gesundheit zu bleiben, desto weniger anfällig wirst Du sein. Deinen Mind zu benutzen, um die natürlichen Selbstheilungsmechanismen des Körpers anzuregen, ist eine Methode, um Deine körperlichen Probleme in den Griff zu bekommen. Du hast dadurch eine Methode in der Hand, mit der Du selbst aktiv etwas tun kannst. Es kann Dir unmöglich schaden, und der Nutzen ist erstaunlich.

## *Der Mind besiegt Krebs: Die Geschichte einer Frau*

Die Geschichte von Emily Mannings erstaunlicher Erfahrung Ihres Sieges über Ihren Brustkrebs ist ein bemerkenswertes Beispiel dafür, wie die Kraft und das Durchhaltevermögen einer Frau halfen, ihren Körper zu heilen. Es begann 1968, als Emilys Vater plötzlich und unerwartet an Lungenkrebs starb. Sein Dahinscheiden war für Emily besonders schockierend, da der Krebs unentdeckt geblieben war, bis er sich in seinem ganzen Körper ausgebreitet hatte. Erst als die Ärzte einen nicht operablen Gehirntumor fanden, erkannten sie, daß Krebs am Werke war.

Emily entschied, nicht das gleiche Schicksal zu erleiden. Ein Teil ihres persönlichen Krebsvorsorgeprogramms bestand daraus, gewissenhaft alle 6 Monate eine Mammographie und Brustwarzenabstrich durchführen zu lassen. Und ihre Vorsicht zahlte sich aus, als nämlich eine Mammographie einen erbsengroßen Knoten in ihrer rechten Brust aufzeigte. Als eine zweite Mammographie, eine

Sonographie und eine Punktion zur Zellentnahme das Vorhandensein eines Tumors (nicht einer Zyste) bestätigten, empfahlen Emilys Ärzte eine sofortige Biopsie, um festzustellen, ob der Tumor bösartig war, und wenn ja, ob eine Mastektomie notwendig war.

“Es ist mir nicht möglich, die Biopsie gleich durchführen zu lassen.” sagte Emily. Sie hatte vor, am nächsten Tag nach Maine zu fahren, um einen lieben Freund dort zu besuchen, der durch schrecklichen Zufall gerade an Gehirnkrebs starb. Emily wollte sich durch nichts davon abhalten lassen, ihm zum letzten Mal " Auf Wiedersehen" zu sagen. “Können wir die Biopsie nächsten Woche machen?” fragte sie. Unglücklicherweise war die Ärztin in der Woche darauf nicht in der Stadt. Weder die Ärztin, noch Emily fühlten sich gut darüber, die Operation für zwei Wochen zu verschieben, doch blieb Emily standhaft.

Was beide nicht wußten, war, daß Emily durch die Verschiebung der Angelegenheit die Gelegenheit bekommen würde, sich selbst zu heilen. Da sie gerade den Free Soul Kurs abgeschlossen hatte, kannte Emily die Techniken der Selbstheilung. Sie beschloß, die Zeit vor der geplanten Operation zu nutzen, um zu versuchen, den Tumor zu verkleinern oder zu entfernen. Fünf Mal täglich schickte sie ihren Mind im Körper auf die Reise zu dem Platz, an dem sich die Wucherung befand. Sie befahl auf mentale Weise ihren weißen Blutkörperchen und ihrem Immunsystem, den Tumor energisch anzugreifen, abzubauen und abzutragen sollten. Als nächstes projizierte sie in ihrem ganzen Körper Gedanken, mit dem Ziel, andere Zellen in dem Bereich dazu zu bewegen, sich dort normal zu entwickeln. “Ich werde nicht zulassen, daß mich der Krebs besiegt, wie er meinen Vater besiegt hat.” sagte sie sich selbst. “Ich werde jedes körperliche und spirituelle Hilfsmittel benutzen, das mir zur Verfügung steht.”

Emily verdoppelte ihre Selbstheilungsbemühungen. Jeden Morgen, wenn sie aufwachte, zum Frühstück, zum Mittagessen, zum Abendessen und vor dem Zubettgehen arbeitete Emily mental daran, den Tumor anzugreifen. Jedes Mal, wenn sie visualisierte, daß dem

Tumor Energie entzogen wurde und ihrem Immunsystem befahl, ihn anzugreifen, fühlte sie eine brennende, leicht schmerzhafte Empfindung im Bereich des Knotens. Jedes Mal, außer am letzten Tag, bevor sie wieder ins Krankenhaus gehen sollte. Als sie an diesem Tag ihre Selbstheilung durchführte, spürte sie gar nichts, außer einer sanft fließenden Energie in ihrer Brust.

Am nächsten Tag machte die Ärztin im Operationssaal noch eine letzte Mammographie, um genau festzustellen, wo der Tumor sich befand. Zur Überraschung des technischen Assistenten, konnte die Wucherung nicht lokalisiert werden. Fünf Stunden später, nachdem mehrere technische Assistenten verschiedene Mammographien gemacht hatten, konnte der Tumor noch immer nicht gefunden werden. Die Ärzte hatten keine Erklärung dafür, Emily schon. Sie hatte ihren Mind und ihre gottgegebenen Talente benutzt, um ihrem Körper zu helfen, sich selbst zu heilen.

Emilys Geschichte ist nur eine von wirklich Hunderten, die beschreiben, wie Free Soul Absolventen fortgeschrittene Mind-Körper Kontrolle anwenden, um sich selbst im Heilungsprozeß zu unterstützen. Einige, der errungenen Siege, waren kleinere, wie z.B. Allergien oder Asthma zu überwinden. Einige waren bemerkenswert, wie die Fähigkeit einer Frau, einen Nervenstrang in ihrem Bein zu regenerieren. Einige zeigen Mut und Entschlossenheit, wie im Falle eines Mannes, der mit einem angebrochenen Bein in die nächste Stadt lief. Einige Geschichten gingen sogar gegen die Pläne der Patienten. Die nächste Geschichte läßt mich noch immer schmunzeln, wenn ich an die Selbstheilungspotentiale des Minds denke.

### *Er wurde geheilt, obwohl er es gar nicht wollte*

Joe gehörte zu den Studenten, die einen Gruppenleiter zum Wahnsinn treiben. Er war völlig skeptisch und sagte, daß er diesen Kurs nur mitmachte, um genug über ESP zu lernen, um beim Spielen ein Vermögen zu machen. Er wollte mit den übrigen

"Spinnern und Verrückten" im Kurs nichts zu tun haben. Joe trug immer ein T-Shirt und Jeans, wenn er kam, und es dauerte fünf Wochen, bis er seine Sonnenbrille auszog.

Ich traf Joe das erste Mal kurz nachdem seine Gruppe abgeschlossen war. Das erste, was er zu mir sagte war:"Hey, weißt Du eigentlich, daß Du mich 50.000 $ gekostet hast? Es ist alles Deine Schuld. Ich habe diese Selbstheilungsmethode ausprobiert und habe dadurch eine Menge Geld verloren. Ich hatte einen Autounfall und habe mir dabei einen Wirbel im Hals verletzt. Sie haben Röntgenaufnahmen und so was gemacht. Der andere hatte nicht wirklich Schuld an dem Unfall, aber ich wußte, ich hatte eine große Gelegenheit, ihm und seiner Versicherung was unterzuschieben. Ich war bereit wegen allem zu klagen, was ich kriegen konnte, als wir die Gruppe über Selbstheilung hatten. Ich dachte mir, ich probiers mal aus, damit ich weiß, wie ich mich selbst wieder in Ordnung bringe, wenn ich das Geld habe. Als ich aber zum Arzt der Versicherungsgesellschaft hinging, damit sie nochmal Röntgenaufnahmen machen konnten, um die Verletzung nachzuweisen, zeigten die überhaupt keine Verletzung mehr. Ich hatte keine Schmerzen mehr. Ich hab einen Batzen Geld verloren."

Es sieht gerade so aus, als ob es die dichterische Gerechtigkeit doch noch gibt. Joe konnte für sein Leben nicht verstehen, warum ich lachte. "Ich denke, es war es wert, herauszufinden, was ich alles kann, aber das Geld wird mir schon fehlen." sagte er.

## *Unterschätze nie die Macht Deines Minds*

Die Wissenschaft versteht noch immer nicht alle Mechanismen der Selbstheilung. Doch wissen wir, daß der entfesselte Geist weitaus mehr kann, als bisher angenommen wurde. Unter Hypnose können Menschen Schmerzen abstellen und Blutungen stoppen. Yogis können den Herzschlag anhalten und die Hauttemperatur anheben. Ganz normale Leute, wie Emily und Joe können das Immunsystem des Körpers und die regenerativen Mechanismen anleiten, damit sie selbst geheilt werden. Jetzt bist Du dran, diese Fähigkeiten zu erlernen.

Du wirst nicht von einem Moment auf den nächsten lernen, die richtigen Nervenzellen und ihre Verbindungen zu beeinflussen. Man braucht Übung und Disziplin dazu. Denke jedoch daran, daß auch kleine Fortschritte, Schritte nach vorne sind. Setze den Möglichkeiten keine Grenzen. Mit der Zeit werden Deine Fähigkeiten sich verbessern und unbegrenzte Kontrolle Deines physischen Körpers wird für Dich Wirklichkeit werden.

## *Innere Visualisation: Wie Du den Geist im Körper entfesselst*

Du hast bis jetzt 2/3 der Fähigkeiten erlernt, die Du für wirkungsvolle Selbstheilung benötigst. Du weißt, wie Du das unwillkürliche Nervensystem betreten kannst, indem Du Selbstentspannung herbeiführst. Du weißt, wie Du sanft Dein fokussiertes Bewußtsein zu jedem Platz in Deinem Körper hinführen kannst. Die letzte Fähigkeit ist zu wissen, was Du tun mußt, wenn Du dort bist.

Während wir noch nicht völlig verstehen, wie der Mind das Immunsystem und die Zellregeneration anregt, wissen wir doch, daß die Verbindung von Visualisation und einer Herangehensweise über mehrere Sinne, die besten Ergebnisse hervorbringt. Zu sehen, zu fühlen, zu wissen und zu verstehen, daß das Bild des Körpers sich so verändert, wie Du willst, daß es sich verändert, ist das stärkste mentale Signal, was Du aussenden kannst. Wenn dieses Signal von dem betreffenden Gewebe aufgenommen wird, kann die Wirkung fast nicht mehr aufgehalten werden. Setze Dir keine Grenzen in der Art und Weise, wie Du visualisierst. Der Mediziner William S. Kroger und William D. Fetzer, Dr. der Philosophie, fanden bei ihrer Arbeit mit Vorstellungsbildern und Biofeedback heraus, daß die körperliche Wirkung umso stärker ist, je wunderlicher die Visualisation ist. Manchmal ist es so, daß das Unterbewußtsein das Bild umso eher annimmt, je unbestimmter das visualisierte Bild ist.

In Free Soul haben wir herausgefunden, daß eine dreistufige Methode dieses Signal zu senden, am besten funktioniert. Strahle zunächst Energie von innerhalb des Bereiches nach außen aus. Als zweites ziehst Du Energie aus dem Universum zu Dir her, um den Bereich zu beschießen und zu bestrahlen. Sehe, fühle, wisse und verstehe als Drittes, daß jede Zelle, jede Faser, jeder Teil des Bereiches perfekt wird. Erlebe jetzt selbst diese dreistufige Methode. Suche Dir eine Deiner Hände aus und zwar die, bei der Du das Gefühl hast, daß sie nicht so stark ist, wie die andere (Wir benutzen die Hände, um dies zu Üben, weil sie Dir durch ihre hohe Empfindlichkeit leicht erlauben, die Wirkungen, die Du erzielst, zu fühlen.)

**1.** Sitze oder liege bequem und schließe Deine Augen.

**2.** Entspanne Dich, indem Du Dein Entspannungs-Atemmuster benutzt und wiederhole die Schritte, die Du in der Technik der inneren Reise in Deinen Körper gelernt hast.

**3.** Lasse sanft Dein ganzes Bewußtsein nach unten in die Hand gleiten, die Du als weniger kräftig ausgewählt hast.

**4.** Sobald Du da bist, nimm Dir einen Moment Zeit, um die verschiedenen Gewebe und Energien in Deiner Hand voll zu erfahren. Fühle die Muskeln, die Knochen, die Blutgefäße, die Sehnen und die Haut. Fühle, wie lebendig und energetisch Deine Hand insgesamt ist, wobei Du auf jegliche Stärken und Schwächen achtest.

**5.** Jetzt fühle Dich noch mehr als zuvor völlig in Deine Hand hinein. Fange an, heilende, belebende und stärkende Energie an Dich zu ziehen. Fühle, daß die Hand von fließendem Licht und Energie umgeben ist. Sieh, wie sie von Kraftstrahlen von außen aufgeladen und beschossen wird.

**6.** Strahle von Deinem Bewußtsein in Deiner Hand Energie nach außen aus. Beobachte und fühle heilende, stärkende und belebende Energie, die von innen gelenkt wird und in alle Teile der Hand geschickt wird.

**7.** Während diese Vitalisierung durch Energie von zwei Seiten aus stattfindet, fühle, wie der gesamte Energiespiegel Deiner Hand und ihre Lebendigkeit ansteigt. Stelle Dir vor, wie Deine Hand perfekt und stark wird. Beobachte, wie die Muskeln fest und kraftvoll werden. Fühle, wie der Knochen fest und stabil wird. Fühle, daß die Gelenke flexibel und gut geschmiert werden. Projiziere den Gedanken, daß die Blutgefäße klar und elastisch sind.

**8.** Wenn Du das Gefühl hast, daß Du diesen Visualisierungsprozeß lange genug durchgeführt hast, kehre langsam zu einem normalen Bewußtseinszustand zurück und öffne die Augen. Ohne Dich zu sehr zu bewegen, vergleiche den Unterschied im Gefühl zwischen Deinen beiden Händen.

Wie erging es Dir dabei? Fühlt sich die Hand, die Du belebt hast, stärker und gesünder an, als die andere? Fühlst Du einen Unterschied zu ihrem Ausgangszustand? Bewege beide Hände, und beobachte, ob Du einen Unterschied fühlst. Hättest Du gedacht, daß Du einen solchen Unterschied in wenigen Minuten herbeiführen kannst? Bedenke, was Du durch regelmäßige Übung und Disziplin erreichen könntest! Beginne jetzt damit, diese neue Fähigkeit für Dich arbeiten zu lassen. Suche Dir einen Teil Deines Körpers aus, den Du beleben möchtest. Gehe zu dem Teil hin und wiederhole die obigen Schritte. Achte auf den Unterschied, den Du spürst.

## *Das Überqueren der Schwelle zu Deinem vollen Potential*

Die Anzahl der Wege auf denen Du Mind-Körper Kontrolle erforschen und ausüben kannst, sind unbegrenzt. Mit den Fähigkeiten, die Du bis jetzt gelernt hast, besitzt Du die Fähigkeit Dich völlig neu zu kreieren. Du kannst die negativen Auswirkungen von Streß beseitigen, bevor sie Dich treffen. Du kannst den Kampf-oder-Flucht-Reflex Deines Körpers in kritischen oder gefährlichen Situationen kontrollieren. Und Du kannst Dein ganzes physisches Wesen anregen, damit es lebendiger und gesünder ist.

Und trotzdem bist Du kaum über die Schwelle ins Reich der Mindpower getreten. So erstaunlich, wie die Mind-Körper Kontrolle ist, sie verblaßt im Gegensatz zu dem, was wir jetzt als nächstes erforschen werden: die Fähigkeit des Minds, das Universum der Energie und der Dimensionen, die jenseits des Körperlichen liegen, zu betreten.

# 8
# *Du bist eine Seele, die einen Körper hat*
## *Das Erforschen tieferer Dimensionen*

Du betrittst ein kleines Theater. Das Licht ist gedämpft. Auf der Bühne steht ein Mann auf einer riesigen elektrischen Spule. Er hält ein hölzernes Paddel in der Hand. Ein Schalter wird umgelegt, die Generatoren erwachen zum Leben, ein surrendes Geräusch ist zu hören, und plötzlich werden 1 Million Volt um den Mann herum und durch den Mann hindurch geleitet. Bögen von blauen Blitzen kommen aus seinen Händen und springen hinüber zu dem Paddel, welches er hält. Eine zackige elektrische Stichflamme verbrennt das Paddel. Nach etwa einer Minute, die Stunden zu dauern scheint, ruft der Mann: "Aus!" Das Surren hört auf, das Knacken des Stroms geht zuende, die Bögen der blauen Blitze kommen nicht mehr aus seinen Fingern. In seinen Händen glimmt und lodert noch immer das Brett mit der gezackten Brandspur, die die 1 Million Volt hinterlassen haben, als sie aus seinem Körper austraten.

Warum lebt der Mann noch? Wie kann er noch stehen? Wie kann sein Körper dem Schock von einer Million Volt widerstehen, ohne auf der Stelle von dem elektrischen Strom getötet zu werden? Während er von der elektrischen Spule heruntersteigt, und das angebrannte Paddel einem ehrfürchtigen Zuschauer überreicht, fängt er an zu erklären.

Der Strom stand in keinem schwingungmäßigen Bezug zu

seinem Körper. Obwohl die Stromspannung sehr hoch war, hatte der Strom eine Frequenz, die körperliches Gewebe nicht beschädigt Die Schwingung war ganz verschieden war von der Schwingung seiner Körperzellen. "Vielleicht", spekulierte er, "ist das gleiche wahr für die Seele oder Gott und andere spirituellen Dinge. Vielleicht sind sie hier mitten unter uns, und phasenverschoben oder nicht synchron, oder in einer anderen Dimension als der gewohnten physischen Realität."

Hast Du diese 1 Million Volt-Vorstellung gesehen? Sie ist häufig in den letzten 30 Jahren auf dem einen oder anderen Welt-Jahrmarkt gezeigt worden. Ich sah sie zuerst 1962 in Seattle auf dem Welt-Jahrmarkt, später in New York, 1964. Nicht weniger erstaunt war ich, als ich sie Jahre später ein drittes Mal auf der Expo Messe in Spokane, Washington sah. Ich war nicht nur wegen dem Spektakel selbst erstaunt, sondern wegen der Theorie, die als Erklärung dafür diente. Ich traf zum ersten Mal auf das Konzept, daß Wissenschaft und Spiritualität keine Feinde sein müssen. Sie können nebeneinander existieren, die eine kann die andere erklären und sie können zwei Seiten der gleichen Münze sein.

Meine Erfahrungen am MIT verstärkten meine Überzeugung, daß dieses Konzept stimmte. Wie ich schon früher erwähnte, sind viele Aspekte der modernen Wissenschaft noch wundersamer als Metaphysik, noch seltsamer als die Welt des Mediums. Mein Ziel war es zu zeigen, daß Dinge, die unglaublich erscheinen, nicht unbedingt unwahr sein müssen. Wieder und wieder wurde ich, während ich Chemie, Physik und Gehirnforschung studierte, mit wissenschaftlichen Fakten und Ideen konfrontiert, die dem gesunden Menschenverstand zu trotzen schienen.

Die Quantenphysik behauptet z.B., daß es unmöglich ist, genau zu wissen, wo sich ein Elektron befindet. Man kann nur sagen, wo es sein könnte. Die Relativität lehrt uns, daß die Objekte kürzer werden, wenn sie sich schneller bewegen, und daß die Zeit für sie langsamer läuft. Die Chemie erklärt uns, daß alle Diamanten, auch die, die poliert und geschliffen zu Schmucksteinen verarbeitet wurden, unstabile Verbindungen sind und sich mit der Zeit in gewöhnliches Graphit verwandeln werden. Zum Glück der Schmuckliebhaber, dauert dieser Prozeß Tausende von Jahren, da die Reaktionsschwelle so hoch liegt. Jede dieser Konzepte steht im Gegensatz zur alltäglichen Erfahrung. Dennoch hat die Wissenschaft bewiesen, daß sie wahr sind. Ich begann zu erkennen, daß Wahrheit und Realität sich häufig jenseits der Reichweite der körperlichen Sinne und der alltäglichen Logik befinden.

Ähnlich verblüffend war ein anderer Aspekt meines Studiums der Gehirnforschung. Ich lernte dabei genau, wie viel die Wissenschaft nicht über das wichtige Feld des menschliche Potentials weiß: Nichts über Dich und auch nicht darüber, wie Du funktionierst. Seit einem Jahrhundert wird z.B. Hypnose studiert und angewendet, doch verstehen wir noch immer nicht genau, wie sie Schmerz kontrollieren kann, vergessene Gedächtnisinhalte hervorholen kann und sogar bewirken kann, daß Blasen entstehen, wenn auch nur die Bemerkung gemacht wird, man habe sich verbrannt. Was mich jedoch am betroffensten sein ließ, war die Tatsache, daß die Wissenschaft keine Erklärung dafür hat, was der Mind ist, oder wie ein kreativer Gedanke entsteht. Dieser Punkt wurde mir an einem Frühlingsnachmittag in meinem letzten Jahr am MIT völlig klar.

## *Der Tag, an dem Gehirnforschung nicht mehr genug war*

Ich hatte in dem Semester das Glück, in einer Arbeitsgemeinschaft mit Dr. Whitman Richards tätig zu sein, der schon seit vielen Jahren Professor im Fachbereich für Gehirnforschung und physiologische Psychologie war. Zwei Jahre zuvor hatte ich an seinem Kurs über die Psychologie der Wahrnehmung teilgenommen. Dabei studierten wir, wie das Gehirn und die körperlichen Sinne funktionieren. Ich erinnere mich deutlich an einen bestimmten Vortrag. Professor Richards erklärte, wie die Zellen in einem Teil des Gehirns, der motorischer Streifen genannt wird, als diejenigen identifiziert worden waren, die für Muskelkontraktion und Bewegung verantwortlich waren. Wenn eine spezielle Zelle elektrisch stimuliert wurde, bewegte sich ein spezieller Muskel, oder ein Bein zuckte. Wenn eine Person diesen Muskel willentlich bewegt, kann man sehen, wie diese Zelle einen Impuls aussendet. Um mich herum nickten meine Kommilitonen und sagten:"Ah, jetzt verstehen wir." Aber ich war nicht zufrieden.

Ich verstand, die Physiologie, die diskutiert wurde, aber es erklärte mir nicht, wie wir bewußt entscheiden uns zu bewegen oder zu laufen. Als ich zwei Jahre später mit Professor Richards in seinem Labor sprach, ging ich meiner Frage nach. "Was verursacht, daß die Gehirnzelle ein Signal aussendet, wenn wir uns entscheiden zu laufen?" fragte ich ihn. "Was löst die elektrische Aktivität aus, die die Nerven und die Muskeln stimuliert?"

"Eine andere Gehirnzelle, die mit dieser verbunden ist." antwortete er. Das veranlaßte mich jedoch nur, die offensichtliche nächste Frage zu stellen:"Und was veranlaßt diese Zelle das Signal auszusenden?" Wieder sagte er:"Eine andere Zelle, die mit dieser verbunden ist." Und natürlich wiederholte ich meine Frage.

Dieses intellektuelle Karussellspiel ging eine Weile weiter, bis ich sagte:" Ich bitte Sie, Professor Richards, weichen Sie der Fragestellung nicht aus. Was bringt die ganze Kette in Bewegung?"

"Ich muß annehmen, daß es Zellen in unseren Sinneseingängen des Sehens, Hörens, Fühlens usw. sind." sagte er.

"Sie wollen mir damit sagen, daß die Gehirnforschung glaubt, daß menschliche Wesen nichts anderes als Reaktionen auf Stimulationen sind, die wir durch unsere körperlichen Sinne aufnehmen? Daß wir nie willentlich handeln, nur automatisch reagieren?"

"Nun ja, vielleicht sind es mehr Reaktionen, die aus einem hochkultivierten Erinnerungsvorrat entstammen," sagte er. "Das bedeutet, daß wir nicht mehr als Roboter sind, die auf die Welt um uns herum reagieren," sagte ich. "Haben Sie nicht das Gefühl, daß sie ein bißchen Kontrolle haben, daß Sie einen Willen haben, daß Sie

Entscheidungen treffen? Haben Sie nicht den Eindruck, daß Sie Gedanken ins Leben rufen?"

Richards sagte schließlich: "Ja, ich habe das Gefühl, daß ich die Wahl habe und Gedanken selbst erschaffe." Ich fragte, wie die Zellen des Gehirns dies tun. "Das wissen wir nicht." gab er zu.

Bis zu diesem Tage kann die Wissenschaft diese Frage nicht beantworten. Trotz all der Durchbrüche in den Bereichen der Neurologie, der Gehirnforschung und der Struktur der Zellen, kennen wir die Quelle des Bewußtseins noch immer nicht. Die Wissenschaft kann nicht erklären, wie Du denkst, wie Du Dich selbst als einzigartiges Individuum erkennst. Wir wissen, wie das Gehirn auf Reize reagiert, wir wissen, wie Deine Entscheidungen in Aktionen umgewandelt werden und vom Nervensystem ausgeführt werden. Aber wie Du kreatives Denken ins Leben rufst, bleibt der Wissenschaft ein Rätsel.

## *Eine Definition des Begriffes der Seele*

Der kreative Teil von Dir, diese Einzigartigkeit, die sich selbst als Individuum erkennt, ist das, was wir eine Seele nennen. Es ist der Teil von Dir, der Deine Identität ausmacht. Ich glaube, dies ist der Teil, der oberhalb und jenseits der Verdrahtung und der physischen Struktur des Gehirns liegt. Für mich ist der Begriff Seele nicht unbedingt ein religiöser Ausdruck. Ich benutzte ihn als eine Bezeichnung, um das vollständige, bewußte und kreative Du zusammenzufassen. Unabhängig davon, ob Du tief religiös bist, Atheist oder Agnostiker bist, hast Du ein einzigartiges Bewußtsein. Es ist die Essenz Deines Menschseins.

Du wirst in diesem Kapitel neuartige Methoden lernen, um diese Essenz zu erforschen und um die Grenzenlosigkeit dieses Seelenteils von Dir zu erfahren. Ist es unmöglich etwas zu erforschen, was die Wissenschaft nicht versteht? Nein. 1492 war die Idee, daß die Welt rund ist, eine unbewiesene Theorie. Allerdings segelte Columbus los und veränderte die Geschichte. Er wartete nicht darauf, daß Geographen bewiesen, daß seine Reise möglich war. Er wartete nicht auf Erfinder, die sich einen Weg ausdachten, um die Krümmung der Erde zu messen. Er ging voran.

Du kannst auf die gleiche Art und Weise vorangehen, dadurch, daß Du die Herausforderung annimmst, die Welt der Seele und das einzigartige Bewußtsein, das Du "Ich" nennst, zu erforschen. Ob Du nun glaubst, daß Bewußtsein irgendeine tief begrabene Funktion des Gehirns ist, oder daß es in einer Dimension jenseits der materiellen Welt existiert, Du hast eins. Alles, was Du hast, kannst Du selbst erforschen. Du kannst und wirst eine Methode entdecken, um Dir die Energie Deiner Seele zu erschließen. Du kannst und wirst einen Weg entdecken, auf dem Du die Energie Deiner Seele in die Materie, das Licht und die entfernten Ecken des Universums ausdehnen kannst. Du kannst und wirst lernen, wie Du die Seele benutzen kannst, um zu erweitertem Bewußtsein und gesteigerter Kreativität Zugang zu haben. Das wichtigste ist, daß Du lernen kannst und wirst, durch die Pforte der Seele hinaus in die Unendlichkeit zu gehen.

## *Die Superstring Theorie*

Wissenschaft und Spiritualität haben kürzlich mit der Entwicklung einer neuen Theorie des Universums und der subatomaren Physik einen großen Sprung gemacht, um die Lücke zu schließen, die zwischen ihnen bestand. Sie wird Superstring Theorie genannt und verspricht die wissenschaftliche Suche nach einer einheitlichen Theorie, welche mathematisch die Struktur und die Beziehung aller Kräfte und Partikel, die im Universum existieren, vom kleinstem subatomaren Teilchen bis hin zu Gravitation und starker Kernkraft erklärt, zu beenden.

Was die Superstring Theorie mit der Erforschung des Bewußtseins und der Seele in Verbindung bringt, ist die Tatsache, daß ihre mathematischen Grundlagen die Existenz von 10 Dimensionen erforderlich machen. Physiker kommen zu dem Schluß, daß alle Dinge, ein Stuhl, ein Löwe, ein Planet und auch Du, in zehn Dimensionen existieren, statt nur in den vier, mit denen wir vertraut sind (drei räumliche Dimensionen der Höhe, der Breite und der Länge und die vierte Dimension der Zeit). Die anderen sechs Dimensionen liegen noch außerhalb unserer Erkenntnisfähigkeit und sie sind schon garnicht mit gegenwärtiger Technologie zu messen.

Das Konzept von anderen Dimensionen ist nicht neu. Der Ausdruck "Hyperspace" existierte schon lange vor dem Film"Star Wars" von Georg Lucas. Sternforscher und Astrophysiker sind schon lange der Ansicht, daß die Materie, die in den schwarzen Löchern verschwindet, komprimiert wird und durch eine "Hintertür", die zu einer zusätzlichen Dimension führt, in entfernte Teile des Universums geschossen wird oder gar in andere Universen, wo sie aus weißen Löchern wieder hervorkommt. Der zentrale Punkt ist der, daß die Superstring Theorie uns allen zusätzliche Dimensionen zuspricht, nicht nur den schwarzen Löchern oder Science Fiction Erzählungen. Vielleicht existiert das einzigartige Bewußtsein, welches Du bist, Dein Seelen-Ich, in einigen dieser zusätzlichen Dimensionen.

## *Die Suche nach dem Ort, an dem die Seele sich befindet*

Obwohl wir diese anderen Dimensionen noch nicht lokalisieren können, können wir sie medial erfahren, da jeder der medialen Sinne ein Fenster zu den Dimensionen ist, die jenseits unserer körperlichen Sinne liegen. Ich bin mir sicher, daß die Seele und Dein Bewußtsein tatsächlich in vielen jener Dimensionen existieren.

Meine stärkste mediale Fähigkeit, d.h. mein klarstes Fenster zu den anderen Dimensionen, ist das Aurasehen. Ich habe Tausende von

Auras in über zwanzig Jahren gesehen und studiert. Bei diesem Studium habe ich den Sitz der Seele ausfindig gemacht. Daher kann ich Dir zeigen, wie Du Deine eigene Seelenenergie erkennen kannst und sie Dir erschließen kannst, um die Dimensionen jenseits davon zu erreichen.

Wenn ich einen dreidimensionalen Ort beschreiben sollte, an dem sich die Seele befindet, wäre es ein Bereich oberhalb und ein Stückchen hinter dem Kopf. Wenn Du eine Linie von Deinem Kinn aus verlängern würdest bis sie oben aus Deinem Kopf austritt, würde sie das Energiefeld Deiner Seele halbieren. Dies ist der kräftigste Teil der Aura, und sie ist dort am leichtesten zu sehen. Die meisten Menschen sehen zum ersten Mal eine Aura um und über dem Kopf, da sie das stärkere Energiefeld der Seele sehen, anstatt nur das biomagnetische Feld des Körpers. Das ist der Grund, warum auf Gemälden von Heiligen und zentralen religiösen Figuren immer den Heiligenschein an dieser Stelle zu sehen ist.

Stelle Dir einen umgekehrten Eisberg vor. Das liefert uns eine gute Analogie für die Beziehung der Energie der Seele zum Körper. Der Hauptteil des Eisbergs befindet sich unter Wasser, nur etwa ein Zehntel ruht über dem Wasser. Wenn Du dieses Bild anders herum drehst, dann hast Du eine grobe Vorstellung von der Beziehung des Seele zum Körper. Der größte Teil der Energie, die Du als Seele bist, existiert außerhalb des Körpers (oberhalb und leicht hinter ihm) und ist dem größeren Teil des Eisbergs, der normalerweise unsichtbar unter Wasser schwimmt, sehr ähnlich. Der kleinere Teil des Eisbergs (der normalerweise über dem Wasser ist) entspricht dem Teil der Energie der Seele, die in den Kopfbereich hinabreicht, sich mit dem Gehirn und den physischen Sinnen verbindet und die Körpermaschine koordiniert.

Den größten Teil Deines Lebens fokussierst Du Dein Bewußtsein in den Körper hinunter und durch Deine physischen Sinne nach draußen. Um Dir die tieferen Dimensionen Deiner Seele zu erschließen und sie zu erfahren, mußt Du lernen, diesen Fokus nach oben und nach draußen umzudrehen, zum größeren Teil Deiner Seelen Energie oberhalb des Kopfes. In Free Soul nennen wir dies einen Seelen-Sprung vornehmen. Diese Verlagerung des Fokus nach oben geschieht automatisch, wenn Menschen erfolgreich meditieren. Du kannst sehen, wie es passiert, wenn Du ihre Aura beobachtest. Um die Brust und das Gesicht herum wird die Aura schwächer, während sie über dem Kopf weiter wird, tiefer wird, und weiter vom Körper abrückt.

## *Der Seelen-Sprung und die Verbindung zu Alphawellen*

Diese Veränderung kann auch wissenschaftlich gemessen werden. Wenn Du Deinen Fokus nach oben zum Gebiet der Seele hin verlagerst, nimmt die Aktivität der Alphawellen deutlich zu. Das ist bedeutsam, denn das Alphawellenmuster des Gehirns ist stets mit höheren Bewußtseinsformen, wie Biofeedback, Trance, Selbsthypnose, und erhöhter Kreativität in Verbindung gebracht worden. Ich war in der Lage diese Verbindung auf einer Gesundheitsmesse in Greenwood Springs, Colorado nachzuweisen und hatte gründlich Spaß dabei.

Jedes Jahr sponsort ein großer Fernsehsender Gesundheitsmessen in ganz Colorado. Auf dieser speziellen Messe gab es einen Stand zum Thema Biofeedback, der ein Spielzeug zeigte, das mir während meinen MIT Jahren vorenthalten gewesen war. Es war ein Zug, den man dadurch, daß man Alphawellen hervorbrachte, aktivieren konnte. Ich hatte ihn schon gesehen, war aber nie in der Lage gewesen, einen auszuprobieren.

Da ich wußte, wie ich auf Wunsch einen Seelen-Sprung durchführen konnte, konnte ich schnell in "Alpha" rein- und rausschlüpfen. Als die Elektroden an meinem Kopf angebracht waren, konnte ich den Zug auf eine Art und Weise fahren lassen, wie ich es als Junge nie gekonnt hatte. Durch bloßes Denken konnte ich den Zug dazu bewegen, loszufahren und in verschiedenen Geschwindigkeiten zu laufen. Durch eine Verlagerung der Seele nach unten konnte ich ihn augenblicklich anhalten: am Wasserturm, an der Station oder, um gemein zu sein, im Tunnel. Die Betreiber des Ausstellungsgegenstandes waren erstaunt über meine Fähigkeit, schnell und leicht Alphawellen generieren und kontrollieren zu können. Sie dachten, daß der Alphazustand nur durch langsame und stetige Meditation erreicht werden konnte. An diesem Tag veränderte sich ihre Meinung, und ich war in der Lage, die klare Verbindung zwischen dem Alphawellenmuster des Gehirns und dem Erschließen der Seele zu verifizieren.

## *Wie Du Deinen Mind auf den Sprung in den Hyperspace einstimmen kannst*

Du weißt jetzt, wo sich Deine Seelenenergie befindet. Dir diese Energie zu erschließen erfordert, daß Du einen Weg findest, um dorthin zu gelangen und eine Methode erlernst, um Deinen Mind darauf einzustimmen. Der einfachste Weg ist ein mentaler Aufzug. Während Du mit ihm fährst, verlagerst Du allmählich Deine Aufmerksamkeit nach oben durch den Körper und machst dann einen letzten mentalen Schritt nach draußen in Deine unbegrenzte Seelenenergie hinein.

Versuche es nicht zu sehr, erzwinge es nicht, konzentriere Dich nicht zu sehr, während Du diese Verlagerungen Deines Bewußtseins durchführst. Dies gilt für alle Formen der mentalen und medialen Forschung und ganz besonders für das Erschließen der Seele. Kraftanwendung trägt nicht dazu bei, Deine Reise zu beschleunigen. Sie wirkt normalerweise eher auf entgegengesetzte Art und Weise, da sie das Niveau Deiner körperlichen Anspannung erhöht und Dich von der entspannten und offenen Form von Bewußtsein fernhält, die für Untersuchungen weiterer Dimensionen notwendig sind. Wissenschaftlich ausgedrückt, fällt Deine Alphawellenaktivität drastisch, wenn Du es zu sehr versuchst oder es herbeizwingen willst. Intensive Konzentration treibt Dich mehr in Gehirnwellenmuster hinein, die für Routineaktivitäten typisch sind, nicht jedoch für einen höheren Bewußtseinszustand.

Das Klischee, das man im Film oder im Fernsehen sehen kann, wo Menschen ihre Augen zusammenkneifen, ihre Köpfe hochhalten, und sich konzentriert anstrengen, medial wahrzunehmen oder höhere Bewußtseinszustände zu erreichen, ist völlig falsch. Die korrekte Methode besteht darin, Deine Aufmerksamkeit leicht zu fokussieren und sie sanft aber bestimmt zu führen. Das Schlüsselwort ist Fokussieren: selektiv Dein Bewußtsein entlang der inneren Richtung, die Du erforschen möchtest, zu erhöhen, wobei Du ihm erlaubst, entlang dem Pfad Deiner Suche zu fließen. Wie ich bereits in anderen Kapiteln dieses Buches erklärt habe, ist der Unterschied zwischen Fokussieren und Erzwingen etwa der gleiche, wie zwischen peripherem Sehen und Starren. Starren hat mit Anstrengung und Druck zu tun. Etwas peripher zu sehen, ist sanfter. Es erfordert, daß du Dein Bewußtsein seitlich fokussierst, Deine Aufmerksamkeit dort erhöhst. Es ist eher so, daß Du etwas einfach bemerkst. Um Deine Seele zu erfahren, lerne, Dein Bewußtsein leicht zu fokussieren, als ob Du eine innere Art des peripheren Sehens übtest.

## *Wie Du Dir die zusätzlichen Dimensionen der Seele erschließt*

Der Vorgang, der unten skizziert wird, wird Dich dabei anleiten, diese Verlagerung nach oben durchzuführen und die Fülle Deiner Seelenenergie zu erforschen. Er wirkt sich wie ein Sprungbrett aus, welches Dich nach oben und nach draußen katapultiert, hinein in Deine eigenen tieferen Dimensionen. Du wirst fühlen, wie sich die Grenzen auflösen, während Du diesen umfassenderen Teil Deiner Selbst betrittst. Du wirst den Frieden und das erweiterte Bewußtsein erleben, die Dir dort zur Verfügung stehen. Versuche beim Üben der Technik nicht zu analysieren, was Du erlebst. Das wird nur Anspannung erzeugen und Deine Erfahrung beschneiden oder begrenzen. Gehe später nochmals Deine Eindrücke durch.

**1.** Entspanne Dich, sitze oder liege bequem, und schließe Deine Augen. Benutze Dein Entspannungs Atemmuster, um jegliche Anspannungen loszulassen.

**2.** Erhöhe allmählich Dein Bewußtsein Deiner selbst, und lasse Deine Umgebung verblassen. Versuche nicht, Dich zu konzentrieren, sondern fokussiere Dein Bewußtsein sanft auf das, was Du von Dir selbst und innerhalb Deiner selbst spürst.

**3.** Richte Deine Aufmerksamkeit als nächstes besonders auf Deine unteren Beine. Fühle Deine Füße, Deine Knöchel, Deine Waden. Beginne langsam Deinen Fokus nach oben durch Deine Beine, Hüften, Taille, Brust und Schultern zu bewegen. Während Du jeden Körperteil fühlst und langsam nach oben gehst, läßt Du allmählich die Teile hinter Dir, die Du bereits gefühlt hast. Blende sie aus. Fahre in diesem mentalen Aufzug nach oben, bis Du den Kopfbereich erreichst.

**4.** Während Du im Kopf fokussiert bist, nimm Dir Zeit, um alle Gedanken und Erinnerungen zu fühlen, die Dich ausmachen. Schau kurz, was Dir in den Sinn kommt, wenn Du Deine Aufmerksamkeit auf Dich als Person richtest.

**5.** Verlagere Deine Aufmerksamkeit noch eine Ebene weiter nach oben zum Bereich der Seele. Einige Menschen erleben diese letzte Verlagerung des Fokus nach oben als Gefühl, nach oben hin aus ihrem Kopf auszutreten. Stelle fest, wie die Grenzen scheinbar verschwinden und Du Dich fühlst, als ob Du Dich in einer sich erweiternden Dimension befindest. Fühle, daß Dein Bewußtsein Deiner selbst sich vertieft, als ob Du unerwartet in einen wenig erforschten, aber intensiveren Teil Deiner selbst geraten bist. Du könntest auch das Gefühl bekommen, daß Du Dich nach außen grenzenlos in jede Richtung ausdehnen kannst. Dies ist Dein wirkliches Ich. Du bist Dir Deiner Seelennatur bewußt geworden.

*Anmerkung:* Wenn Du irgendeine Art von Druck im Stirn- oder Augenbereich empfindest, während Du diese Verlagerung Deines Fokus durchführst, versuchst Du wahrscheinlich Deine Augen nach hinten zu verdrehen und sie zu zwingen, zum hinteren Teil Deines Kopfes hinauszuschauen. Das funktioniert nicht. Lasse sie da, wo sie hingehören. Führe diese letzte Verlagerung des Fokus mehr so durch, daß Du das Gefühl bekommst, daß Du Deinen Mind schweben läßt, oder ein erweitertes Bewußtsein des Raumes über Dir hast.

**6.** Erforsche diesen tieferen Teil Deiner selbst. Probiere aus, wie weit Du Dich nach draußen bewegen kannst. Achte darauf, wie zeitlos Du Dich fühlst. Fühle den Frieden, der durch Dich hindurch strömt, während Du Dir die zusätzlichen Dimensionen Deiner Seele erschließt.

**7.** Wenn Du damit fertig bist, verlagere langsam Deinen Fokus zurück, nach unten in den Bereich Deines Kopfes und achte auf einen speziellen Teil Deines Körpers (Nase, Mund, Hände). Bewege langsam einen Finger oder einen Fuß und wenn Du Dich bereit fühlst, öffne die Augen. Bewege leicht Deinen Körper, um Deine normale körperliche Orientierung wieder herzustellen.

Diese Technik ist nur der erste Schritt auf einer langen und faszinierenden Reise in die zusätzlichen Dimensionen Deiner Seele. Je mehr Du meditierst und diesen Vorgang übst, desto leichter wird es sein, Ablenkungen auszublenden. Je mehr Du Deine Seele erfährst, umso leichter wird es sein, diese letzte Verlagerung Deines Fokus nach oben und nach draußen vorzunehmen. Das Erforschen Deiner zusätzlichen Seelen Dimensionen kann auch natürlich entspannend wirken. Die Seele auch nur kurz zu berühren erleichtert den Druck der materiellen Welt. In den meisten Fällen wird sich die eigene Aura entspannen und bis zum Zeitpunkt, an dem die Übung beendet ist, um 3 bis 9cm erweitern. Wenn Du einmal gelernt hast, ihn zu kontrollieren, kannst Du den Seelen-Sprung willentlich den ganzen Tag über anwenden.

## *Wie Du Dir die unbegrenzte Kreativität der Seele erschließt*

Ob der Grund in der erhöhten Alphawellen Aktivität des Gehirns oder in der Verbindung der spirituellen und der physischen Energien zu suchen ist, die Verlagerung des Bewußtseins auf die Ebene der Seele, in Deinen überbewußten Zustand, erlaubt Dir erhöhte Kreativität in Gang zu setzen, wann immer Du sie benötigst. Du kannst willentlich den Zugang zu einer vollständig neuen Dimension von Information und Bewußtheit herbeiführen. Im ganzen Land erreichen Absolventen von Free Soul neue Ebenen des Erfolges, weil sie gelernt haben, diesen einen Schritt weiter zu gehen. Mimi Miller aus Del Mar, Kalifornien, ist eine Lehrerin, Mutter von zwei Kindern und die Gründerin einer Firma für kreative Produkte für Kinder. David Pierce aus Silverspring, Maryland, ist Statisktiker in einer Bundesbehörde. Ihre Leben und ihre Berufe liegen Welten auseinander, gemeinsam ist ihnen jedoch, daß sie wissen, wie ein Seelen-Sprung durchgeführt wird. Davids erste Erfahrung mit erweitertem Bewußtsein ereignete sich, als er unabsichtlich einen Seelen-Sprung während seiner Doktorarbeit machte. Die Einsichten, die später seine These wurden, kamen in einer kurzen Periode erweiterten Bewußtseins durch, und lieferten ihm Lösungen für Gleichungen, die ihn Monate lang ratlos gemacht hatten. Heute benutzt David sein erweitertes Potential, um statistische Modelle für ökonomische Vorhersagen zu entwerfen. Obwohl seine Arbeit eher intellektueller statt künstlerischer Natur ist, erfordert sie dennoch Kreativität. Der Schlüssel zu akkuraten ökonomischen Prognosen, die sein Beruf erfordert, liegt darin, intuitiv zu wissen, welche statistische Methode ein erfolgreiches Werkzeug für eine Vorhersage abgeben wird.

Mimi benutzt ihre Fähigkeit, Seelen-Sprünge durchzuführen, um eine andere Art von Kreativität steigern. Am Anfang ihrer Karriere arbeitete sie mit Farben und Formen, um innovative Produkte für

Kinder zu entwickeln und verwandelte das, was erst als künstlerisches Hobby begann, in eine erfolgreiche Geschäftstätigkeit. Vor kurzer Zeit wurde die Firma, die Mimis Entwürfe produziert, von einem größeren Unternehmen übernommen. Mit der Expansion ihres Geschäftes begann der Druck zu steigen, und Mimi fühlte, wie ihr kreativer Fluß anfing zu versiegen. Die Spannung baute sich bis zu einem Punkt auf, an dem sie sich völlig blockiert fühlte, wenn sie versuchte, neue Ideen für neue Produkte zu bekommen. Der Stichtag für die Produktlinie für Kinder- Wandbehänge für das nächste Jahr rückte näher, und Mimi hatte nicht eine einzige Idee. Sie hatte das Gefühl, daß sie jede vorstellbare Art von Wandbehang gesehen und entworfen hatte.

Als sie es nicht länger aufschieben konnte, zwang Mimi sich dazu, in ihr Studio zu gehen und entschloß sich, ihre mentale Blockierung aufzulösen. Während sie sich in ihr Entspannungs-Atemmuster fallen ließ und ihr Bewußtsein nach oben in ihre Seele verlagerte, konnte sie wahrnehmen, wie ihr ausgebranntes Gefühl sich langsam auflöste. Aufregung begann sich in ihr breit zu machen. Innerhalb von Minuten sah sie in ihrem Geiste eine Serie von Wandbehängen, die im Dunkeln leuchten. Einer war ein Teddybär, der tagsüber einen Eimer mit Regenbogen ausgoß, und nachts leuchtende Sterne regnen ließ. Ein anderer stellte am Tage eine Sonne dar, die sich nachts in einen Halbmond verwandelte. Mimis Produktlinie "Tag und Nacht" erwies sich auf einer jährlichen Ausstellung für neue Produkte für Kinder als absoluter Renner.

## *Hast Du eine Seele?*

Ich bin mir sicher, daß Seele für die meisten von Euch ein vertrauter Begriff ist. Alle großen Religionen schließen in ihrer Lehre das Konzept der Seele mit ein. Unabhängig davon, ob sie Seele, Geist, Atman oder Intelligente Energie genannt wird, die Bedeutung bleibt die gleiche. Von einem wissenschaftlichen

Standpunkt aus kannst Du Dir die Seele als ein einzigartiges Energiemuster oder Energiefeld vorstellen, welches jenseits der Vergänglichkeit der physischen Materie und außerhalb der begrenzten Formen meßbarer Energie liegt. In der Terminologie der Superstring Theorie ausgedrückt, wäre sie diese zusätzlichen 6 Dimensionen, die wir alle besitzen.

Die meisten Menschen, denen ich begegne, geben gerne zu, daß sie glauben, eine Seele zu haben. Das ist nicht genug. Um Dein volles Potential zu erschließen, mußt Du darüber hinaus gehen. Du hast keine Seele. Du bist eine Seele. Du bist eine Seele, die einen Körper hat. Das ist mehr, als nur ein Wortspiel. Es beinhaltet die Erkenntnis, daß Dein wirkliches Ich, Dein wirkliches Selbst diese Seelennatur ist, die bewußte, verursachende Energie jenseits der Verdrahtung und der Maschinerie des physischen Körpers.

In Wirklichkeit ist der Glaube, daß man eine Seele hat, einer der wesentlichen Ursachen für die Begrenzungen der Menschen. Wenn Du eine Seele hast, dann mußt Du etwas anderes sein. Das andere, mit dem Du Dich identifizierst, ist der Körper. In Folge bürdest Du Dir alle körperlichen Begrenzungen auf, die wir versuchen zu überwinden. Genauso, wie das Auto, welches Du fährst, für Dich nur ein Fortbewegungsmittel ist, so ist Dein physischer Körper nur eine Erweiterung des inneren Fahrers, der Seele. Du hast die Kontrolle und bist nicht die kontrollierte Maschine. Du bist das Wasser im Glas, nicht das Glas. Du bist die Elektrizität, die die Maschine antreibt, nicht der Motor. Du bist eine Seele. Du hast einen Körper.

Geh den Begrenzungen nicht in die Falle. Betrachte Dich selbst als Seele. Fühle Dich als Seele. Verstehe und wisse, daß Deine wahre Natur grenzenlos ist. Unterschätze nie, wie sehr unsere soziale Programmierung uns gelehrt hat, von uns selbst in einer begrenzten Art und Weise zu denken. Sogar unsere Sprache führt uns vom richtigen Konzept, daß wir Seelen sind, weg, indem sie uns veranlaßt "meine Seele" zu sagen, wo es viel korrekter wäre "Ich-Seele" zu sagen. Du hast jetzt die Möglichkeit, die Fesseln der physischen Begrenzungen abzustreifen. Die wesentlichen Schritte auf dem Weg zu völliger spiritueller Freiheit sind die Erfahrung Deiner Seelennatur und die Fähigkeit, diesen Seelen-Sprung willentlich durchzuführen. Du mußt Dich nicht länger mit den physischen Begrenzungen des Körpers abfinden. Du hast jetzt erfahren, daß es etwas gibt, was darüber hinausgeht.

## *Die unbegrenzte Natur der Seele*

Dir Deine Seele zu erschließen, ist die Pforte zu den unbegrenzten Potentialen, die Dir von Geburt an zustehen. Durch diese Pforte betrittst Du ein Reich unbegrenzt beweglicher Energie. Tatsächlich bist Du Energie. Einsteins Gleichung $E = mc^2$ besagt, daß Energie dasselbe ist, wie Masse, die mit der quadrierten Lichtgeschwindigkeit malgenommen wird. Nicht mathematisch ausgedrückt bedeutet dies einfach, daß alle Dinge Energie sind, sie nur in verschiedenen Formen erscheinen. Der Stuhl ist Energie. Licht ist Energie. Du bist Energie.

Das Gesetz der Erhaltung der Energie besagt:"Energie kann weder erschaffen noch zerstört werden, nur seine Form kann verändert werden." Das bedeutet, daß Du als Energie jetzt bist, immer warst und immer sein wirst. Die einzige Frage ist, was Du mit Deiner Energie anfangen wirst. Wirst Du sie begrenzen und unterdrücken? Oder wirst Du nach Deiner Grenzenlosigkeit greifen?

Die erste Art und Weise, wie Du Dir selbst die Grenzenlosigkeit Deiner Seelenenergie beweisen kannst, ist, Dein Bewußtsein über Deine körperlichen Grenzen hinaus auszudehnen. Einer der Vorteile, die Du hast, wenn Du erkennst, daß Du eine Seele bist, die einen Körper hat, ist, daß Du Dich nicht mehr auf rein körperliche Fähigkeiten begrenzen mußt. Du hast die Fähigkeit zu verschmelzen und mit allen Dingen eins zu sein.

## *Wie Du den Fesseln des Körpers entschlüpfen kannst*

Da wir dazu neigen, uns für die abgetrennte physische Entität unseres Körpers zu halten, neigen wir dazu, uns von anderen Objekten, Menschen und Umgebungen zu trennen. Es stimmt zwar, daß dies losgelöste Einheiten aus fester Materie sind, doch kannst Du durch Deine Seelennatur eins mit allem in Deiner Umgebung sein. Du kannst mit jedem Objekt verschmelzen und es als Erweiterung Deiner selbst empfinden. Du kannst mit der Zeit immer mehr ein Teil dessen werden, was um Dich herum ist.

Wie beim Seelen-Sprung ist der Schlüssel zum Erfolg, es nicht zu sehr zu versuchen oder zu erzwingen. Entspanne Dich und fühle, erweitere Dich sanft, wobei Du eine künstliche Begrenzung nach der anderen fallen läßt. Dies erweitert nicht nur Dein Empfinden von Grenzenlosigkeit, sondern ist auch eine Brücke zu tieferen Formen medialer Wahrnehmung. Jetzt folgt der Vorgang, durch den Du diese Fähigkeit der Seele erfahren kannst:

**1.** Sitze bequem und schließe Deine Augen. Schlüpfe in Dein Entspannungs-Atemmuster und verlagere dann Deinen Fokus nach oben zu Deiner Seelenenergie.

**2.** Schwebe leicht und genieße das Gefühl Deiner Selbst, Deiner Seelennatur. Erlaube diesem Bewußtsein nach einer Weile sich auszuweiten, so daß es allmählich Dein ganzes Wesen umfaßt. Fühle, wie Dein wirkliches Ich eins mit Deinem physischen Körper wird. Fühle, wie Dein Körper sich auflöst und mit Deinem Bewußtsein Deiner selbst verschmilzt. In diesem Augenblick spürst Du Dich vielleicht das erste Mal vollständig, die Gesamtheit all dessen, was Dich selbst in Deiner Ganzheit ausmacht: Körper, Geist und Seele. Du solltest Dich wie ein großer Ball aus Bewußtsein fühlen, der sich über die Grenzen des Körpers ausdehnt, paradoxerweise aber tiefer in die Struktur Deines physischen Wesens eindringt, als Du es normalerweise erlebst.

**3.** Erlaube Deinem Bewußtsein sich auszudehnen, so daß es allmählich den ganzen Stuhl mit einschließt, auf dem Du sitzt. Fühle, wie Deine Arme mit den Armlehnen des Stuhls verschmelzen. Fühle, wie Dein Rücken sanft in die Energie des Stuhls hineinsinkt. Fühle, wie Du und der Stuhl eins werden, so daß Dein Bewußtsein nun Dich, Dein körperliches Wesen und den Stuhl umfaßt.

**4.** Wenn Du Dich einmal eins mit dem Stuhl fühlst, untersuche ihn. Wie fühlt er sich von innen an? Kannst Du all seine Teile spüren: Füße, Rückenlehne und unter dem Sitz? Kannst Du fühlen, wo der Stuhl den Boden oder den Teppich berührt?

**5.** Erlaube Deinem Bewußtsein wieder sich auszudehnen. Verschmelze dieses Mal mit dem Teppich oder Fußboden bis in alle Ecken des Zimmers. Fühle die anderen Objekte, die mit dem Fußboden in Berührung kommen, und verschmelze mit ihnen. Erforsche sie.

**6.** Wenn Du Deine Untersuchungen beendet hast, laß Dein Bewußtsein allmählich zum Körper zurückkehren. Fokussiere auf einen speziellen Teil wie z.B. die Nase, den Mund oder die Hände, und wenn Du Dich bereit fühlst, öffne Deine Augen. Bewege Dich leicht, um Deine normale körperliche Orientierung wieder herzustellen.

Viele Menschen erleben dieses Verschmelzen zufällig, wenn sie müde oder tief entspannt sind oder wenn sie meditieren. Es ist jedoch eine Fähigkeit, die erlernt werden kann, die kontrolliert werden kann und in jeder Situation und überall angewendet werden kann.

## *Wie Du die Fähigkeit Deiner Seele, mit etwas zu verschmelzen, benutzen kannst, um Sicherheitsüberprüfungen zu machen*

Eine der praktischsten Anwendungsmöglichkeiten für diese Fähigkeit des Verschmelzens Deiner Seele ist, medial die Struktur einer Maschine von innen wahrzunehmen, um defekte Stellen oder Schwächen ausfindig zu machen. Sie kann Dir helfen, das beste Produkt auszuwählen oder festzustellen, ob Reparaturen ordentlich durchgeführt worden sind. Sie kann Dir sogar helfen, potentiell lebensgefährliche Gefahren zu identifizieren. Vor einigen Jahren benutze ich z.B. die Energieverschmelzung und fortgeschrittenes mediales Wahrnehmen, um sicherzustellen, daß meine Familienreise von New York nach Arizona ohne Zwischenfälle verlief. Wir mußten in einem 7 Jahre alten Kombi fahren, und ich machte mir Sorgen darüber, wie er sich wohl auf der Reise machen würde, besonders da er mit Haushaltsdingen und einem 2 m langen, vollgepfropften Gepäckkasten auf dem Dachgepäckträger beladen werden würde.

Ich führte all die Standardsachen durch, die der gesunde Menschenverstand vorschreibt, angefangen mit einer vollständigen mechanischen Inspektion bis hin zum Ölwechsel. Doch da gab es noch eine letzte Sicherheitsüberprüfung, die ich durchführen wollte, bevor wir losfuhren. Ich wollte das Auto medial untersuchen. Während ich auf dem Fahrersitz saß, stellte ich die Einheit mit meiner Seelenenergie her, und begann mit der Struktur und dem Material des Autos zu verschmelzen. Ich ließ eine Begrenzung nach der anderen fallen und meinen Mind in die Materie des Kombi fließen. Ich floß in den Rahmen und die Karosserie und fühlte, daß sie stark und stabil waren. Ich spürte in den Motor hinein und wußte, daß er die ganze Reise lang ordentlich funktionieren würde. Zum Schluß ließ ich meine Energie in die Reifen fließen. Dort spürte ich Probleme.

Aus dem Inneren der Reifen heraus sah ich zwei Lichtspalte, die mir Schwächen anzeigten. Einer befand sich im Schlauch des rechten Vorderreifens, der andere in der Seitenfläche des relativ neuen schlauchlosen linken Hinterreifens. Nachdem ich wieder zu meiner normalen körperlichen Orientierung zurückgekehrt war, überprüfte ich alle vier Reifen optisch und prüfte in jedem den Luftdruck. Alles schien in Ordnung zu sein, aber meine medialen Eindrücke, die ich von innen gewonnen hatte, waren so stark, daß ich sie nicht ignorieren konnte. Es lief darauf hinaus, daß ich einen Ersatzschlauch für den Vorderreifen kaufte und mich entschied, die anderen zu beobachten, besonders den linken Hinterreifen.

Wenige Stunden, bevor wir New York verließen, platzte der Schlauch des rechten Vorderreifens. Der Riß war zu groß, um ihn zu flicken, doch da ich den Ersatzschlauch zur Hand hatte, mußten wir unsere Reise nicht verschieben. Während wir reisten, überprüfte ich den linken Hinterreifen noch häufiger als die anderen. Ich war hinterher dankbar, daß ich es getan hatte. In der zweiten Nacht unserer Reise zog es mich unter das Auto, und ich bemerkte einen 1 1/2 cm langen Riß in der inneren Seitenfläche. Ich war erstaunt, daß der Reifen sich noch nicht völlig aufgelöst hatte. Wäre ich am nächsten Morgen auf diesem Reifen losgefahren, hätte der Riß ihn zerfetzt. Mit dem Gewicht, das wir beförderten, wäre der Wagen mit Sicherheit umgekippt. Zum Glück erreichten wir eine Reparaturwerkstatt noch bevor sie für das Wochenende zu machte. Wir kauften einen Ersatzreifen und waren planmäßig am nächsten Tag wieder unterwegs.

Dies ist ein deutliches Beispiel dafür, wie die Fähigkeit der Seele sich auszuweiten und zu verschmelzen, direkt zu erhöhter medialer Empfindungsfähigkeit führte, die sich als unbezahlbar erwies. Überlege Dir, was diese Fähigkeit für Dich tun könnte. Stell Dir vor, wieviel zusätzliche Information, Sicherheit und Schutz sie Dir geben könnte. Suche Dir in den nächsten ein oder zwei Tagen etwas aus, woran Du üben kannst, es von innen her wahrzunehmen.

Hier ist eine Liste einiger allgemeiner Dinge, auf die Du mediales Überfliegen und Überprüfen von innen anwenden kannst:

- Kleidung (für Haltbarkeit des Stoffes, der Säume und Farbe)
- Gebrauchsgegenstände, bevor Du sie kaufst (für Defekte, die von der Garantie nicht abgedeckt werden)
- Häuser oder Wohnungen (für bauliche und Verkabelungsprobleme oder Insektenplagen)
- Gebrauchte Autos oder andere Maschinen (für Schwachstellen und bevorstehende Probleme)
- Kranke Pflanzen und Tiere (für den wirklichen Grund ihrer Fehlfunktion)
- Kinder (für die Ursache ihres emotionalen oder körperlichen Unwohlseins)

## *Wie Du mit Licht und Energie verschmelzen kannst*

Die spirituelle Energie, aus der die Seele besteht, ist erstaunlich flexibel. Mit Materie zu verschmelzen ist nur der erste Schritt dessen, was die Seele alles tun kann. Du kannst auch mit reiner Energie verschmelzen und Dein Bewußtsein in größere Tiefen erweitern. Zunächst mußt Du lernen, wie Du mit alltäglichen Energieformern verschmelzen kannst. Dann wirst Du auch die fortgeschrittene Fähigkeit der Seele zur Verschmelzung und Ausdehnung beherrschen können.

Wenn Du lernst, mit materiellen Objekten (Deinem Körper, dem Stuhl, dem Auto) zu verschmelzen und eins zu sein, erwirbst Du erste Erfahrungen mit fokussierter, gerichteter Ausdehnung. Es ist die Pforte, durch die Du weitergehen kannst, um Einheit mit dem ganzen Universum zu erfahren.

Meistens ist Deine Seelenenergie relativ fokussiert. Diese natürliche Konzentration ist notwendig, um Dir zu erlauben, durch einen physischen Körper zu wirken. Das Geheimnis kontrollierter Ausdehnung der Seele und des Erlebens der Fähigkeit der Seele, grenzenlos zu verschmelzen, ist, diesen Fokus der Seele zu entspannen. Während Du dies tust, wirst Du spüren, daß Deine Seele sich ganz natürlich immer mehr ausweitet. Je mehr Du Dich entspannst, um so weiter dehnst Du Dich aus. Du wirst einen inneren Frieden und innere Sicherheit spüren, die tiefer sind als alles, was Du jemals zuvor erfahren hast.

"Du fühlst Dich im wahrsten Sinne des Wortes eins mit allem." sagte William, der, als ich ihn das erste Mal traf, aus dem bürgerlichen Leben "ausgestiegen" war, kurz nachdem er in Betriebswirtschaft und Informatik promoviert hatte. Der Konkurrenzkampf der Geschäftswelt machte ihn angespannt und unglücklich.

William suchte zuerst Frieden durch das Studium der Weltreligionen. Er wollte sich verbunden fühlen, ein Teil des Universums, eins mit seiner Vision von Gott. William beschäftigte sich sogar mit verschiedenen östlichen Religionsgemeinschaften, doch brachte ihm das Singen von Mantras an einer Straßenecke auch keinen inneren Frieden. Schließlich löste er sich von der Gesellschaft. Nachdem er sein Hab und Gut verkauft hatte, fuhr er ein Jahr lang mit dem Fahrrad durch Amerika und suchte eine Methode, durch die er sich eins mit den Sternen fühlen konnte, die er in klaren Nächten am Himmel sehen konnte. William war fast am Ende seiner Radtour, als er einen meiner Kurse besuchte. Es faszinierte ihn, daß auch jemand anderes einen technischen Background hatte und nach Grenzenlosigkeit strebte. Diese Neugier veranlaßte ihn, immer wieder zu kommen, bis er die Meditation der Verschmelzung mit dem Universum erlernte. Danach mußte William nicht mehr suchen oder reisen. Er hatte einen Weg gefunden, um das zu erreichen, was er "zuhause" nannte. In wenigen Minuten lernte er, wie er die Grenzen seiner Seelenenergie ausdehnen konnte und die Einheit mit den Sternen erreichen konnte. Als er zurückkam, fühlte er sich mehr in Frieden als je zuvor. Was ihn am meisten erstaunte war, daß er keine Stunde meditieren oder Mantras singen mußte, und daß er nicht den perfekten Platz in den Bergen finden mußte.

Das Schlüsselerlebnis für William war, die Free Soul Technik des Verschmelzens mit Licht zu erlernen. Er konnte verstehen, daß Licht unbegrenzte Energie ist. Auf seinen Strahlen zu reiten, half ihm das erste Mal, die Begrenzungen von seinem Bewußtsein zu nehmen. “Licht gibt es überall. Ich muß nicht mehr nach einem Pfad suchen, um den Sternen folgen zu können. Ich kann sie zu mir kommen lassen, wo auch immer ich bin.” sagte er. William ist seitdem wieder in die Gesellschaft zurückgekehrt und hat eine erfolgreiche Computer Software Firma gegründet. Er kommt mit den Anforderungen gut zurecht, weil er sich zu jeder Zeit eine Pause nehmen kann, um mit dem Universum zu verschmelzen.

## *Wie Du mit dem Universum verschmelzen kannst*

Jenseits der Begrenzungen der Materie, ist die nächste Fähigkeit, die Du erlernen kannst, das Verschmelzen mit Licht. Du kannst Licht sehen, Du kannst seine Wärme spüren. Da es Dir real und vertraut ist, ist Licht die einfachste Form von Energie, mit der Du verschmelzen kannst. Du kannst buchstäblich mit allen Dingen eins sein. Diese neue Technik nimmt die Verschmelzungsfähigkeit der Seele, die Du zuvor erlernt hast, und erweitert sie in universelle Dimensionen hinein. Lies Dir folgende Anleitung durch und setze Dich dann zurück und genieße Deine Reise zu den Sternen.

**1.** Entspanne Dich, setz Dich bequem hin und schließe Deine Augen. Schlüpfe in Dein Entspannungs-Atemmuster, um Spannungen loszulassen und verlagere Dein Bewußtsein nach oben, um Dich auf Deine Seelenenergie einzuschwingen.

**2.** Wenn Du das Gefühl hast, daß Du mit Dir selbst in Harmonie bist, fang an zu spüren, wie das Licht im Zimmer auf Dich fällt. Fühle seine Wärme und seine Leuchtkraft.

**3.** Werde langsam eins mit dem Licht. Während Du fühlst, wie es um Dich herum ist und Dich durchdringt, verschmelze damit. Werde ein Teil seiner Wärme, seiner Strahlung, seiner Ausdehnungsfähigkeit.

**4.** Während Du eins mit dem Licht bist, reise mit ihm. Weite Dich in jeden Teil des Raumes aus und falle auf jedes Objekt. Gehe mit dem Licht und verschmelze mit allen Bereichen, zu denen es hinkommt. Fühle Dich eins mit jedem Teil des Zimmers und jedem Objekt, das sich darin befindet.

**5.** Fühle als nächstes, wie Dein Bewußtsein sich über das Zimmer hinaus ausdehnt und umfasse das ganze Gebäude. Nimm die verschiedenen Zimmer und Stockwerke wahr.

**6.** Steige jetzt nach oben und dehne Dich noch weiter aus. Strecke Dich aus, um die ganze Nachbarschaft wahrzunehmen und schließlich die ganze Stadt. Fühle die unterschiedlichen Teile der Stadt, wie Du sie kennst: ihr Zentrum, ihre Grenzen, die Straßen, die Parks, die Autobahnen. Fühle Dich, als ob Du Tausend Sinne hast und Dich in alle Teile der Stadt aufeinmal ausdehnen kannst. Sei eins mit der Stadt und ihren Bewohnern.

**7.** Fühle wieder, wie sich Dein Bewußtsein erweitert. Laß Dein Sein sich erweitern, bis Du ein Bundesland oder ein Land und schließlich die ganze Welt bedeckst. Fühle, wie Du selbst mit dem ganzen Globus eins wirst, wobei Du in Frieden und in Harmonie mit seinen vielen Ländern und Ozeanen bist. Genieße diese Empfindung des Einsseins mit unserem Planeten. Fühle das tiefere Verstehen und die Verwandtschaft, die Dich mit allen Menschen der Erde verbindet.

**8.** Laß immer weiter zu, daß die Grenzen sich auflösen. Laß Dein Sein sich noch weiter ausdehnen, und verschmelze mit dem Sonnensystem. Fühle die anderen Planeten und die Sonne. Dehne Dich weiter aus, über das Sonnensystem hinaus bis zur Milchstraße.

**9.** Laß Dein Sein völlig frei und fühle, wie Du mit der unendlichen Weite des Universums verschmilzt, wobei Du Dich zu jedem Teil des Kosmos ausstreckst und mit jedem Stern und jeder Galaxie eins wirst. Laß Dich schweben und genieße den totalen Frieden des totalen Einsseins mit dem Universum.

**10.** Nachdem Du diese Einheit völlig erfahren hast, bringe langsam Dein Bewußtsein zurück zur Galaxie, dem Sonnensystem, dem Planeten, Deinem Land, Deiner Stadt, dem Gebäude und Dir selbst auf dem Stuhl.

**11.** Fokussiere auf einen speziellen Teil wie z.B. die Nase, den Mund oder die Hände. Bewege leicht einen Finger oder einen Fuß, und wenn Du Dich bereit fühlst, öffne Deine Augen. Bewege Dich leicht, um Deine normale körperliche Orientierung wieder herzustellen.

Fühlt sich das nicht großartig an? Ist es nicht aufregend zu wissen, daß Du so schnell so weit gehen kannst? Einige Menschen verbringen Jahre damit zu meditieren, bevor sie die gleiche Stufe des Makrobewußtseins erreichen können. Jetzt weißt Du, wie Du jederzeit in nur wenigen Minuten in Harmonie mit dem Universum sein kannst. Je mehr Du das Verschmelzen mit dem Universum übst, umso leichter wird es. Wenn Du einmal erfahren bist in der Fähigkeit, Deine Seele auszudehnen, kannst Du schnell den Frieden der Unendlichkeit berühren, wann immer Du willst. Du kannst einen bewußtseinsmäßigen Quantensprung ausführen, wann immer Du eine höhere Perspektive benötigst. Du mußt Dich nicht mehr länger im Druck des Lebens gefangen fühlen. Erleichterung ist so nahe, wie Deine nächste 5-Minuten-Pause. Versuche es beim Mittagessen oder beim Kaffee in den nächsten Tagen und beobachte, wie erfrischt Du Dich fühlst.

Du hast jetzt gelernt, wie Du Deine medialen Sinne einschalten kannst, um Dich selbst mit Mind-Körper-Kontrolle zu heilen, um Dein Bewußtsein über alle Grenzen hinweg zu expandieren. Mit diesen Fähigkeiten bist Du wirklich über die Schwelle auf den Pfad zur Unendlichkeit gegangen. Das nächste Kapitel vervollständigt diese mediale Landkarte: es wird Dir zeigen, wie Du auf Deiner Reise weitergehen kannst und als eine unbegrenzte freie Seele leben kannst.

# 9

# *Was vor uns liegt -*
## *Die Straße zu völliger Freiheit*

Es ist 23.45 Uhr am 31. Dezember 1899, kurz vor der Jahrhundertwende. In seinem Labor sitzt George in der Zeitmaschine, die er gerade fertiggebaut hat. Vor ein paar Stunden hatte er seinen Freunden ein Miniaturmodell vorgeführt. Als es verschwand, dachten seine Freunde, es sei ein Spielzeug oder irgendeine Art Zaubertrick. Jetzt möchte George selbst in der Zeit nach vorne reisen, um zu sehen, welche Herausforderungen die Zukunft noch für die Menschheit bereithält.

Er ist zwar nervös, doch drückt er mit Entschlossenheit den Hebel nach vorne, und hinter ihm beginnt die Scheibe aus Stahl zu rotieren. Die Jahre rasen auf seinen Meßgeräten vorbei. Plötzlich beginnt sich die Maschine zu schütteln und zu schaukeln, die Meßgeräte hören auf zu funktionieren. George wird durch die Zeit geschleudert ohne zu wissen, wo er sich befindet. Unter großen Anstrengungen greift er nach vorne, packt den Kontrollhebel und zieht ihn zurück, wobei er die Maschine so plötzlich anhält, daß sie heftig trudelt und George auf den Boden wirft.

Als George wieder zu Bewußtsein kommt, findet er sich in einem großen Zimmer voller Menschen wieder, die in kleinen Gruppen zusammenarbeiten. Er geht zwischen ihnen umher, um festzustellen, in was für eine Zukunft er geraten ist. In der einen Ecke arbeiten Menschen daran, sich selbst zu heilen, ziehen Seelenenergie herunter in ihre Körper und bestrahlen ihre geschwächten Bereiche von innen. In einer anderen Ecke üben Menschen Auras zu sehen und zu reparieren. In noch einem anderen Teil des Raumes begegnet George Menschen, die medial weit entfernte Räume und Zeiten wahrnehmen. Überall hört er zwanglose Gespräche darüber, zwei-stufig zu sein: gleichzeitig das Leben in zwei ineinander verwobenen Universen zu sehen, zu fühlen und zu genießen. George wundert sich, wie weit in die Zukunft ihn bloß seine durchgegangene Zeitmaschine katapultiert hat. Diese Variation von H. G. Wells klassischer Geschichte Die "Zeitmaschine" illustriert einen Punkt der medialen Wahrnehmung, den ich hervorheben möchte. Wie weit ist George in meiner Version der Geschichte in die Zukunft gereist? Ist er im Jahr 3000? Oder im Jahr 4000? Nein, George ist hier in unserer Gegenwart, kaum ein Jahrhundert weiter, und seine Maschine ist mitten in einer Free Soul Arbeitsgruppe gelandet. Die Männer und Frauen um ihn herum sind normale Menschen wie Du, bis auf die Tatsache, daß sie die Fähigkeiten erlernt haben, die Seele zu erschließen und darüber hinaus gegangen sind.

Du stehst wie George auf der Schwelle einer Zukunft, die schon da ist. In diesem Kapitel wirst Du etwas über die neuen Fähigkeiten, die neuen Horizonte, die tieferen Dimensionen erfahren, die Deine Zukunft bereichern können, sobald Du gelernt hast, durch die Pforte zu gehen, um zu Deiner Seelenenergie Zugang zu haben. Durch die Erfahrungen der Free Soul Absolventen wirst Du erkennen, wie Du die bereits phänomenalen Fähigkeiten, die Du in den früheren Kapiteln erlernt hast, in Dein Leben einarbeiten kannst. Du wirst lernen, wie Du Deine mediale Empfindungsfähigkeit auf eine nützlichere Ebene bringen kannst. Du wirst lernen, wie Du Dir Deine Seele mit offenen Augen nutzbar machen kannst und Dein Leben in einem zwei-stufigen Bewußtsein leben kannst.

Sobald Du begreifst, daß Du eine Seele bist, und wie Du dieses höhere Bewußtsein anzapfen kannst, verändert sich Deine Perspektive: Du kannst auf zwei Ebenen gleichzeitig wahrnehmen. Dinge, von denen Du bisher dachtest, daß sie unmöglich oder magisch sind, werden einfach und verständlich. Deine Fähigkeit medial wahrzunehmen verbessert und vertieft sich. Sogar die Techniken, die Du bisher gelernt hast, werden doppelt so effektiv sein.

## *Fortgeschrittene Heilungsmethoden*

Nachdem Du weißt, wie Du Dir die Seele erschließen kannst, steigert sich unmittelbar Deine Fähigkeit, innerlich zu heilen. Dadurch, daß Du die Seele in den Körper herunter bringen kannst, kannst Du von innen eine Energie ausstrahlen, die grenzenlos mächtig ist. Ein Grund, warum Emily so erfolgreich ihre Brust heilen konnte, war der, daß sie wußte, wie sie ihre vollständige Seelenenergie in ihren Körper bringen konnte. Anstatt nur ihre Gedanken auf den Bereich der Wucherung zu projizieren, nahm sie ihre ganze Seelenenergie auf die innere Reise mit und projizierte ihre grenzenlose Energie, um die Heilung zu unterstützen.

Du kannst jetzt auch einen Seelen-Sprung durchführen und diese mächtigere Heilungsmethode anwenden. Wenn Du Deine Seele erreicht hast, und sie als eine Blase erweiterten Bewußtseins wahrnimmst, hänge geistig ein Gewicht an die Blase und laß Deine Seele nach unten in Deinen Körper hineinsinken. Die Seele erfüllt den Körper von innen, wie ein Licht in einer Flasche. Wenn Du diesen Schritt zu der inneren Heilungsmethode hinzufügst, wirst Du viel effektiver sein. Das Wissen darum, daß Du eine Seele bist, fügt jeder Fähigkeit, die Du erlernst, einen neuen Blickwinkel hinzu.

## *Eine neue Form medialer Wahrnehmung*

Eine der Tragödien unserer Welt ist, daß mediale Gaben oder außersinnliche Wahrnehmungen als unnatürliche oder sogar böse Phänomene betrachtet werden. Dieses falsche Konzept entsteht als Nebenwirkung aus dem Glauben, daß wir ein Körper sind, statt daß wir eine Seele sind, die einen Körper hat. Wenn Du glaubst, daß Du Dein physischer Körper bist, betrachtest Du nur deine körperlichen Sinne als “normal”. Alles andere erscheint fremd, mystisch oder sogar furchterregend. Wenn Du glaubst, daß Du eine Seele bist, wird Deine Wahrnehmung dessen, was "normal" ist, so grenzenlos wie Deine Seele selbst.

Es ist an dieser Stelle wichtig, nochmals verschiedene wesentliche Gedanken anzuschauen und zu hervorzuheben, die den grundsätzlichen Rahmen dieser neuen Perspektive ausmachen:

●Der physische Körper existiert in der physischen Welt und besitzt seine eigenen Sinne, um Aspekte der physischen Welt wahrnehmen zu können.

●Du empfängst, verstehst und verwendest diese Wahrnehmungen als natürliches Ergebnis der Seelen-Körper Beziehung.

●Genauso natürlich ist die Fähigkeit der Seele unabhängig vom Körper wahrzunehmen. Diese Sinne der Seele sind es, die mediale Gaben oder außersinnliche Wahrnehmungen (ESP) genannt wurden. Genauer gesagt sind es Wahrnehmungen der höheren Sinne oder HSP (higher sensory perceptions), und sie sind genauso natürlich wie Deine körperlichen Sinne, obwohl sie weitaus weniger begrenzt sind. Es gibt nichts besonderes an ihnen. Da jeder von uns eine Seele ist, stehen uns die Sinne der Seele zur praktischen Anwendung zur Verfügung.

●Die natürliche Art und Weise der Seele, die spirituellen Aspekte der Umgebung, d.h. die Energiemuster, die Schwingungen, das zugrunde liegende Gefühl wahrzunehmen, ist durch die medialen Sinne. Dadurch, daß Du Dir diese medialen Sinne völlig erschließt, erhöhst Du Dein Bewußtsein und beginnst die unbegrenzten Möglichkeiten zu leben, die Du als Seele hast.

Bis zu diesem Zeitpunkt ist Dir nur beigebracht worden, medial durch den Körper wahrzunehmen, indem Du die übersinnlichen Wahrnehmungsbereiche benutzt. Eigentlich braucht die Seele die übersinnlichen Wahrnehmungsbereiche nicht, um sich medial auf etwas einzustimmen. Es ist am Anfang leichter, mediale Empfindungsfähigkeit durch die übersinnlichen Wahrnehmungsbereiche zu erlernen, da diese die stärksten Fokuspunkte innerhalb des Körpers sind. Sobald Du aber in der Lage bist, die Frequenzen der medialen Sinne wahrzunehmen, brauchst Du die übersinnlichen Wahrnehmungsbereiche nicht mehr, um auf ESP umzuschalten. Du kannst als Seele direkt medial wahrnehmen.

## *Die Erfahrung direkter medialer Empfindungsfähigkeit*

In den vorangegangenen Kapiteln hast Du die vier ESP Kanäle kennengelernt, die Dir zur Verfügung stehen. Jetzt, da Du bereits etwas Erfahrung mit ihnen hast, und auch weißt, wie Du Dir Deine Seelennatur erschließen kannst, kannst Du die körperlichen übersinnlichen Wahrnehmungsbereiche weglassen. Du kannst auf diesen vier Frequenzen wahrnehmen, indem Du eine Verlagerung nach oben zu Deiner Seele durchführst.

Die Technik, die unten beschrieben wird, macht es Dir möglich, diese fortgeschrittene Form medialer Empfindungsfähigkeit zu erleben. Bevor Du anfängst, mach Dir nochmals klar, daß Du bereits im letzten Kapitel die Erfahrung gemacht hast, als Seele medial wahrzunehmen. Als Du diese letzte Verlagerung Deines Fokus' durchgeführt hast, kam Dein physischer Körper nicht mit. Die Eindrücke, die Du während des Seelen-Sprungs und des Verschmelzens empfangen hast, hast Du über die Sinne Deiner Seele wahrgenommen. Lerne jetzt, diese Fähigkeit noch besser zu kontrollieren:

**1.** Entspanne Dich, sitze oder liege bequem und schließe Deine Augen. Wiederhole die Schritte, die Du gelernt hast, um die Verlagerung zur Seele durchzuführen. Blende langsam Deine Umgebung aus und fokussiere Dein Bewußtsein mehr auf Dich selbst. Verlagere stetig den Fokus nach oben durch die verschiedenen Teile Deines Körpers hindurch, bis Du den Kopfbereich erreichst. Führe dann, wie zuvor, die letzte Verlagerung nach oben und nach draußen durch.

**2.** Fühle noch einmal die entspannte Ruhe Deiner Seelenenergie. Nimm Dir einen Moment Zeit, um ihre friedvolle Grenzenlosigkeit zu genießen. Spüre, wie sich Dein Bewußtsein anders anfühlt, wie sein Raum unermeßlich zugenommen hat und sein Gesichtskreis durchdringender ist.

**3.** Lege Deine Aufmerksamkeit zuerst auf die Fähigkeit Deiner Seele zu sehen. Schwing Dich auf Dein mediales Sehen ein. Werde Dir, ohne es zu sehr zu versuchen oder zu erzwingen, sanft Deines 360 Grad Sehvermögens bewußt, welches Dir auf dieser höheren Ebene zur Verfügung steht. Schau, welche Bilder oder Eindrücke Du wahrnehmen kannst. Achte auf die Sanftheit, auf die flüchtigere Qualität dieses Sehens der Seele im Gegensatz zum körperlichen Sehen.

**4.** Achte dann als nächstes auf den Sinn, mit dem Du medial fühlst. Fühle, daß dieser Sinn wie eine riesige Antenne ist, die um Dich herum Schwingungen aufnimmt. Erlebe die Tiefe dieser Empfindung im Gegensatz zum physischen Fühlen. Fühle die kleinen Wellen des Universums um Dich herum und durch Dich hindurch fließen.

**5.** Schwinge Dich als nächstes auf Deine Hellhörigkeit ein (Hören/zuhören). Versuche nicht so sehr etwas zu hören, sondern höre einfach zu und empfange Wahrnehmungen. Vergleiche diese Eindrücke mit denen Deines körperlichen Gehörs.

**6.** Finde schließlich Zugang zu Deinem Seelensinn des Wissens, der Intuition. Entspanne Dich, sei Dir der Fähigkeit der Seele bewußt, bewußt zu sein, und sei ein offener Trichter in den Kosmos hinein.

**7.** Bringe Deinen Fokus zum Zentrum Deiner Seelennatur zurück und erfahre die erhöhte Empfindungsfähigkeit, die Dir über Deine vier Seelensinne zur Verfügung steht. Laß zu, daß Du über alle vier medialen Kanäle gleichzeitig wahrnimmst, und erfahre die vollständige Wahrnehmung einer Seele.

**8.** Wenn Du fertig bist, verlagere Deinen Fokus allmählich zurück, mehr in den Körper hinein. Wenn Du Dich wohl fühlst, öffne Deine Augen. Bleibe entspannt und regungslos. Ohne Deine Augen zu schließen, oder speziell Deinen Fokus auf die Seele zu legen, fange nochmals die gleichen Gefühle des erweiterten Bewußtseins und der

Empfindungsfähigkeit ein, die Du gerade erlebt hast. Erkenne, daß diese Fähigkeiten Dir zu jeder Zeit zur Verfügung stehen.

Je mehr Du übst, als eine Seele wahrzunehmen, umso einfacher wird es, Dich medial einzuschwingen, ob mit oder ohne Körper. Du mußt nicht länger nur über die übersinnlichen Wahrnehmungsbereiche wahrnehmen. Das Wissen darum, wie Du als Seele direkt wahrnehmen kannst, macht es auch leichter, die ESP -Kanäle zu wechseln. Du kannst schnell durch alle 4 Frequenzen hindurch schalten, um Mitteilungen zu vergleichen oder einen unklaren Eindruck zu verifizieren. Wenn es Deine Situation erfordert, daß Du körperlich völlig anwesend sein mußt, kannst Du noch immer Deine übersinnlichen Wahrnehmungsbereiche benutzen, um die medialen Wahrnehmungen um Dich herum zu verstärken. Wenn volle körperliche Konzentration nicht notwendig ist, kannst Du direkt als Seele wahrnehmen. In diesen Fällen wirst Du herausfinden, daß Deine medialen Sinne stärker sind und weniger von den elektrostatischen Einflüssen und Störungen des Körpers verdeckt werden.

Am Anfang können Deine Wahrnehmungen vage und verschwommen sein, das kommt jedoch daher, daß Du es nicht gewohnt bist, Dich in der Dimension der Seele zu bewegen. Wenn Du übst, als Seele wahrzunehmen, werden die Bilder schärfer und die Wahrnehmungen klarer werden. Zwei-Weg Kommunikation wird möglich. Du kannst über die höheren Seelenkanäle nicht nur Information empfangen, Du kannst auch Nachrichten über sie senden.

## *Kommunikation auf der Ebene der Seele*

Bereits als junges Mädchen wußte Ann Stacy Russell, wie man auf der Seelenebene wahrnehmen und kommunizieren kann. Sie half früher ihrer Mutter verlegte Dinge wiederzufinden, indem sie die Verlagerung nach oben durchführte und medial schaute.

Immer wieder fand Ann die Brille oder die Schlüssel ihrer Mutter, indem sie sich auf einer Seelenperspektive auf sie einschwang und wahrnahm, von welchen anderen Dingen sie umgeben waren, oder in welcher Umgebung sie sich befanden. Dadurch bekam sie ein Bild davon, wo sie hingehen mußte, um den verlorenen Gegenstand zu finden.

Heutzutage sind ihre Talente durch Free Soul Studien noch erweitert und sie setzt die Seelenebene sowohl zum Kommunizieren als auch zum Empfangen ein, besonders bei ihrer Arbeit als Pflegerin von zwei älteren Damen. Sowohl Bertha und Doreen leiden unter fortgeschrittenen Alter. Sie hören nicht mehr so gut und ihre sprachlichen Fähigkeiten haben sich verschlechtert. Ann hat herausgefunden, daß Bertha und Doreen sie besser verstehen, wenn sie ihre Gedanken von der Seelenebene aus medial projiziert, während sie mit ihnen spricht. Wenn die beiden Damen sprechen, macht Ann einen Seelen-Sprung, um zuzuhören.

Manchmal sitzt sie einfach bei ihnen und tauscht mit Bertha und Doreen Gedanken aus, hält ihre Hand und ist von Seele zu Seele mit ihnen verbunden, um ihnen Wohlbefinden und Frieden zu bringen. Dieser erweiterte Kontakt scheint ein zusätzliches Gefühl von Sicherheit in das Leben von Bertha und Doreen zu bringen.

In jeder Situation, in der die körperliche Kommunikation zusammenbricht, kann man dadurch Abhilfe schaffen, daß man von der Seelenebene aus wahrnimmt und sendet. Du kannst, genau wie Ann, die medialen Sinne der Seele benutzen, um die Alten und Schwachen besser zu erreichen. Mütter machen dies oft instinktiv mit ihren kleinen Kindern. Das Verfahren wird jedoch verbessert, wenn ein Elternteil bewußt einen Seelen-Sprung macht und den Kontakt lenkt.

## *Kommunikation vor der Geburt*

Es ist sogar möglich auf diese Art und Weise mit einem ungeborenen Kind zu kommunizieren. Dies wurde mir auf besondere Weise klar, als meine Frau Debbie mit unserem ersten Sohn Brian schwanger war. Sowohl Debbie als auch ich fühlten bereits vor seiner Geburt eine besonders enge Verbindung mit der Seelenenergie von Brian. Als Teil ihrer pränatalen Vorbereitungen meditierte Debbie regelmäßig und machte Biofeedback-Arbeit mit dem Fötus. Ich schwang mich geistig häufig ein, um meinen Sohn zu besuchen und ihn willkommen zu heißen.

Als ich in einer Woche in einem anderen Bundesland auf Geschäftsreise war, hatte ich zwischen den Terminen etwas Zeit übrig. Da es an der Zeit war, daß Debbie und ich einen Namen für das Kind aussuchten, entschied ich mich, meinen Sohn zu besuchen und ihn zu fragen, wie er heißen wollte. Ich meditierte in meinem Hotelzimmer, machte einen Seelen-Sprung und reiste astral nach Arizona zurück. Ich verband mich mit dem Bewußtsein, welches ich als die Energie meines Sohnes wiedererkannte und fragte:"Welchen Namen möchtest Du haben?" Ich sah und hörte ganz deutlich den Namen:"Brian."

Als ich später in dieser Woche nach Hause zurückkehrte, erzählte ich Debbie von meiner Erfahrung. Sie war sehr erfreut, da sie auf einer ihrer inneren Reisen in den Uterus ebenfalls gefragt hatte:"Welchen Namen hättest Du gerne?" und intuitiv: "Brian." wahrgenommen hatte. Die Erfahrung war besonders bemerkenswert, da Debbie und ich uns vorher nicht über Namen für das Kind unterhalten hatten, und keiner von uns in der Familie jemand hatte, der Brian hieß. Der Name war eindeutig Brians eigener Wunsch.

Diese frühen Kommunikationslektionen gingen für Brian weiter. Da es meine Arbeit oft mit sich bringt, daß ich für Wochen oder einen Monat auf Reisen bin, habe ich Brian beigebracht, auf Seelenebene zu kommunizieren. Noch bevor er drei Jahre alt war, konnte er mich mental erreichen, wann immer er sich einsam fühlte. Als Debbie sich einmal schlecht fühlte und mich vermißte, sagte Brian:"Mama, Du solltest Dich mit Dad mehr in Deinen Gedanken unterhalten, wie ich es tue. Dann wirst Du ihn nicht vermissen."

## *Zwei-stufiges Bewußtsein: Ein Quantensprung des Bewußtseins*

Du mußt die körperliche Empfindungsfähigkeit nicht opfern, um Dir die tiefen Fähigkeiten der Seele zu erschließen. Du kannst beides gleichzeitig benutzen. Das ist es, was ich als zwei-stufiges Bewußtsein bezeichne. Zwei-stufiges Bewußtsein bedeutet, daß Du in der Lage bist, sowohl in als auch über der Ebene der materiellen Welt gleichzeitig wahrzunehmen. Das ähnelt einem Taucher, dessen Maske genau an der Oberfläche ist, so daß er gleichzeitig über Wasser und unter Wasser sehen kann. Wenn Du das zwei-stufige Bewußtsein beherrschst, mußt Du nicht mehr Deine Augen schließen oder meditieren, um höheres Bewußtsein und tiefe Seelenfähigkeiten zu erreichen. Du kannst Deinen täglichen Angelegenheiten nachgehen, während Du Dir zur gleichen Zeit den zusätzlichen Dimensionen bewußt bist, die Dir als reine Seelenenergie zu Verfügung stehen.

Es ist nicht schwer oder kompliziert, dieses zwei-stufige Bewußtsein zu erlernen. Alles, was Du brauchst, ist die Entschlossenheit, die folgende Technik zu praktizieren, bis Du sie fest unter Kontrolle hast.

**1.** Entspanne Dich, sitze bequem und schließe Deine Augen. Wiederhole die Schritte, um Dich in Deine Seele nach oben zu verlagern. Während Du die letzte Fokusverlagerung durchführst, fühle, wie Dein Sein sich ausdehnt, während Du Dein volles Potential spürst. Bleibe einen Moment lang an diesen Punkt, und fühle die Grenzenlosigkeit, die Dein vollständiges Selbst ist.

**2.** Während Du Deinen Fokus im Seelenbereich aufrechterhältst, öffne Deine Augen. Schau Dir Deine Umgebung an, doch sei Dir in erster Linie Deiner selbst als Seele bewußt. Wenn Du das Gefühl bekommst, daß Du die Kontrolle darüber verlierst, (Du könntest spüren, wie Dein Fokus sich wieder in den Kopfbereich verlagert) schließe kurz die Augen und verlagere Deinen Fokus wieder nach oben zur Seele. Öffne dann Deine Augen, und fühle, wie Du länger in der Lage bist, den zwei-stufigen Zustand aufrecht zu erhalten.

**3.** Stehe als nächstes auf, wobei Du den größten Teil Deines Bewußtseins in Deinem Seelenbereich behältst. Wenn Du fühlst, wie Dein Fokus sich verschiebt, schwinge ihn wieder ein, indem Du Dein Bewußtsein des Bereiches über und leicht hinter dem Kopf verstärkst. Oder, wenn es notwendig sein sollte, schließe Deine Augen, fokussiere erneut und öffne die Augen wieder. Hab keine Angst davor, Deinen Fokus zu verlieren oder davor, daß das Bewußtsein Deiner Seele ein bißchen verrutscht. Erwarte, daß erstens das Gefühl weniger intensiv ist als mit geschlossenen Augen (da Deine anderen physischen Sinne auch Aufmerksamkeit fordern). Erkenne, daß zweitens eine der Absichten dieser Technik die ist, Dich darin zu üben, Dich von einem Zustand mit offenen Augen, in dem Du physisch aktiv bist, auf Deine Seelennatur einschwingen. Versuche Dein Seelenbewußtsein beizubehalten, aber wenn Du es verlierst, übe einfach Deine Kontrolle und fokussiere erneut.

**4.** Versuche langsam im Zimmer umherzugehen, während Du das Bewußtsein Deiner Seelenenergie aufrecht erhältst. Wenn Du anfängst, den Fokus zu verlieren, halte einen Moment an, schwing Dich erneut ein und mach dann weiter. Laufe allmählich schneller und experimentiere damit, wie lange es dauert, bis Du Dein Seelenbewußtsein verlierst, oder es schwächer wird. Werde dann langsamer und fokussiere erneut, wobei Du langsamer läufst.

**5.** Nimm Dir zum Schluß Zeit, Seelenbewußtsein mit geöffneten Augen während körperlicher Arbeit zu üben. Geh wenn möglich nach draußen und laufe in einer sicheren Umgebung oder in Hallen und Gebäuden umher. Hab keine Angst, die Dinge um Dich herum anzuschauen oder zu berühren. Erhöhe allmählich den Grad der Beschäftigung mit der Umgebung, während Du die gleiche Bewußtheit und das gleiche Gefühl Deiner Seelennatur beibehältst. Du kannst auch üben, von diesem zwei-stufigen Zustand aus zu verschmelzen und medial wahrzunehmen.

**6.** Wenn Du bereit bist aufzuhören, verlagere Deinen Fokus mehr in Deinen physischen Körper und berühre einen Teil Deines Gesichtes. Beuge und strecke Deine Finger schnell, um Dir zu helfen, Dich wieder zu erden, und schlage Deinen Kopf ein paar Mal leicht, um Deine normale körperliche Orientierung wieder herzustellen.

Dies ist nur eine erste Erfahrung damit, Dir Deine Seele zu erschließen, während Du mit geöffneten Augen Aktivitäten nachgehst. Aber es gibt keine Grenzen dabei. Je mehr Du es kontrollierst, desto mehr wirst Du feststellen, daß Du ein doppeltes Bewußtsein Deiner physischen und spirituellen Natur aufrechterhalten kannst, egal wie weit Du mit physischen Dingen beschäftigt bist. Je mehr Du in alltäglichen Aktivitäten Dein Bewußtsein zu Deiner Seele nach oben verlagerst, umso mehr wird sich Deine Fähigkeit verbessern, dabei ESP anzuzapfen. Du wirst ein größeres Gefühl spiritueller Ruhe finden, wenn Du mit dem Wissen durch den Tag gehen kannst, wie Du Dich auf Deine Seelenenergie einschwingen kannst.

## *Wie Du Nirwana durch zwei-stufige Bewußtheit berühren kannst*

Das Erschließen Deiner Seele mit offenen Augen ist eine Einführung in zwei-stufige Bewußtheit. Der nächste Schritt ist, zweistufiges Verschmelzen zu erfahren. Folge der Anleitung, um eine kleine Verschmelzung mit dem Universum mit offenen Augen zu erreichen, und bewege Dich dann im Zimmer umher. Fokussiere auf das Verschmelzen mit den Objekten um Dich herum. Fühle mit jedem Schritt, den Du machst, wie Dein Fuß mit dem Fußboden oder dem Teppich harmonisiert. Während Du an einem

Objekt oder einer Pflanze vorbeigehst, erweitere Dein Sein und sei eins mit ihr. Laufe weiter und verschmelze dabei, bis Du wirklich umhergehst und eins mit allen Dingen um Dich herum bist.

Viele Männer und Frauen, vielleicht auch viele von Euch, die dies hier lesen, verbringen Jahre damit, zu versuchen, diese Nirwana-ähnliche Erfahrung des Gehens in Einheit mit allem zu erreichen, da es eine schöne und beinahe religiöse Erfahrung ist. Doch ist es nur eine von vielen Fähigkeiten, die sich Dir durch zwei-stufige Bewußtheit eröffnen werden. Hab nicht den Eindruck, es sei die endgültige Fähigkeit. In Free Soul benutzen wir den Ausdruck "verschiedene Fähigkeiten für verschiedene Situationen". Zwei-stufig zu verschmelzen, wäre z.B. nicht die Fähigkeit, die Du anwenden würdest, wenn Du eine viel befahrene Straße überquerst. Du könntest dauerhaft mit einem Bus verschmelzen! In erster Linie ist das zwei-stufige Verschmelzen eine ausgezeichnete Methode, um viel Frieden in Deine geschäftigen Tage zu bringen.

Die vielen Facetten des zwei-stufigen Bewußtseins bringen die unbegrenzten Potentiale der Seele in alle Bereiche Deines Lebens hinein. Du kannst nicht nur Deine unbegrenzte Energie anzapfen, Du kannst auch tiefere Ebenen der Kreativität und der medialen Empfindungsfähigkeit erreichen. Wenn Du als Seele medial auf zwei-stufige Art und Weise wahrnimmst, verbessert dies immer Deine ESP-Fähigkeiten. Die vier Anekdoten, die ich jetzt erzähle, werden Dir zeigen, wie das zwei-stufige Bewußtsein und das Leben als Seele den Erfolg und die Qualität Deines Lebens steigern können.

## *Das Lösen von Problemen durch zwei-stufiges Bewußtsein*

Scott Maley arbeitet für eine internationale technische Beratungsfirma in Oklahoma City. Scotts hauptsächlicher Verantwortungsbereich als Computer-Systemanalytiker ist, Störungen ausfindig zu machen. Er kommt Firmen zu Hilfe, die hoffnungslos in Gordische Knoten von Computerausfällen und Fehlfunktionen verstrickt sind. Scott ist dadurch, daß er durch zwei-stufiges Bewußtsein vollen Zugang zu seinem Potential hat, ein erstklassiger Problemlöser. Er wird normalerweise nur vor Ort geschickt, wenn andere Experten versagt haben.

Scott benutzt sein zwei-stufiges Bewußtsein, um ihm zu helfen, komplexe technische Probleme schnell und ohne Komplikationen zu lösen. Bevor er Free Soul Student und dann Ausbilder wurde, kaute er Probleme immer wieder durch, bis er erschöpft war. Zwei-stufiges Bewußtsein hilft ihm, diesen Prozeß wesentlich zu verkürzen.

“Wenn ich einen Seelen-Sprung mache,” sagt er, “fließen die Schlüsseldaten und möglichen Lösungen einfach in meinen Mind.” Beispielsweise wurde Scott kürzlich die Aufgabe übertragen, die Maschinen, die Software und das Personal kritisch zu untersuchen, die mit verteilten elektronischen Testausrüstungen für Flugzeuge arbeiteten. Es hätte leicht Jahre in Anspruch nehmen können, die Mengen an Daten und die möglichen Fehlerquellen im Netzwerk zu untersuchen. Scott fand dadurch, daß er das Problem zwei-stufig anging, intuitiv das Zentrum des Problems. Das Ergebnis war ein 40-seitiger Bericht, der in zwei Monaten fertiggestellt war und welcher Informationen und Lösungen enthielt, die anderen zwei Jahre lang entgangen waren.

## *Die medialen Erfolgsschlüssel eines Verkäufers*

Zwei-stufiges Bewußtsein ist auch in der Geschäftswelt sehr wirkungsvoll. Wie mit allen Dingen ist es so, daß je mehr Fähigkeiten Dir zur Verfügung stehen, umso eher hast Du Erfolg. John Duker, ein Free Soul Ausbilder in Washington D.C. ist im ganzen Bundesgebiet der Vertriebsleiter einer Firma für Datenkommunikation. Grundsätzlich ist er ein High-Tech Verkäufer. Johns Ingenieurs Hintergrund und seine warme Persönlichkeit machen seine Eignung für diesen Job aus. Er trägt jedoch seinen Teil zum Erfolg bei, indem er seine medialen und Seelenfähigkeiten während Verkaufsgesprächen und -präsentationen anwendet.

John schwingt sich medial ein, bevor er das Büro verläßt. Er geht zwei-stufig alle medialen Kanäle durch und macht manchmal eine Seelenreise, um den Interessenbereich seiner Kunden wahrzunehmen und festzustellen, welche technischen Daten ihren Interessen am meisten entsprechen. Auf diese Art und Weise vorbereitet, weiß er genau, welche Unterlagen er zu einem Geschäftsbesuch mitnehmen muß. Er nimmt sich auch die Zeit, um Energie für ein erfolgreiches Treffen zu projizieren. Wenn er keine Termine hat, sucht John medial sein Gebiet ab, um zu sehen, welche Klienten heute die besten Gelegenheiten für Geschäfte bieten. Wenn er sich mit vielversprechenden Klienten trifft, führt John einen Seelen-Sprung durch, um zwei-stufig herauszufinden, wie er am besten mit ihnen kommunizieren sollte oder um unausgesprochene Fragen oder Einwände, die sie haben, in Erfahrung zu bringen. Auf diese Weise kann John Interessen ansprechen, von denen er sonst nichts gewußt hätte. "Allein diese Fähigkeit hat in vielen Verkäufen schon den Ausschlag gegeben." sagt John. "Wenn die Klienten sehen, wie ich ihre Bedürfnisse oder Probleme im voraus erkenne, vermittelt ihnen das Vertrauen, daß ich ihnen guten Service liefern kann. Die Qualität meines Produktes besorgt dann den Rest."

John hört auch darauf, worüber er nicht reden sollte. Als er z.B. eine Präsentation bei einem Marine Korps machte, die Computer

Schnittstellen haben wollten, nahm John intuitiv wahr, daß er nicht erwähnen sollte, daß eine andere Hauptgeschäftstelle der Marine sich auch für sein Produkt interessierte. Erst später erfuhr John, daß es persönliche Meinungsverschiedenheiten zwischen den beiden Kommandanten der Hauptgeschäftsstellen gab. Hätte John jeweils den anderen wissen lassen, daß sich der eine für sein Produkt interessierte, hätte wahrscheinlich keiner von beiden für das Produkt unterschrieben. Letztendlich bekam John beide Bestellungen und die beiden Hauptgeschäftstellen waren dadurch besser bedient, daß sie die gleichen Komponenten gekauft hatten.

Die Immobilienmaklerin Gail Johnston benutzt ihre zwei-stufige Bewußtheit jeden Tag bei ihrer Arbeit. "Wenn viel versprechende Hauskäufer mir erzählen, wo sie leben wollen und was für eine Art von Haus sie haben wollen, druckt mein Computer, der verschiedenste Listen ausdrucken kann, z.T. bis zu hundert Häuser aus, die auf die Spezifikationen passen," sagt Gail. "Kein Klient möchte sich Zeit nehmen, so viele Möglichkeiten besichtigen. Wenn ich nicht ziemlich schnell das 'perfekte' Haus finde, geht der Klient zu einem anderen Makler."

Um den Erfolg sicherzustellen, schaltet Gail nach oben zum zweistufigen Bewußtsein um, während sie die umfangreichen Listen durchgeht. "Ich bin immer in der Lage ein halbes Dutzend Häuser auszusuchen, von denen ich denke, daß sie eine Besichtigung wert sind und eines davon entpuppt sich immer als dieses perfekte' Heim." sagt Gail. Während der Zeit, in der sie eine aktive Immobilienmaklerin war, war sie eine der besten Verkäuferinnen in ihrer Firma und jeder ihrer Verträge wurde auch in einen erfolgreichen Abschluß verwandelt. Hört es sich ein bißchen weit hergeholt an, mediale und Seelenfähigkeiten in der Geschäftswelt einzusetzen? Für die Washington Post auf jeden Fall nicht. In einem kürzlich erschienen Artikel über Methoden, um die vollen Potentiale des Minds zu erschließen, schilderte Post Reporter Don Oldenburg in groben Zügen die Techniken, die von der Geschäftsabteilung von Free Soul, 'Unbegrenzte Erfolgspotentiale', gelehrt werden. Er begann seinen

Artikel sogar damit, die Free Soul Ausbilderin Elaine Gibbs aus Fort Worth, Texas zu zitieren, die ihre zwei-stufigen Fähigkeiten als Vorstandsvorsitzende einer Vertriebsgesellschaft für einen großen Hersteller anwendet:"Es funktioniert in einem geschäftlichen Rahmen. Und das ist das wichtigste." sagt sie.

## *Eine Wissenschaftlerin erneuert ihre Liebe für die Erde*

Zwei-stufige Energie-Verschmelzung erhöht auch die Freude bei der Arbeit. Suzanne Dwyier ist eine promovierte Geologin im Amerikanischen Innenministerium. Vor ihrem Free Soul Training war sie dabei, die Liebe für ihre gewählte Lebensaufgabe zu verlieren. Der technische Druck und der bürokratische Ärger, den es mit sich brachte, eine der wenigen dienstälteren weiblichen Geologinnen zu sein, machten Suzannes Karriere eher streßreich als angenehm.

Das zwei-stufige Verschmelzen veränderte dies, als Suzanne anfing, mit der Erde auf ihren Feldforschungen energetisch zu verschmelzen. Jahre lang war die Forschungsarbeit in zerklüfteten Landschaften für sie nur Arbeit gewesen, die sie erledigen mußte. Jetzt waren die einst schwierigen Wanderungen wieder genüßliche Spaziergänge, bei denen sie sich an der Schönheit der Natur und der Erde erfreuen konnte.

Suzannes zwei-stufige mediale Fähigkeiten helfen ihr außerdem, die geologischen Proben zu finden, die sie braucht. In einem Fall benötigte sie nur zehn Minuten, um medial den von Pflanzen verdeckten Eingang zu einem lang verlassenen, kleinen Bergwerk zu finden. Sie schätzt, daß sie sonst Tage gebraucht hätte, um Stück für Stück das 5 Quadratmeilen große Gelände zu untersuchen.

## *Wie die Seele benutzt werden kann, um Gedanken zu übertragen*

Die Seele als Energie ist nicht nur ein passiver Empfänger, sie ist genauso ein Sender. Je mehr Du Deine Seele erforschst, umso leuchtender wird ihre Energie. Du kannst ein Leitstern werden, der die Liebe und das erhöhte Bewußtsein, die Du erreicht hast, ausstrahlt. Die Auras der Männer und Frauen, die die Fähigkeit des Seelen-Sprungs beherrschen, reflektieren die Erhöhung ihrer Seelenenergie. Du kannst das spüren, wenn Du in ihrer Umgebung bist.

Denke an Menschen, die, wenn sie mit Dir zusammen sind, Dich inspirieren, Deine Aufmerksamkeit auf Themen zu richten, die für die Menschheit von Wichtigkeit sind und bei denen Du die trivialen alltäglichen Belange hinter Dir läßt Du erlebst die Berührung ihrer erhöhten Seelenenergie, eine Berührung, die Dich anregt in den gleichen höheren Frequenzen zu schwingen. Dies ist eine Art und Weise, auf die spirituelle Führer die Menschen berühren, die sie inspirieren. Die Strahlung ihrer Seelenenergie begünstigt Erleuchtung.

Die Fähigkeit der Seele bewußtseinserweiternde Wirkungen auszustrahlen, ist nicht nur auf spirituelle oder religiöse Fragen beschränkt. Sie ist auch nicht in ihrer Reichweite beschränkt oder in der Zahl der Menschen, die sie erreichen kann. Sobald Du weißt, wie Du das Leben als Seele leben kannst, kannst Du positive Gedanken ausstrahlen, die jeder empfangen kann. Du kannst Energie lenken, um Dein Leben, Deine Arbeit und sogar Deine Gemeinde zu unterstützen.

Richmond ist eine kleine ländliche Gemeinde nördlich von Detroit mit den Problemen einer großen Stadt. Dort leben weniger als 4000 Menschen, jedoch wurden 1986in einem halben Jahr 4 Teenager in Unfällen getötet, bei denen Alkohol im Spiel war. Eine erschreckende, aber keineswegs neue Statistik, denn Richmond hatte in den vorangegangenen Jahren eine ähnlich überproportionale Anzahl dieser Tragödien erlebt. Dennoch gab es wenig Forderungen, daß etwas getan werden sollte, um sie zu vermeiden.

Bei ihrer Arbeit als Spezialistin gegen Drogenmißbrauch war Barb West verantwortlich dafür, in den Gemeinden Gruppen zu organisieren, die in den örtlichen Richtlinien positive Veränderungen initiieren. Ihre Bemühungen, diese Arbeit in Richmond durchzuführen, wurden jedoch zurückgewiesen. Was Barb auffiel, war die überall in der Gemeinde vorhandene Einstellung der Hoffnungslosigkeit. Als Free Soul Ausbilderin entschied sich Barb, ihre Seelenfähigkeiten einzusetzen, um eine Veränderung zu bewirken.

In einem Telefongespräch mit einer Lehrerin an der höheren Schule, hörte Barb medial etwas, daß helfen würde, Richmond umzudrehen. Während die Lehrerin ihr eigenes Gefühl von Frustration beschrieb, welches von den Tragödien der Todesfälle ihrer Schüler und durch die fehlende Anteilnahme der Gemeinde verursacht wurde, wurde sich Barb eines Hochfrequenz-Tons bewußt, der häufig ihren Hellhörigen Eindrücken voranging. Dann hörte sie deutlich die Worte:"Richmond ist besorgt." Augenblicklich fühlte sie, wie eine Aura von Vertrauen und Überzeugung sie umhüllte. Sie wiederholte den Satz schnell der Lehrerin gegenüber und ließ ihn in ihrem Mind und in ihrer Seele nachschwingen.

Barb war wirklich besorgt. Und sie wußte, daß die Schwingung des Sich-Kümmerns eine mediale Frequenz war, die projiziert werden konnte, um die "Fürsorge"-Zentren in anderen zu erreichen. Obwohl sie mit nichts anderem als dieser medialen Waffe ausgerüstet war, entschied sich Barb, es mit dem Goliath der Apathie in Richmond aufzunehmen. Auch ohne die anfängliche Unterstützung der Gemeinde zu haben, würde sie versuchen, die Einstellung einer ganzen Stadt zu verändern.

Barbs erster Schritt bestand daraus, in der Stadt ein Treffen wegen der vier toten Jugendlichen zu organisieren. In ihren Briefen an die örtliche Zeitung und während ihrem ständigen Telefonieren wieder holte sie immer wieder die Worte:"Ich weiß, daß Richmond besorgt ist." Sie sprach die Worte nicht nur aus, sondern projizierte sie auch zwei-stufig mit jeder Faser ihrer Seele. 65 Menschen kamen zu der ersten Versammlung. In ihrer Rede fuhr Barb fort sich auf das Schlüsselwort "Fürsorge" zu konzentrieren. Sie wiederholte es häufig, bei jeder Gelegenheit sendete sie es von ihrer Seelenebene aus. Sie strahlte ihre Überzeugung aus, daß sie, obwohl sei eine Außenseiterin war, wußte, daß Richmond um seine Kinder besorgt war.

Trotz der anfänglichen Probleme, nahm ein Bürgerkommitee es mit der schwierigen Aufgabe auf, die langbestehende Einstellung der Gemeinde "Was kann ich denn daran ändern?" umzudrehen. Allmählich griffen Barbs zwei-stufige Übermittlungen. Immer mehr Menschen beteiligten sich an der Kampagne. Barb strahlte weiterhin das Gefühl des Sich-Kümmerns und der Sorge aus, von der sie glaubte, daß es in der Gemeinde existierte. Bald breiteten sich die Nachrichten von den Bestrebungen der Stadt aus. Leitende Angestellte des Elektrokonzerns Edison in Detroit antworteten auf einen Artikel über die wachsende Gruppe mit technischer Unterstützung und finanzieller Hilfe. Jene Geldmittel ermöglichten vielen Bürgern der Stadt, an einem speziellen Bewußtseinstraining gegen Drogenmißbrauch teilzunehmen.

Der Zustrom von Ressourcen und Unterstützung spornte die Bildung einer größeren Kommission besorgter Bürger und Lehrer aus Richmond an. Sie spendeten für ein Plakatwettbewerb in der Schule, um einen Namen für ihre Organisation zu finden und das Interesse der Schüler zu fördern. Zwei Jugendliche reichten den gewinnenden Vorschlag ein: "C.A.R.E.", was für "Caring Always

Rewards Everyone" (Fürsorge belohnt stets jeden), stand. Desweiteren wurden Barbs ursprünglichen Schlüsselworte in den offiziellen Namen der Gruppe "Richmond Cares" aufgenommen. Nach zwei Jahren ist "Richmond Cares" noch immer aktiv. Durch seine Bemühungen haben junge Menschen aufgehört, sich selbst auf den ländlichen Straßen von Richmond zu töten. Eine Person kann einen Unterschied bewirken, besonders, wenn sie weiß, wie sie von der Seelenebene aus Impulse senden kann.

## *Wie eine positive Wirkung in die Welt geleitet werden kann*

Die Gewinne, die durch das Ausstrahlen von positiven Gedanken von einer Seelenebene aus erzielt werden können, können globaler Natur sein. Männer und Frauen auf der ganzen Welt benutzen ihr erweitertes Bewußtsein, um Gedanken und Gefühle der Fürsorge für die ganze Menschheit auszustrahlen. Jede neue Seelenstimme trägt zu dem wachsenden Chor derer, die nach einem Leben in Frieden und Harmonie mit dem Planeten aufrufen, bei. So wie Du Deine Fähigkeit entwickelst, den Seelen-Sprung durchzuführen und auf medialen Frequenzen zu senden, kannst auch Du zu der Evolution des Bewußtseins auf der Erde beitragen.

Allzu oft werden diejenigen, die an dieser New Age Revolution teilnehmen als "Spinner" und "Verrückte" hingestellt. Wie Du jedoch gesehen hast, kommen die Studenten und Ausbilder von Free Soul aus allen Lebensbereichen und aus allen Berufen. Und sie repräsentieren nur einen Bruchteil der Seelen, die daran arbeiten, ein höheres globales Bewußtsein zu fördern. Die Free Soul Methoden sind z.B. im Pentagon den Gründern einer militärisch-zivilen Gruppe beigebracht worden, die an der Spitze einer anderen Version von SDI stehen (SDI ist die Abkürzung für Präsident Reagans "Krieg der Sterne" Programm, der "Strategic Defense Initiative"). Sei nicht besorgt. Ich meine nicht den Gebrauch medialer Kräfte für militärische Zwecke, sondern den Pentagon Meditations Club. Einmal in der Woche treffen sich zivile und militärische Mitarbeiter im Herzen des Pentagons, im E-Ring, demselben Ring, in dem sich auch das Büro des Verteidigungsministers und des Oberhaupts der Armee befinden, um friedliche Gedanken für die Welt zu projizieren. Sie haben das, was sie "Spirituelle Verteidigungs Initiative" nennen, gegründet, und arbeiten daran, einen Friedensschild um den Planeten herum zu projizieren. Im April 1987 traf ich einige der Leiter der Gruppe. Später lehrte der Free Soul Ausbilder Gerry Eitner den Clubmitgliedern unseren Seelen-Sprung und die Verschmelzungstechniken.

Ich denke gerne daran, daß Bemühungen wie diese und die jährliche Meditation am 31. Dezember für den Weltfrieden, einiges zum Fortschritt in der atomaren Abrüstung und zu der verbesserten amerikanisch-russischen Beziehung beigetragen haben. Eines weiß ich mit Sicherheit: diese Bemühungen können nicht schaden. Wenn Millionen von Menschen aktiv von einer Seelenebene Frieden aussenden, muß es einen positiven Effekt haben.

In der Vergangenheit hast Du vielleicht das Gefühl gehabt, daß ein einziger Mensch keinen Unterschied bewirkt, daß Du alleine zu unbedeutend bist, um eine Veränderung in der Welt herbeizuführen. Diese Zeiten sind vorbei. Aus diesem Buch hast Du Methoden gelernt, wie Du ein Pionier an der Front der Entwicklung menschlichen Potentials sein kannst. Du stehst bereits in vorderster Reihe der Veränderung nicht nur in Deinem Leben, sondern auch in den Leben all derer, die um Dich herum sind und in der ganzen Welt. Ich ermutige Dich mit meinem ganzen Herzen, mit Deinen Forschungen weiterzumachen.

Laß dieses Kapitel kein Ende sein. Mach daraus einen Anfang. Laß es der Anfang Deiner Reise zur Grenzenlosigkeit sein. Finde jeden Tag einen neuen Weg, um Deine medialen und Seelenfähigkeiten anzuwenden. Finde Wege, wie Du sie in Deinem täglichen Leben trainieren und verbessern kannst. Kreiere in Deinem persönlichen Universum eine Veränderung zum Besseren und laß diesen Fortschritt nach außen hin strahlen.

In späteren Büchern und durch unsere Kassetten und fortgeschrittenen Arbeitsgruppen, wird Free Soul immer bemüht sein, eine Trainingsbasis für praktische und gut motivierte Entwicklung der ESP und Seelenpotentiale zu bieten. Phänomene wie Astralwanderung, Erinnerungen an frühere Leben, Energieprojektion und Kommunikation mit Seelen im Jenseits sind alles Erweiterungen der einführenden Techniken, die in diesem Buch vorgestellt wurden. Übe diese Techniken und Du wirst für den nächsten Schritt in das Jenseitige viel früher vorbereitet sein, als Du es Dir je hättest träumen können. Bis wir uns persönlich oder auf der Seelenebene bei einer Meditation zur Verschmelzung mit dem Universum kennenlernen, wünsche ich Dir Frieden, Glück, und... die Entfaltung der unbegrenzten Potentiale, die Dein Geburtsrecht als freie Seele sind.

# 10
# Antworten
## *auf die 36 häufigsten Fragen zu übersinnlichen Phänomenen*

Über die Jahre hinweg habe ich entdeckt, daß gewisse Fragen über mediale Phänomene immer und immer wieder gestellt werden. Nur allzu häufig werden diese Fragen als naiv, feindselig oder dumm behandelt. Ich glaube aber, daß es ehrliche, ernst gemeinte und wichtige Fragen sind, die gleichermaßen ehrliche und ernst gemeinte Antworten verdienen. Hier sind meine Antworten auf die 36 Fragen, die mir und den anderen Free Soul Ausbildern am häufigsten gestellt werden.

*1. Warum sind Labor-Experimente mit ESP nicht erfolgreicher?*

Überall sind ESP-Experimente aus der Vergangenheit und solche, die gegenwärtig durchgeführt werden, erfolgreich. Die Ergebnisse, die durch die Pionierarbeit von Dr. J.B. Rhine von der Duke Universität in den 30er Jahren erzielt wurden und die gegenwärtig unternommene Experimentierarbeit am Stanford Forschungsinstitut zeigen beide, daß es substantielle statistische Beweise für die Existenz medialer Phänomene gibt. Einige von Rhines Versuchspersonen, die medial Symbole auf ungesehenen Karten "errieten", erzielten Genauigkeitswerte, die doppelt so hoch wie diejenigen waren, die nach reiner statistischer Wahrscheinlichkeit hätten erzielt werden können.

Noch dramatischere Beweise (wie die Geschichten in diesem

Buch) sind in einem Labor schwer zu erzielen, da ein Labor schlechte Bedingungen für das Testen medialer Wahrnehmung bietet. Es ist nicht annähernd so förderlich für ESP, wie das wirkliche Leben. Wenn die Versuchspersonen keinen wissenschaftlichen Hintergrund haben, kann ein Labor (mit seiner seltsamen Ausrüstung) eine der Leistungsfähigkeit entgegengesetzte Angst hervorrufen. Die meisten Menschen, die ich am MIT testete, spannten sich unter Laborbedingungen extrem an. Ihre Auras verengten sich und ich konnte buchstäblich sehen, wie ihre mediale Empfindungsfähigkeit abnahm. Häufig waren ihre Ergebnisse oder ihre Trefferquote statistisch gesehen schlechter, als wenn sie nur geraten hätten. Die Situationen des Lebens sind ein viel besserer Rahmen, um ESP zu üben und zu erforschen. Erstens strahlen Menschen Energien und Schwingungen aus, die viel stärker sind als die von Symbolkarten und Zufallsgeneratoren (zwei häufig in Laborversuchen benutzte Hilfsmittel, um ESP zu testen). Zum zweiten existieren mediale Schwingungen nie in einem Vakuum, sondern sie stehen mit physischen Ereignissen in Verbindung. Jedes Ereignis überträgt auf neun Ebenen Energie, so daß es gleichzeitig die fünf körperlichen Sinne und die vier medialen Sinne stimuliert. Ohne dieses Einbeziehen aller neun Ebenen kann man leicht mediale Information übersehen, oder darin versagen, Informationen zu identifizieren, die das Bild abrunden.. Aus diesen Gründen möchte ich Dir dringend ans Herz legen, mediale Fähigkeiten in Deinem persönlichen Lebenslabor zu erforschen. Es ist nicht nur eine passendere Umgebung, sondern Deine Experimente haben auch praktische Anwendungen, die zu größerem Erfolg und mehr Glück führen.

*2. Sind Frauen medialer begabt als Männer?*

Nein. Es mag so erscheinen, als ob Frauen medialer als Männer sind, doch der offensichtliche Unterschied liegt nicht so sehr am Geschlecht, sondern an der kulturellen Konditionierung und dem Training. Traditionell ist den Frauen in unserer Gesellschaft mehr Freiheit gelassen worden, nach dem Gefühl zu handeln. Der Ausdruck “weibliche Intuition” zeigt unsere kulturelle Voreingenommenheit, die Möglichkeit der medialen Wahrnehmung bei Frauen eher zuzulassen. Auf der anderen Seite besteht die Tendenz, daß Männer (und heutzutage auch berufstätige Frauen) in erhöhtem Maße ihre mediale Empfindungsfähigkeit “abtrainiert” bekommen. Sie werden nicht ermutigt, offen über Intuition, Vorahnungen und ähnliche mediale Eindrücke zu sprechen. In der Geschäftswelt und in anderen traditionell von Männern beherrschten Bereichen, werden Logik, Vernunft und analytische Erklärungen mehr gewürdigt, als Gefühle oder intuitive Vorahnungen. Männer haben auch intuitive Geistesblitze, aber werden die Idee normalerweise nicht als Vorahnung vorbringen. Frauen, die sich in die geschäftliche und berufliche Welt begeben, stoßen auf die gleiche Art medialer Unterdrückung. Ein weiterer Faktor, der Frauen mehr hilft, für ihre mediale Empfindungsfähigkeit offen zu sein, ist ihre Erfahrung der Schwangerschaft und des Mutterseins. Diese geben Frauen eine einzigartige Gelegenheit, um sich medial mit einer anderen Seele zu verbinden, mit der sie körperlich nicht kommunizieren können. Folglich sind sie sich medialer Frequenzen bewußter. Väter, die sehr in das Erziehen ihrer Kinder mit einbezogen sind, können auf die gleiche Art und Weise profitieren. Realistischerweise neigen Mütter jedoch dazu, ihren Babys näher zu sein, da sie das Kind im Körper bei sich tragen. Beide Geschlechter können eine gleich hohe Stufe medialen Potentials durch richtiges Training und mentale Offenheit erreichen.

*3. Wodurch sind den Menschen noch ihre medialen Fähigkeiten abtrainiert worden?*

Ein Großteil des menschlichen medialen Potentials ist instinktiv und bei der Geburt vorhanden. Der größte Teil dieser natürlichen Sensibilität verkümmert, während wir aufwachsen, aufgrund einer zu starken Betonung der physischen Sinne, wobei die medialen Eindrücke meist ausgeschlossen werden. Das Kommunizieren mit Erwachsenen, die normalerweise nur auf körperlichen Frequenzen zuhören, drückt die medialen Sinne eines Kindes in den Hintergrund.

Wenn Kinder lernen zu lesen und zu schreiben, müssen sie sich auf physisches Sehen und Hören konzentrieren, und der größte Teil der formalen Ausbildung bildet uns nur im Gebrauch unserer physischen Sinne aus. Als Erwachsene schließlich, bekommen die meisten von uns kein Training und keine Praxis, um unsere Intuition, unsere Hellsicht oder unser mediale gefühlsmäßige Empfindungsfähigkeit zu entwickeln. Uns wird gesagt, daß wir in der Lage sein müssen, unsere Handlungen logisch erklären zu können, und uns nicht auf Vorahnungen, Visionen und Gefühle verlassen sollen. All diese einzelnen Punkte ergänzen sich und unterdrücken die medialen Sinne, bis sie für die meisten Erwachsenen kaum noch wahrnehmbar sind.

**4.** *Wie kann ich meinen Kindern helfen, ihre mediale Fähigkeit nicht zu unterdrücken, während sie aufwachsen?*

Das erste ist, mit ihnen auf diesen medialen Frequenzen zu kommunizieren. Stelle sicher, daß Du, bevor das Kind geboren wird, oder wenn er oder sie noch ein Baby ist, und sogar noch nachdem er oder sie anfängt zu sprechen, diese medialen Kanäle offen hältst. Übe Dich darin, liebevolle und fürsorgliche Gefühle auszusenden. Projiziere zusammen mit Deinen physischen Anleitungen Bilder, wenn Du ihnen neue Fähigkeiten beibringst. Schicke eine Stimme oder einen Gedanken voraus, bevor Du ein Kind rufst, oder anfängst zu sprechen und beobachte, ob das Kind es aufnimmt. Es gibt keine Begrenzungen zu diesen kreativen Herangehensweisen. Und während Du dem Kind hilfst, seine oder ihre mediale Fähigkeit zu erhalten, wirst Du Deine eigenen wiederentdecken.

Verlange als zweites von Deinem Kind nicht, daß es in seinem Umgang mit dem Leben nur sture Logik anwendet. Erlaube den Ausdruck von Gefühlen. Baue kein Klima auf, in dem ein intuitiver Gedanke erklärt werden muß, damit ihm Glauben geschenkt wird, oder indem ein Gefühl als überemotional oder kindisch gesehen wird. Frage nach den Bildern, die das Kind sieht und nach den Träumen, die er oder sie hat. Bestrafe das Kind nicht, wenn er oder sie behauptet Stimmen zu hören oder unsichtbare Spielgefährten zu haben.

Bringe als drittes den Kindern etwas über die medialen Sinne bei. Sage ihnen, daß jeder neuen Sinne hat, nicht nur fünf und ermutige sie alle neun zu benutzen. Zeige ihnen die übersinnlichen Wahrnehmungsbereiche, erkläre ihnen, wie sie üben können, und frage sie nach ihren täglichen ESP-Erfahrungen. Frage die Kinder z.B., ob sie das mentale Bild gesehen haben, was Du versucht hast, ihnen zu schicken. Experimentiere, indem Du ein Gefühl oder die Worte projizierst, für das, was Du von ihnen möchtest, bevor Du die eigentliche Anweisung aussprichst. Dies wird Dir einen Hinweis dafür geben, ob sie Deine Gedanken aufschnappen können. Spiele sind eine weitere Möglichkeit, um Kindern etwas über die medialen Sinne beizubringen. Schlage z.B. ein mediales Versteckspiel vor, und fordere die Kinder auf, ihre Intuition oder ihr mediales Gefühl zu benutzen, um ihnen zu helfen, Dich zu finden. Was sogar noch effektiver ist: frage die Kinder, welche Spiele sie sich ausdenken können, um ESP zu üben. Du wirst erstaunt sein, wieviel Dir Deine Kinder beibringen können.

*5. Gibt es überhaupt einen Zeitpunkt, an dem Du empfehlen würdest, daß man zu einem Medium gehen soll? Wenn ja, wogegen sollte ich versuchen mich zu schützen?*

Ganz allgemein habe ich das Gefühl, daß jedesmal, wenn Du zu jemand anderen gehst, um medial etwas zu erfahren, Du Deinen eigenen Fähigkeiten ein Stückchen weniger vertraust. Ein wesentlicher Bestandteil der Entwicklung Deiner medialen Fähigkeiten ist, zu lernen, sie unter schwierigen oder streßvollen Umständen anzuwenden. Wenn Du zu jemandem anders gehst, um eine Lesung zu bekommen, oder weil das Thema zu wichtig ist, beraubt Dich das der Erfahrung, in so einer wichtigen Zeit medial vorzugehen.

Diese Auswirkungen können möglichst klein gehalten werden, wenn Du erst zu einem Medium gehst, wenn Du Bestätigung haben willst, anstatt um originale Antworten und erste Informationen zu erhalten. Schwinge Dich immer erst selbst ein und schaue nach, was Du entdeckst. Dann ist die Beratung durch ein Medium so, als ob Du eine zweite und vielleicht objektivere Meinung zu hören bekommst. Außerdem können Deine medialen Fähigkeiten u.U. nicht so stark wie sonst sein, wenn Du eine schwierige Entscheidung fällen mußt. In diesen Fällen kann ein zweiter Gesichtspunkt die eine zusätzliche Erkenntnis liefern oder, was genauso wichtig ist, die Richtigkeit des Eindrucks, den Du empfangen hast, bestätigen.

Wogegen Du Dich schützen sollst? Nun schau Dir an, wie hoch die Rechnung ist. Will das Medium Dir einen guten Dienst erweisen oder Dir Dein Geld aus der Tasche ziehen? Wenn mehr Geld gefordert wird, bedeutet dies nicht unbedingt, daß die medialen Fähigkeiten oder die Qualität besser ist. Ein vernünftiger Preis zeigt jedoch normalerweise, daß jemand dem Dienst und klaren spirituellen Idealen hingegeben ist. Wenn das Medium Deine Aura liest, oder mit Dir spricht, sei Dir bewußt, ob er oder sie Dir definitive Antworten auf jede Frage gibt. Alle Medien erleben Zeiten, in denen sie einfach kein klares Signal bekommen können. Ein ehrliches Medium wird Dir mindestens einmal in der Sitzung sagen:"Auf diese Frage bekomme ich keine Antwort," oder "Es ist nicht völlig klar". Ein Medium, das Dir auf jede Frage eine unanzweifelbare Antwort gibt, übertreibt wahrscheinlich und denkt sich vielleicht nur Dinge aus. Suche Medien, die Dir ihre Eindrücke übermitteln und dann versuchen Dir zu helfen, selbst weiter wahrzunehmen. Nimm Dich am meisten in acht vor jedem, der sagt: "Du darfst nur noch zu mir kommen."

***6.** Du sprichst von 4 Persönlichkeitstypen, die auf den ESP - Stärken beruhen. Ist einer davon medialer als die anderen?*

Nicht wirklich. Propheten und Fühlende scheinen medialer zu sein, doch das kommt hauptsächlich daher, daß die ESP-Arten, die ihre Stärken sind (Intuition und mediales Fühlen) das sind, was die meisten Menschen für ESP halten. Hellsichtige und Hellhörige scheinen weniger medial zu sein, da die Art und Weise, in der sie ESP empfangen, mit den sogenannten normalen Denkprozessen verwandter ist.

Intuition und mediales Fühlen sind tendenziell die schnellsten medialen Wahrnehmungen. Die Eindrücke stellen sich augenblicklich ein und sind deutlich losgelöst von der physischen Welt. Weil das Hellsehen mit Symbolen zu tun hat und das Hellhören den langsameren Prozeß des mentalen Verstehens reflektiert, braucht man normalerweise länger, um sie zu interpretieren. Dennoch sind alle vier nur unterschiedliche Methoden, um die gleichen Informationen zu bekommen. Jeder kann sich auf die gleiche Stufe medialer Fähigkeit entwickeln.

Menschen, deren Stärke Intuition oder mediales Fühlen ist, neigen dazu, medial natürlicher begabt zu sein und anfänglich für ESP offener zu sein. Ihre medialen Stärken haben Eigenschaften, die den entspannten und intuitiv offenen Geisteszustand unterstützen, der dazu beiträgt, daß ESP frei fließen kann. Diejenigen, deren Stärke das Hellsehen oder Hellhören ist, benötigen etwas mehr Training, um ihre medialen Stärken zu entwickeln. Es gibt jedoch dabei einen natürlichen Ausgleich. Da Propheten und medial Fühlende natürlicherweise medialer sind, haben sie es schwerer, eine mediale Überladung zu vermeiden. Hellhörige und Hellsichtige mögen mehr Zeit und Praxis brauchen, um ihre medialen Fähigkeiten zu entwickeln, doch haben sie in der Regel natürlich starke und schützende Auras. Ausgewogenheit ist der Schlüssel. Arbeite daran, alle Deine vier medialen Gaben zu entwickeln, während Du gleichzeitig die Kraft Deiner Aura erhöhst.

*7. Ich möchte nichts über die negativen Dinge, die passieren werden, wissen. Warum sollte ich mir wünschen, medial zu sein?*

Dieser Gesichtspunkt ist sehr häufig, doch macht er keinen Sinn. Er begründet sich eher auf Angst, als auf Logik. Zunächst einmal ist es immer hilfreich, wenn wir vor zukünftigen Schwierigkeiten gewarnt werden. Die Zukunft ist nicht vorherbestimmt. Wenn Du rechtzeitig eine Warnung erhältst, kann jedes Ereignis verändert oder vermieden werden. Auch wenn es zu spät ist, Deine Handlungen völlig zu verändern, kann die Warnung Dir helfen, Dich auf kommende Schwierigkeiten vorzubereiten. Unfälle können, wenn sie nicht vermeidbar sind, in ihren Auswirkungen geschmälert werden. Man kann geschäftliche Rückschläge vermeiden, oder die beste Art finden, um mit ihnen umzugehen. Wenn die "negative Sache", die man wahrnimmt, das Sterben eines geliebten Menschen ist, kann die Warnung Dir zumindest helfen, die Zeit, die Dir noch mit der Person bleibt, mehr wertzuschätzen und dankbar für sie zu sein. Die größte Leid, welches ich bei der Beratung Trauernder erlebt habe, ist das Gefühl der hinterbliebenen Person, daß sie darin versagt hat der anderen Person gegenüber, als sie noch lebte, ihre Liebe und ihre Fürsorge völlig zum Ausdruck zu bringen. Denke daran, daß nur ein kleiner Teil der medialen Fähigkeit mit Warnungen zu tun hat. ESP läßt sich genauso leicht verwenden, um positive Gelegenheiten wahrzunehmen. Glaube nicht, daß mediale Fähigkeiten nur ein Verteidigungsmechanismus sind. Sie sind genauso ein Werkzeug, um Dein eigenes Schicksal zu bestimmen.

**8**. *Sollte ich meinen medialen Sinne mehr vertrauen, als meinen körperlichen?*

Nein. Die medialen Sinne sind nicht dazu da, um Deine physischen Sinne zu ersetzen. Sie sind dazu da, daß Du mit ihnen arbeitest. Genauso, wie es falsch ist, Deine medialen Sinne zu ignorieren, ist es unklug, Deinen medialen Eindrücken unter Ausschluß der physischen Information zu folgen. Das beste Erfolgsrezept ist, beim Treffen einer Entscheidung alle Deine Sinne einzusetzen. Ich benutze meine medialen Sinne als Unterstützung meiner physischen Sinne. Wenn ich also einen ESP-Eindruck empfange, der dem entgegensteht, was mir meine körperlichen Sinne sagen, warte ich mit der Entscheidung. Ich benutze die mediale Warnung, um weitere physische Untersuchungen anzustellen, mehr Fragen zu stellen, tiefer hinter die Situation zu schauen. Wenn ich nicht in der Lage bin, den Widerspruch aufzulösen, gehe ich mit dem stärkeren Eindruck, ob es der physische oder der mediale ist. Du fällst die ganze Zeit über ähnliche Urteile, wobei Du die widersprüchlichen Beweismaterialien

Deiner physischen Sinne vergleichst. Wenn z.B. etwas zu Essen appetitlich aussieht, aber schlecht riecht, würdest Du es wahrscheinlich nicht essen. Oder Du würdest es kosten, um einen dritten Eindruck zu bekommen. Wenn es auch schlecht schmecken würde, würdest Du es nicht essen, egal wie gut es aussieht. Die gleiche Art von Vernunft solltest Du auf den Gebrauch Deiner medialen Sinne anwenden. Kein verantwortungsbewußter ESP-Lehrer würde Dich dazu ermutigen, Deinen medialen Eindrücken ausschließlich zu folgen und Deine physischen Sinne zu ignorieren. Nur weil Du ein schlechtes Gefühl über, sagen wir ein elektrisches Gerät, was Du kaufen willst, bekommst, solltest Du nicht gleich entscheiden es gar nicht zu kaufen. Schau, ob ein anderer Zeitpunkt für den Kauf sich für Dich besser anfühlt. Vergleiche dieses Produkt mitanderen Marken, um zu sehen, ob Du ein besseres Produkt finden kannst, oder einen günstigeren Preis. Wenn Du in ähnlicher Weise ein negatives Gefühl zu einem Flug hast, dann nimm nicht an, daß Du die ganze Reise aufgeben sollst. Schau Dich statt dessen nach einem anderen Flug, einer besseren Verbindung, einem besseren Abreisetermin um. Es könnte sein, daß Du einfach nur den Eindruck aufnimmst, daß der ursprüngliche Flug vielleicht Verspätung haben wird oder es Probleme mit dem Gepäck geben wird. Nicht jeder mediale Eindruck hat mit körperlicher Gefahr zu tun.

Der Umgang mit negativen Eindrücken von Menschen statt von Dingen, erfordert eine etwas andere Herangehensweise. Du bekommst z.B. bohrende, negative Bilder oder Gefühle zu einem Babysitter, oder einem Angestellten und wirst diese Gefühle nicht mehr los. In diesem Fall mußt Du herausfinden, ob diese Person unter Streß steht oder ob andere Menschen beständige und ähnliche Probleme mit ihnen gehabt haben. Kurz gesagt, benutze Deine medialen Fähigkeiten, um den klugen Einsatz physischer Untersuchungen in Gang zu setzen und zu ergänzen.

*9. Warum versagen die meisten Menschen, wenn sie versuchen medial zu sein?*

Sie versuchen es zu sehr. Sie wollen etwas herbeizwingen und konzentrieren sich zu sehr. Das sind Gewohnheiten, die Dich an Deine physischen Sinne ketten. Mediale Wahrnehmung erfordert einen entspannteren mentalen Zustand: ein fokussiertes Bewußtsein, nicht ein erzwungenes. Die meisten Menschen wissen außerdem nicht, wo sich die übersinnlichen Wahrnehmungsbereiche befinden, und wie sie sie anzapfen können. Folglich fehlen ihnen drei Katalysatoren, die für ESP essentiell sind: (1) Sie kennen keine Methode, um die medialen Signale zu verstärken, (2) sie haben keinen Fokus, um ESP anzuschalten, (3) sie kennen - was das wichtigste ist - keine Methode, um zu üben und sich zu verbessern. Die übersinnlichen Wahrnehmungsbereiche sind die Schlüssel, die ESP für jeden zugänglich machen.

*10. Sind die übersinnlichen Wahrnehmungsbereiche das gleiche wie Chakras?*

Nein. Das sind zwei unterschiedliche Dinge. Übersinnliche Wahrnehmungsbereiche sind die Brennpunkte der medialen Sinne, wenn Du durch den Körper hindurch wahrnimmst. Die Chakras sind die Energiezentren des spirituellen Körpers. Viele östliche Religionen und metaphysische Philosophien betrachten die Chakras als die Stellen, an denen vitalisierende Energien vom ätherischen oder astralen Körper der Seele in unseren physischen Körper hineinfließen. Die einzige Verbindung zwischen den Chakras und den übersinnlichen Wahrnehmungsbereichen ist die, daß einige der Plätze, an denen sie sich befinden sich überlappen. Der übersinnliche Wahrnehmungsbereich des Fühlens befindet sich z.B. an der gleichen Stelle wie der Solarplexus und das Bauchchakra. Der übersinnliche Wahrnehmungsbereich der Intuition befindet sich im gleichen allgemeinen Bereich wie das Kronen- oder Eingangschakra. Der übersinnliche Wahrnehmungsbereich des Sehens ist in der Nähe der Chakras, die mit der Zirbeldrüse und der Hypophyse in Verbindung stehen. Obwohl sich beides an ähnlichen Stellen befindet, sind die Funktionen der beiden Systeme ziemlich unterschiedlich. Schau Dir als physische Analogie die Speiseröhre und die Luftröhre an. Bedenke - obwohl sie sich beide im Halsbereich befinden-, daß es doch ein schwerwiegender Irrtum wäre, zu sagen, daß sie das gleiche sind, oder in irgendeiner Beziehung zueinander stehen, außer der ihrer Nähe.

*11. Sind die Russen uns im medialen Testes und in der medialen Entwicklung voraus?*

Es könnte sein, daß die Russen in den tatsächlichen Tests der PSI-Phänomene weiter sind, aber ich habe keinen Zweifel daran, daß sie deutlich hinter Amerika zurückliegen, was die Entwicklung medialer Fähigkeiten und die Methoden betrifft, mediale Potentiale zu lehren. Alles, was PSI-orientiert ist, benötigt Entspannung und Ruhe, um erfolgreich zu sein. Diese Einstellungen und Geisteszustände sind in unterdrückerischen Regimen schwer aufrecht zu erhalten. Zwei unserer Free Soul Ausbilder, Zhanna und Ilya Kalinovsky sind aus der Sowjetunion ausgewandert. Sie haben mir Geschichten erzählt, wie ihre Freunde verfolgt wurden und in einigen Fällen sogar dafür ins Gefängnis bekommen sind, daß sie Yoga-Unterricht geben wollten. Ilya und Zhanna weinten, als sie zum ersten Mal von Free Soul hörten. Daß ein Training wie unseres für die Allgemeinheit so zugänglich war, kam ihnen wie ein Wunder vor.

Es ist meiner Meinung nach dieser Unterschied in der Freiheit zwischen den beiden Systemen, der Amerika in der Entwicklung des medialen Potentials auf nationaler Ebene einen Vorsprung von Jahrzehnten vor der GUS (früher Sowjetunion) gibt. Was wirklich eine tatsächliche Überlegenheit in jeder Situation ausmacht, ist die grundsätzliche Ausbildungsebene der Menschen einer Nation. Ob diese Ausbildung Lese- und Schreibfähigkeiten und technische Fähigkeiten oder erhöhte ESP-Fähigkeiten und mediale Kraft zu Folge hat, freie Menschen werden immer bessere Fortschritte machen. So wie das Niveau der übersinnlichen Fähigkeiten eines Volkes steigt, wird auch ihre mediale Abwehr stärker.

**12.** *Kann jemand mediale Kräfte anwenden, um mich zu kontrollieren?*

Mit Sicherheit nicht. Während es stimmt, daß jemand mit starken medialen Fähigkeiten (besonders die der Gedankenprojektion) Dich beeinflussen oder unter Druck setzen kann, sind doch die ESP-Frequenzen zu subtil, um die geistigen Kontrolleffekte zu erzielen, vor denen sich viele Menschen fürchten. Es ist schlüssig demonstriert worden, daß man Dich noch nicht einmal unter Hypnose dazu bringen kann, irgendetwas zu tun, was Deinem Moralkodex, Deinem inneren Verlangen oder Deinem Wollen entgegensteht. Wenn Du Dich bei einer Entscheidung hin und her gerissen fühlst, und jemand in Deiner Umgebung bevorzugt sehr stark einen bestimmten Gesichtspunkt, dann kann manchmal ein medialer Vorschlag das Pendel in der Richtung ausschlagen lassen. Es kann Dich jedoch nicht dazu bringen, etwas zu tun, wofür Du nicht wirklich offen bist.

Außerdem haben die meisten Menschen eine natürliche mediale Abwehr gegen medialen Druck. Es ist eine Art medialer Rebellions-Reflex. Auch Menschen, die nichts über ESP wissen, neigen dazu, sich unter medialem Druck von außen anzuspannen. Dieses reflexartige Zusammenziehen führt, wenn überhaupt, dann eher zu Unentschiedenheit oder zum Aufstand als zu einer Einwilligung. Genauso, wie ein Versuch, jemanden körperlich zu überreden, häufig in die andere Richtung losgeht, versagt auch medialer Druck meistens.

Es ist möglich, daß Dich jemand medial verwirren und durcheinander bringen kann. Jede Art von medialem Beschuß ist störend, und kann Dein normales Denken und Handeln beeinträchtigen. Dennoch wäre es falsch zu glauben, daß diese mediale Einmischung sich auf regelrechte Kontrolle ausweiten kann. Die beste Verteidigung gegen medialen Druck ist, zu lernen, Deine eigenen medialen Fähigkeiten zu entwickeln. Sobald Du die übersinnlichen Wahrnehmungsbereiche kennst, und weißt, wie Du Deine mediale Empfindungsfähigkeit auf Wunsch einschalten kannst, wirst Du auch wissen, wie Du sie ausschalten kannst. Dann kannst Du Deine Empfänglichkeit für Schwingungen auf diesen Kanälen reduzieren. Du kannst auch lernen, Deine Aura so einzustellen, daß sie jeglichen medialen Druck abwendet. In unseren Kursen lehren wir verschiedene Methoden, wie man die Aura stärken kann und mediale Angriffe abwehrt.

**13.** *Wie kann ich erkennen, ob ein Gefühl eine mediale Warnung ist oder nur eine Folge meine eigenen inneren Ängste?*

Der beste Methode, um den Unterschied zwischen einem gültigen medialen Gefühl und einer persönlichen Angst herauszufinden, ist, genau darauf zu achten, wo Du diesen Eindruck bekommst. Ein mediales Gefühl wird normalerweise hauptsächlich im Solarplexus und im Bauchbereich erlebt. Das ist, was allgemein mit Schmetterlingen oder einem unangenehmen Gefühl in der Magengrube, gemeint ist. Eine Angst, die nicht auf einer medialen Warnung basiert, wird normalerweise eine durch Adrenalin ausgelöste Kampf- oder Fluchtreaktion stimulieren. Adrenalin verursacht, daß Du Herzklopfen bekommst, Dein Atem flacher wird und Dein Blutdruck steigt. Der Gesamteffekt ist ein Gefühl der Enge und der Anspannung im oberen Brustbereich, das sich von dem "Bauch"-Gefühl unterscheidet.

**14.** *Wie kann ich mich vor Gefühlen schützen, die ich nicht empfangen möchte?*

In erster Linie dadurch, daß Du erkennst, daß Du medial bist, und daß einige der Gefühle, die Du hast, vielleicht nicht Deine sind. Dieses mentale Bewußtsein Deiner medialen Empfänglichkeit kann häufig sehr stark den negativen Effekt von Gefühlen mindern, die Du von anderen aufnimmst. Du kannst Dich weiterhin dadurch schützen, daß Du speziell die Person identifizierst, vor der die negativen Gefühle kommen. Das Wissen um diese zwei Dinge hilft Dir, das

Signal als außerhalb Deiner selbst zu identifizieren, und hält Dich davon ab, es anzunehmen und zu vergrößern.

Wenn Du Dich in einer Umgebung aufhalten mußt, in der sich Menschen befinden, die negative Gefühle ausstrahlen, versuche so zu sitzen, daß Dein übersinnlicher Wahrnehmungsbereich des Fühlens von ihnen weg zeigt. Drehe Dich zur Seite, wenn Du mit ihnen zu tun hast, oder drehe Deinen Stuhl oder Tisch so, daß ihre Energie Dich eher streift als frontal trifft. Wenn Du von Angesicht zu Angesicht mit der Person umgehen mußt, bedecke Deinen Bauchbereich mit Deinen Armen in der instinktiven Körperhaltung der gekreuzten Arme, welche Deinen übersinnlichen Wahrnehmungsbereich des Fühlens schützt. Es hilft auch, hinter einem Schreibtisch (besonders einem aus Holz) zu sitzen. Wenn Du eine extra Lage Energie absorbierenden Materials zwischen Dich und den Sender tust, kann dies die Intensität der Gefühle, die Du empfängst, reduzieren.

***15.** Warum werden nicht alle Ahnungen und intuitiven Vorahnungen wahr?*

Intuition und jede Vorahnung kann sich nur auf Möglichkeiten einschwingen. Die Zukunft ist nicht festgelegt. Tatsächlich gibt es viele möglichen Zukünfte. Eine Vorahnung oder Ahnung ist eine Methode, um medial die Wahrscheinlichkeit wahrzunehmen, daß ein Ereignis stattfinden wird. Deine eigenen Handlungen und die Handlungen anderer, die auf Deine Vorahnung folgen, werden das, was sich entwickelt, beeinflussen. Die meisten kleineren Probleme, die Du im voraus erahnst, können vermieden werden, wenn Du korrigierende Maßnahmen ergreifst. Vorahnungen, die wahr werden, sind meistens Fälle, in denen die Person, die die Vorahnung hatte, machtlos war, etwas zu verändern.

Hier sehen wir einen Hauptgrund, warum es am schwierigsten ist, Prophezeiungen oder Vorausahnungen wissenschaftlich zu beweisen. Wer würde zulassen wollen, daß um der Befriedigung eines Skeptikers willen, eine Katastrophe passiert, wenn man sie verhindern könnte? Es wäre mir lieber, wenn Du Dir Deine medialen Fähigkeiten dadurch beweist, daß Du Probleme vermeidest, anstatt zuläßt, daß sie sich entwickeln. Dir nicht auch?

*16. Wie kann ich feststellen, ob ein intuitiver Eindruck eine gültige Vorahnung ist, oder ob ich einfach nur die Gedanken der Menschen um mich herum aufnehme? Kann es sein, daß ich einfach nur wahrnehme, was sie wollen, daß ich tue, oder was sie sich wünschen, was passieren soll?*

Der Schlüssel ist herauszufinden, ob der Eindruck nur in der unmittelbaren Umgebung dieser Menschen entsteht. Entferne Dich aus ihrer unmittelbaren Umgebung und schau nach, ob Dein intuitives Wissen noch genauso stark ist. Die Gedanken anderer können über die Entfernung gelesen werden, doch ist das Signal normalerweise nicht so stark. Wenn Dein Eindruck schwächer wird, wenn Du alleine bist, nimmst Du wahrscheinlich die Gedanken oder Erwartungen anderer Menschen auf. Aus diesem Grund ist es immer klug, Deine letztendliche Entscheidung in einem klaren Raum zu treffen, wo Du allein sein kannst.

*17. Wie kann ich den Unterschied zwischen Hellhörigkeit und Selbstgesprächen erkennen?*

Mediales Hören wird häufig mit Mit-sich-selbst-sprechen verwechselt, da beide die gleiche interne Verdrahtung der Schläfenlappen des Gehirns benutzen. Um den Unterschied herauszufinden, achte darauf, wo Deine Wahrnehmung der Laute herkommt. Wenn Du mit Dir selbst sprichst, besteht die Tendenz, daß Deine Wahrnehmung der antwortenden Stimme sich auf Deiner linken Seite befindet, in der linken Hemisphäre, da dies der Teil des Gehirns ist, der mit Sprache und sprachlicher Formulierung zu tun hat. Einige Menschen, besonders Linkshänder, bemerken den Eindruck mehr auf der rechten Seite. Welche Seite, ist jedoch nicht wirklich wichtig. Der wesentliche Unterschied zwischen Selbstgesprächen und hellhörigen Eindrücken ist, daß letzteres sich scheinbar mehr in der Mitte Deines

Kopfes abspielt. Auch wirst Du einen hellhörigen Eindruck nicht unbedingt in Deiner Stimme wahrnehmen. Es wird ein Wort, ein Satz, oder eine Sprache sein, die Du in einer dafür typischen Stimme vernimmst. Wenn Du mit Dir selbst sprichst, werden die Antworten wahrscheinlich eher in Deiner Stimmlage und in Deiner speziellen Art zu Reden auftauchen.

***18.** Normalerweise habe ich keine hellhörigen Erfahrungen, doch hatte ich ein oder zwei, die sehr eindrucksvoll und laut waren. Was bedeutet das?*

Dieser scheinbare Widerspruch wird häufig erlebt. Die Hellhörigkeit ist für die meisten Menschen der mediale Sinn, der am wenigsten entwickelt ist. Wir neigen dazu, ihn auszublenden oder erkennen ihn nicht, wahrscheinlich deswegen, weil die Hellhörigkeit dem inneren Dialog so nahe steht. Daher ist sie verkümmert oder unterdrückt worden. Es könnte tatsächlich sein, daß Du kleinere hellhörige Erfahrungen im Verlauf des Tages machst, aber wenn Du denkst, daß Du mit Dir selbst sprichst, könnte es sein, daß Du nicht erkennst, wie empfänglich Du für mediales Hören bist.

Ein Signal, welches eindrucksvoll, gefährlich oder dringend genug ist, in voller Lautstärke zu erscheinen, zieht Deine Aufmerksamkeit auf sich. Du erinnerst Dich daran. Wenn man so eine einzige, hellhörige Erfahrung in voller Lautstärke macht, führt dies häufig zu der falschen Vorstellung, daß alle hellhörigen Eindrücke laut sein müssen, um auch gültig zu sein. Folglich ignorierst Du weiterhin die subtileren Formen medialen Hörens, die Du ständig empfängst.

***19.** Sind mentale Telepathie, Gedankenübermittlung, Gedankenlesen und Gedankenprojektion alles dasselbe? Welche medialen Sinne beziehen sie mit ein?*

Alle vier beziehen sich auf die Übertragung von Information zwischen zwei Menschen durch etwas außerhalb der 5 physischen Sinne. Sie sind unterschiedliche Ausdrücke für die Kommunikation zwischen Minds. Ganz allgemein beziehen sich Gedankenübertragung und Gedankenprojektion auf das Phänomen des Sendens und Gedankenlesen und mentale Telepathie beziehen sich auf das Empfangen. Es wäre nicht richtig anzunehmen, daß das Hellhören am meisten mit Gedankenübertragung, Gedankenprojektion, Gedankenlesen und mentaler Telepathie in Verbindung steht, nur weil seine Eindrücke in Worten oder in sprachlicher Form empfangen werden. Diese medialen Übermittlungen können durch alle vier medialen Sinne stattfinden.

Menschen, deren Stärke die Intuition ist, sind normalerweise im Gedankenlesen und in der Telepathie besser, da sie die empfänglichsten sind. Intuitive Menschen "wissen", was die andere Person denkt. Da die Intuition von den vier Sinnen der schnellste ist, ist sie in der Lage, flüchtige Gedanken aufzufassen und zu verstehen. Gefühle und Bilder können genauso leicht kommuniziert werden, doch ist es schwerer, sie zu deuten.

Menschen, deren Stärke das Hellhören ist, sind normalerweise die besten Übermittler für Gedankenprojektion oder Gedankenübermittlung. Das Denken in Worten bewirkt, daß ein mediales Signal stärker ausstrahlt und daher ist es leichter aufzunehmen. Menschen, deren Stärke das mediale Gefühl ist, sind am besten in einer Mischung aus Gedankenlesen und mentaler Telepathie. Man könnte es "Stimmungs-Lesen" nennen. Sie nehmen eher wahr, wenn etwas mit einer anderen Person nicht stimmt. Jene, deren Stärke das Hellsehen ist, sind die besten darin, zu sehen, wie sich die Gedanken oder Stimmungen der Menschen in ihren Auras reflektieren.

***20.*** *Wie kann ich den Symbolismus des Hellsehens interpretieren?*

Der beste Schlüssel für die Interpretation der Symbole des Hellsehens ist, die anderen medialen Sinne zu benutzen. Wenn Dir mediales Fühlen leicht fällt, frage Dich "Was fühle ich, was es bedeutet?" Wenn Deine Stärke die Intuition ist, frage:"Was weiß ich, was es bedeutet?" Wenn Du eher eine hellhörige Person bist, frage:"Was macht logischerweise Sinn? Was verstehe ich durch mentale Assoziationen von dem Symbol?" Alle hellsichtigen Bilder und Träume erscheinen in Verbindung mit Intuitionen, Gefühlen und Verstehen. Lerne den unterstützenden Eindrücken zu vertrauen, die Du über die anderen medialen Sinne empfängst, und Deine Interpretation wird normalerweise richtig sein.

*21. Sehen alle Menschen die gleiche Art hellsichtiger Bilder?*

Nein! Wenn Deine Stärke die Intuition ist, wirst Du häufig blitzartig erscheinende Bilder sehen, flüchtige Bilder, die Du wahrscheinlich nicht lange auf Deinem geistigen Bildschirm festhalten kannst. Das ist für Dich ganz natürlich. Versuche nicht, die Bilder zu verlangsamen. Wenn Du erzwingen willst, daß sie bleiben, wirst Du Deine Hellsicht blockieren und am Ende gar nichts sehen. Nimm das Bild stattdessen schnell auf und vertraue Deinen Eindrücken. Wenn Du eine Bestätigung haben möchtest, ist es besser das Bild noch einmal aufblitzen zu lassen, als zu versuchen, das Originalbild festzuhalten.

Wenn Deine Stärke das mediale Fühlen ist, könnten die Bilder, die Du siehst, leicht verschwommen oder abgeschwächt sein (wie impressionistische Kunst). Das ist ganz natürlich für Dich. Um sie zu klären, benutze eher die Gefühle, die Du von den Bildern wahrnimmst, anstatt daß Du versuchst, ein scharfes Bild zu erzwingen.

Wenn Du ein Hellhöriger bist, könnten Deine hellsichtigen Bilder mehr wie mentale Entwürfe oder Pläne aussehen. Es könnte sein, daß Du die Bedeutung der Bilder besser verstehst, als Du sie sehen kannst. Sei nicht bedrückt, wenn Du nicht die gleiche Art umfassender Bilder erhältst wie einige Hellsichtige. Vertraue, daß die Art und Weise, wie Du Dein inneres Bild verstehst, für Dich richtig ist.

*22. Welcher mediale Sinn eignet sich am besten für Planung?*

Alle medialen Sinne sollten in die Planung einbezogen werden. Mediales Sehen eignet sich am besten, um den Gesamtplan zu vervollständigen. Es kann Dir helfen, alle Faktoren zu sehen, die Deine endgültige Entscheidung mit beeinflussen. Eindrücke für Zukunftspläne kommen häufig durch Intuition und Prophezeiungen. Mediales Fühlen kann Dir ein sicheres Gefühl für die Feinheiten des

Plans geben. Wenn Du das mentale Verstehen benutzt, welches mit Deiner hellhörigen Seite in Verbindung steht, wird Dir das helfen, organisiert zu bleiben, um Dein Ziel besser zu erreichen. Zapfe im letzten Schritt Dein mediales Sehen an, damit es Dich das Gesamtbild sehen läßt. Das Sehen hilft Dir, Deinen Plan dadurch zu vervollständigen, daß es die verschiedenen Aspekte berücksichtigt. Um beim Planen das mediale Sehen anzuzapfen, visualisiere Dir alle Facetten des Plans und fühle, wisse oder verstehe (je nach Deinen Stärken), was verändert oder angepaßt werden muß.

***23.*** *Wie verbessern Visualisierungsübungen die Hellsicht und das Aurasehen?*

Sowohl mediales Sehen, als auch das Visualisieren benutzen den inneren Bildschirm des "Dritten Auges". Wenn Du Dich im Visualisieren übst, stellst Du die Klarheit jenes inneren Bildschirms ein. Durch diesen verbesserten Fokus werden alle Deine optischen medialen Wahrnehmungen klarer, ob es hellsichtige Visionen oder das Sehen von Auras sind.

Es ist auch wichtig den Unterschied zwischen einem Bild, welches Du selbst mental kreierst und einem, welches eine gültige mediale Wahrnehmung ist, kennenzulernen. Je mehr Du das Visualisieren übst, umso mehr wirst Du lernen, das Gefühl der Bilder zu erkennen, die Du in Deinem Mind malst. Diese Vertrautheit wird Dir wiederum dabei helfen, eine übersinnliche Vision als solche zu erkennen, da Du weißt, daß Du keine Kontrolle darüber hast, das Bild zu formen.

***24.*** *Warum sieht nicht jeder dasselbe, wenn man die Aura einer Person anschaut?*

Das ist eine vernünftige Frage und sie bringt ein Thema auf, welches Skeptiker dazu bringt, die Gültigkeit des Aurasehens zu leugnen. Was ihre Kritik nicht berücksichtigt, ist die Komplexität der Aura. Die Aura hat viele Facetten und Schichten und besteht aus verschiedenen ineinander verwobenen Energiefeldern. Daher besteht sie nie aus *einer* Farbe oder einem beständigen Bild. Sie verändert sich von einem Augenblick zum nächsten.

Der wesentliche Grund, warum wir nicht alle das gleiche Bild sehen, wenn wir eine spezielle Aura betrachten, ist der, daß jeder Betrachter sich auf einen anderen Aspekt oder eine andere Schicht der Aura einschwingt. Zusätzlich nimmt jede Person das Bild durch das Prisma der eigenen Aura wahr. Das bedeutet nicht so sehr, daß die eigenen Aura vorherbestimmt, welche Farben man sieht, sondern daß sie die eigenen mediale Aufmerksamkeit auf eine bestimmte Schicht oder einer bestimmten Aspekt in der Aura der anderen Person lenkt. Außerdem besitzt jede Person mehr als einen oder zwei Charaktereigenschaften oder Eigentümlichkeiten, daher wäre es albern anzunehmen, daß seine oder ihre Aura nur eine Farbe hat. Erinnerst Du Dich an die Geschichte der sieben blinden Männer, die alle einen Elefanten aufgrund des Körperteils, den sie fühlten, unterschiedlich beschrieben? So werden unterschiedliche Menschen medial auch verschiedene Facetten der gleichen Aura wahrnehmen.

Das Wichtigste beim Aurasehen ist letztendlich nicht, was genau gesehen wird, sondern wie es interpretiert wird. Hellsichtigkeit ist manchmal symbolisch. Jeder von Euch hat sein oder ihr eigenes Farbsystem und persönliche Farbassoziationen. Daß zwei Menschen die gleichen Farben und Muster beschreiben, ist nicht so wichtig wie die übereinstimmende Interpretation der von ihnen wahrgenommenen Farbmuster

***25.** Gibt es irgendeine Farbe in der Aura, die böse oder schlecht ist, oder wo es richtig ist, daß ich mich davor fürchte, sie zu sehen?*

Schwarz ist die Farbe in der Aura, die meistens mit negativen Aspekten in der Aura in Verbindung gebracht wird. Es ist jedoch keine Farbe, vor der man sich fürchten müßte, sie zu sehen. Tatsächlich erscheint sie in den meisten Auras häufig und zeigt normalerweise Druck oder Anspannung an. Sie zeigt mit Sicherheit nicht automatisch Böses an, oder etwas, was man fürchten müßte. Vielen Menschen nehmen fälschlicherweise an, daß eine schwarze Aura den Tod oder das Herannahen des Todes anzeigt. Das stimmt nicht. Tatsächlich ist es das Fehlen von Farbe oder das Fehlen der Aura selbst, was das Herannahen des Todes anzeigt.

Der Platz, an dem sich das Schwarze in der Aura befindet, ist auch ein wichtiger Faktor. Schwarz über einem bestimmten Körperteil zeigt Operationen, Krankheit oder irgendeine Art von Verengung oder Fehlfunktion in dem Bereich an. Schwarz, das um den Körper herum oder an den Seiten erscheint, zeigt normalerweise eine Spannung in der Umgebung des Betroffenen an und noch häufiger bezieht sich das auf Gedanken, die der Person entgegengebracht werden, als auf ihre eigene Negativität. Sogar schwarz um den Kopf herum ist nicht notwendigerweise ein Zeichen von Bösartigkeit. Meistens bedeutet es nur, daß die Person unter einem unheimlichen Druck steht. Diese Anspannung drückt das Energiefeld der Person so zusammen, daß es nicht in voller Farbe erblühen kann.

Fürchte nie das, was Du in einer Aura siehst. Schau sie an, versuche sie zu deuten und wende dann die Deutung auf die hilfreichste und praktischste Art und Weise an.

**26.** *Welchen Abstand sollte ich zwischen mir und anderen Menschen einhalten, um meine Aura davor zu schützen, daß sie beeinträchtigt wird?*

Das hängt davon ab, mit wem Du zusammen bist und von dem kulturellen und medialen Training, das Du durchgemacht hast. Die Grenze der Aura ist flexibel und hat etwas mit Deiner Vorstellung von Privatsphäre etwas zu tun. Die Aura kann sich fast augenblicklich an verändernte Umstände anpassen, so lange Du ihr gestattest, das zu tun. Menschen, die in überfüllten U-Bahnen und Bussen fahren müssen, lernen aus der Notwendigkeit heraus, wie sie ihre Auras zusammenziehen können und das Eindringen in ihre Privatsphäre vermeiden können. Einige Kulturen akzeptieren und erwarten sogar einen engen körperlichen Kontakt. In diesen Fällen wird eine innere Grenze beibehalten, während die äußere Aura diejenigen, die in der Nähe sind, umfaßt oder sich um sie wickelt. Finde einen Abstand, der sich angenehm anfühlt, und arbeite daran, ihn zu stabilisieren. Manchmal mag dies heißen, Menschen in einem bestimmten Abstand zu halten, zu anderen Zeiten vielleicht, Deine Aura auszudehnen oder zusammenzuziehen. Es ist nicht schwer zu lernen, diese Anpassungen vorzunehmen. Behalte einfach den Gedanken im Sinn, wie Du möchtest, daß Deine Aura ist. Es kann auch nützlich sein, damit zu arbeiten, Deine Auragrenze einzustellen. In einigen Fällen habe ich den Eindruck, daß ein starker und dichter Randbereich der Aura mir den größten Schutz bietet. In anderen Fällen ist die bessere Herangehensweise die, den Randbereich flexibel und geschmeidig zu halten, damit er sich biegt aber nicht bricht. Deine Aura wie einen Keil zu formen ist auch eine gute Lösung, damit Druck von Dir abgewendet wird.

*27. Ist es besser, die Aura wegen der erhöhten Sensibilität weit offen zu halten, oder sie zu verengen, wegen dem erhöhten Schutz?*

Diese Frage spiegelt eine grundsätzliche falsche Annahme in Bezug auf die Aura wieder. Mediale Empfindungsfähigkeit und medialer Schutz sind nicht direkt mit der Ausdehnung der Aura verknüpft. Viele Menschen denken, daß eine weite Aura automatisch medial empfänglicher und daher verwundbarer ist. Das führt dazu, daß sie glauben, daß sie ihre Aura einziehen müssen, um sich zu schützen.

Was passiert, ist folgendes: wenn Du Deine Aura vorübergehend einziehst, steigt ihre Intensität am Rand, ihre Energie wird verdichtet und festigt sich, so daß ein effektiveres Schild entsteht, welches vorübergehend einen erhöhten medialen Schutz bietet. Doch dieses Zusammenziehen der Aura bewirkt mit der Zeit, daß Du Dich anspannst und gereizt wirst. Je mehr das passiert, umso weniger frei fließt spirituelle Energie in die Aura. Das Ergebnis ist, daß ihre Kraft tatsächlich anfängt abzunehmen, bis die Aura zusammenbricht und Dich völlig verwundbar zurückläßt.

Die beste Methode ist, die Aura kraftvoll zu expandieren. Free Soul lehrt eine Menge Methoden, wie man die Aura aufladen und stärken kann, damit der äußere Rand, während sie sich ausdehnt, stark und elastisch bleibt. Dies gibt Dir erhöhte Sensibilität und erhöhten Schutz.

Wenn eine Person eine weite Aura hat, macht sie das nicht unbedingt verwundbar. Die meisten Menschen, die weite Auras haben, sind nur deswegen verwundbar, weil sie die übersinnlichen Wahrnehmungsbereiche nicht kennen. Wenn Du die vier Stellen kennst, kannst Du Deine mediale Empfindungsfähigkeit abschalten, wenn Du geschützt sein möchtest. Menschen, die dies nicht verstehen, denken, daß sie, um medialer zu sein, jederzeit offen und eingestimmt bleiben müssen. Doch es ist diese zu große Offenheit, die die Aura sich zu sehr ausdehnen läßt und sie verwundbar macht.

***28.** Bedeutet das, daß wenn ich mein Bewußtsein durch die Seelen-Verschmelzung erweitere, mich das auch verwundbar macht?*

Nein. Die Grenze der Aura und der Grad der Verschmelzung der Seele sind zwei unterschiedliche Funktionen. Wenn die Aura zu weit ist, ohne entsprechend stark zu sein, werden Menschen durch mediale Energien, die um sie herum sind, verwundbar. Wenn sie in einer angespannten oder unterdrückenden Umgebung leben oder arbeiten, lesen sie leichter die negativen Gefühle, die Anspannungen und Depressionen der anderen Menschen auf. Aber wenn Du als Seele energetisch mit etwas verschmilzt, harmonisierst Du mit dem Objekt oder der Umgebung, mit der Du verschmilzt. Es ist eher ein Gefühl des Einsseins als der Verwundbarkeit. Und die natürliche Harmonie der Seelenverschmelzung kann vielen negativen Schwingungen, denen Du ausgesetzt bist, entgegenwirken. Es ist jedoch klug, verschmelzende Meditationen in positiven Umgebungen durchzuführen, oder zumindest in einer, die Du bis zu einem gewissen Grad kontrollieren kannst. Inmitten des Feierabend-Gedrängels zu verschmelzen oder sogar in einer feindlichen Umgebung ist unvernünftig. Bis Du mehr Kontrolle über das Verschmelzen hast, ist es am Besten, zumindest eine kleine Blase eigenen Raums zu haben, während Du Dich ausdehnst.

*29. Was kann man tun, um zu vermeiden, daß man durch häufige Erfahrungen des Verschmelzens mit dem Universum die eigene Identität verliert?*

Es besteht keine Gefahr, daß Du durch die Übung der Meditation der Verschmelzung mit dem Universum (in Kapitel 8 beschrieben) Deine Identität verlierst. Wenn überhaupt, wirst Du sie lediglich steigern und vertiefen. Der Zweck der Übung ist der, Dir zu helfen, zu verstehen, wie sehr Du bereits ein Teil von allem bist, nicht Dein einzigartiges Bewußtsein aufzulösen oder zu verringern. Wenn die Übung richtig durchgeführt wird, gibt sie Dir ein Gefühl des Einsseins mit allem, doch behältst Du dabei Dein Gefühl Deiner Identität bei.

Diese körperliche Analogie mag Dir helfen zu verstehen, wie Du Dein Bewußtsein erweitern kannst und trotzdem Deine Einzigartigkeit beibehalten kannst. Stell Dir ein rotes Blutkörperchen vor, wie es durch das Kreislaufsystem wandert und "den Körper" sucht. Überall, wo das Blutkörperchen hinkommt, befragt es andere Zellen. Es fragt die Zellen der Muskel: "Hast Du den Körper gesehen? Weißt Du, wo er ist?" Es fragt die Knochenzellen und die Sehnenzellen:"Weißt Du, wie ich den Körper finden kann?" Jede antwortet nur:"Nein, wir machen einfach unsere Arbeit und stützen, ziehen uns zusammen und verbinden." Sogar die Nervenzellen des Gehirns können dem roten Blutkörperchen nicht sagen, wo es "den Körper" finden kann. Schließlich erkennt das Blutkörperchen, daß jede Zelle ein Teil des Körpers ist, daß der Körper die Zellen ist, und daß die Zellen, jede auf ihre besondere Art und Weise, der Körper sind.

Wie die Zellen unseres Körpers, ist jeder von uns ein Teil eines größeren Ganzen, ein Teil von allem. Die Energie und die Atome, die Dich ausmachen, existieren seit Anbeginn der Zeit. Wenn, wie die Wissenschaft annimmt, das Universum, wie wir es kennen, durch den Urknall erschaffen wurde, dann sind die Energie und die Materie, die in dem kosmischen Ei verdichtet ist, noch immer miteinander verbunden, trotz der Ausdehnung nach außen. Das Erleben der Meditation der Verschmelzung mit dem Universum hilft Dir, diese Verbindung zu fühlen und zu erleben. Sie hilft Dir, Dich mit der spirituellen Familie zu verbinden, die Du im ganzen Universum hast. Sie hilft Dir, Dein Bewußtsein auf ein höheres Niveau zu heben.

***30.** Was ist mit dem Ausdruck "Akasha Chronik" gemeint, und in welcher Weise betrifft es mediale Wahrnehmung?*

Die Akasha-Chronik ist ein Ausdruck, der in der Metaphysik benutzt wird, um die Speicherung aller Informationen zu umschreiben. Die Vorstellung, daß alles aufgezeichnet ist, ist richtig. Die Wissenschaft sagt uns, daß jeder Lichtstrahl, der jemals schien, noch immer irgendwo im Universum scheint. Das Gleiche trifft auf alle Arten von Schwingungen zu. Die falsche Vorstellung ist die, daß diese Daten in einer Art medialer Bibliothek in irgendeiner Ecke des Universums, auf Kristallbändern kodiert in einem mystisch-spirituellen Gewölbe aufbewahrt werden.

Jedes Ereignis, jeder Gedanke, jede Wechselwirkung oder jedes Verlangen strahlt eine komplexe Serie von Energien und Frequenzen aus, die noch immer irgendwo schwingen. Wir haben die Technologie nicht, um zu ermitteln, ob dieses "irgendwo" in der entfernten Weite des Universums oder in einer anderen Dimension liegt. Du kannst Dich aber durch die Seele und die medialen Sinne auf sie einschwingen. Das ist der Grund, warum Du die Vergangenheit wahrnehmen kannst. Jedesmal, wenn Du Deine mediale Fähigkeit einsetzt, eine Erinnerung nochmals durchzugehen, zapfst Du in gewisser Weise einen kleinen Teil der Akasha-Chronik an.

***31.** Wie funktioniert déjà vu? Welche medialen Sinne haben damit etwas zu tun?*

Déjà vu, französisch für "bereits gesehen", ist ein Ausdruck, der häufig auf verschiedene Arten von ESP-Erfahrungen angewendet wird. In der medialen Fachsprache hat der Ausdruck die Bedeutung bekommen, daß man den Eindruck hat, an einem bestimmten Ort schon gewesen zu sein oder schon einmal eine bestimmte Situation oder Person gesehen zu haben. Dieser Eindruck kann durch jeden der vier medialen Sinne wahrgenommen werden: es kann ein Gefühl sein, ein Wissen darum, ein Verstehen oder ein hellsichtiges visuelles Wiedererkennen.

Die Erklärung für die déjà vu-Wahrnehmung ist situationsbezogen unterschiedlich. Manchmal ist sie die Folge davon, daß man sich an einem Ort befindet, der ein mediales Energiemuster hat, das einem Dir vertrauten Ort ähnelt. Eine andere Erklärung ist, daß Du eine Seelenwanderung durchgeführt hast oder aus der Entfernung, entweder im Schlaf oder unterbewußt, den Platz schon einmal wahrgenommen hast. Menschen, deren Stärke die Intuition ist, wissen um Umstände und Menschen, die auf sie zukommen. Daher haben sie, wenn sie der Situation oder dem Menschen begegnen, eine Déjà vu-Wahrnehmung. Reinkarnation, also die Tatsache, daß man in einem vorhergehenden Leben an einem Ort oder mit einer Person schon einmal gelebt hat, ist eine weitere oft vorgeschlagene Erklärung.

Wie kannst Du feststellen, welche dieser Erklärungen für Deine spezielle Déjà vu-Erfahrung zutreffend ist? Benutze Deine medialen Sinne, um festzustellen, was sich für Dich am zutreffendsten und angemessensten anfühlt. Welche macht am meisten Sinn? In neun von zehn Fällen wird Deine Interpretation richtig sein.

***32.** Ist es möglich alles mit dem Mind zu heilen?*

Ja und nein. Während Nervenverbindungen tatsächlich zu jedem Teil des Körpers hinführen, ist die Frage, ob "alles" durch Mind-Körper-Kontrolle geheilt werden kann, von anderen Faktoren abhängig. Zeit, Fähigkeit und Disziplin spielen gleich wichtige Rollen dabei. Eine frühzeitige Entdeckung einer Krankheit oder einer Fehlfunktion kann für die Effektivität von Selbstheilungsfähigkeiten entscheidend sein. Die Geschicklichkeit, mit der Du die autonomen Nervengeflechte anzapfst, und Dein Immunsystem stimulierst, ist ein weiterer bestimmender Faktor. Genauso auch Deine Bereitschaft, das, was Du weißt, zu praktizieren und anzuwenden. Du mußt für Dich selbst beurteilen, wie diese drei Faktoren auf Deinen speziellen Fall Anwendung finden. Es ist jedoch in keinem Fall angemessen Mind-Körper-Selbstheilung unter Ausschluß anderer

Formen der Medizin anzuwenden. Bringe alle Behandlungsmethoden zusammen zu einer ganzheitlichen Herangehensweise an das Problem.

Ob Du Mind-Körper-Kontrolle benutzt, um eine spezielle Fehlfunktion zu heilen, ist auch eine Frage der Prioritäten. Ist es die Zeit wert, die man dafür benötigen würde? Ob ich daran glaube, daß Du Heuschnupfen und Kurzsichtigkeit korrigieren kannst, indem Du Mind-Körper-Kontrolle benutzt? Ja, das glaube ich. Ist es in den meisten Fällen die Zeit wert? Nein, ist es nicht. Es ist viel einfacher eine Brille zu tragen und die Zeit für wichtigere Dinge zu benutzen, wie Deine Familie, Deine Arbeit, Deine spirituelle Suche nach Erleuchtung. Mache aus Deinem Gesundheitszustand keinen Gradmesser Deines Selbstwertes. Denke daran, daß Du eine Seele bist, die einen Körper hat. Du bist nicht der Körper. Lege Deinen Schwerpunkt auf die Gesundheit Deiner Seele und auf Ganzheit statt auf körperliche Perfektion. Es ist natürlich, daß der Körper mit zunehmenden Jahren physisch verfällt. Benutze Deine Selbstheilungsfähigkeiten, um die Auswirkungen des Alterns zu mildern, doch mache körperliche Perfektion nicht zum wesentlichen Standard, nach dem Du Dich selbst bemißt. Wenn Du es tust, fällst Du einer spirituellen Form der Eitelkeit zum Opfer und verfehlst den ganzen Punkt, eine Seele zu sein.

***33.** Gibt es irgendeine Gefahr dabei, sich in die autonomen Regelmechanismen der Körpers, wie z.B. Blutdruck und Puls, einzumischen?*

Überhaupt keine. Mentale Versuche, Gesundheit zu verbessern, haben bisher nur positive Ergebnisse hervorgebracht. Die automatischen Regelungssysteme des Körpers sind so tief und fest etabliert, daß keine Gefahr besteht, sie auf schädliche Weise zu verändern.

In vielerlei Hinsicht ist unser Körper eine evolutionäre Antiquität, die noch immer darauf eingestellt ist, uns vor Gefahren zu schützen, die garnicht mehr existieren. Unsere Vorfahren, die Höhlenmenschen brauchten die Adrenalinstöße, die durch den Kampf- oder Fluchtreflex ausgelöst wurden, wenn sie Raubtieren gegenüberstanden, die sie lebendig auffressen konnten. Die heutigen Bedrohungen und der Druck erfordern diese erhöhte körperliche Reaktion nicht mehr. Wenn überhaupt, dann sind gesteigerte Ruhe und klares Denken die Schlüssel zum Überleben und zum Erfolg. Unglücklicherweise hat sich unser Körper nicht so schnell verändert wie die Zeiten. Wenn der Mind Streßsignale aussendet, gibt es eine Überreaktion des Körpers. Was auch immer Du tun kannst, um diesen Streßreflex zu vermindern, kann nur dazu beitragen, körperlichen Verschleiß zu vermeiden.

***34**. Was kann ich tun, um die Gefahr zu vermeiden, beim Seelen-Sprung verloren zu gehen, d.h. nicht wieder in meinen Körper zurückkommen zu können?*

Diese Gefahr besteht nicht. Vielleicht erkennst Du es nicht, aber Du machst jeden Tag Seelen-Sprünge und Seelen-Wanderungen entweder in Tagträumen oder beim Schlafen. Multipliziere Dein Alter mit 365 und Du wirst etwa eine Idee davon haben, wie oft Du bereits einen Seelen-Sprung gemacht hast, ohne die geringste Schwierigkeit bei der Rückkehr.

Diese Frage kommt wahrscheinlich von Beschreibungen aus medialen Zeitschriften, in denen Menschen, die Astralprojektionen oder außerkörperliche Reisen durchführten, Probleme hatten, wieder in ihren Körper zurückzukehren. Diese Erfahrungen sind keine Erfindungen oder Übertreibungen, sie ereignen sich tatsächlich. Doch sind sie meist mehr ein Ergebnis von Panik statt von natürlich dazugehörender Gefahr. Jemand, der noch nie den kontrollierten Seelen-Sprung erlebt hat, oder außerkörperliche Reisen unternommen hat, könnte sehr wohl Angst bekommen oder spirituell erstarren. Diese Panik verhindert die natürliche Rückkehr der Seele in den Körper.

In Kapitel 8 hast Du den Prozeß kennengelernt, um den Seelen-Sprung abzuschließen (Du bringst Deinen Fokus wieder zurück in den Kopfbereich, fühlst einen Teil Deines Gesichtes, bewegst sanft einen Finger oder einen Fuß und öffnest Deine Augen, wenn Du Dich wohl fühlst). Das sind die Grundlagen für eine sichere Rückkehr. Was die Menschen betrifft, die Schwierigkeiten damit hatten, nach einer außerkörperlichen Erfahrung wieder in ihre Körper zurückzukehren, so endeten sie normalerweise auch so: die Person konnte endlich einen Finger bewegen oder mit einem Auge zwinkern. Wenn Du den Seelen-Sprung einige Male praktiziert hast, ist das Hinein- und Herausbewegen in einen erweiterten Seelenzustand für Dich nicht gefährlicher als von einem Stuhl aufzustehen, bzw. Dich hinzusetzen.

*35. Welcher mediale Sinn funktioniert bei außerkörperlichen Erfahrungen am besten?*

Das Reisen außerhalb des Körpers ist eine Erweiterung der Seelenfähigkeit das Bewußtsein zu verlagern. Die medialen Sinne haben damit gar nichts zu tun. Sie kommen nur ins Spiel, um Dir zu helfen zu navigieren und klarzukommen, wenn Du einmal draußen bist. Mit welchem medialen Sinn Du besser auf der Seelenebene wahrnehmen kannst, ist von Person zu Person verschieden, abhängig von Deinen medialen Stärken. Das wichtigste ist, den medialen Sinn zu benutzen, mit dem Du Dich am wohlsten fühlst, und zu erkennen, daß jeder seine eigenen Charakteristiken besitzt.

Wenn Du stärker medial fühlst, erwarte nicht, daß Du viele Bilder siehst, oder Du auf Deinen Körper herunterschauen kannst. Es ist für Dich realistischer Dich auf eine Gefühlsebene einzustimmen als tatsächlich zu sehen. Da Du häufig von einer anderen Dimension aus schauen wirst, wird sogar eine Person, deren Stärke das mediale Sehen ist, feststellen, daß die Bilder anders sind, als diejenigen, die er oder sie mit ihren physischen Augen sieht. Sei auf diesem Unterschied gefaßt, und gewöhne Dich an ihn.

*36. Gibt es irgendeine Grenze dafür, wie weit ich in meiner Erforschung der medialen Fähigkeit und des Seelenbewußtseins gehen kann?*

Die einzigen Grenzen werden die sein, die Du zuläßt. Deine

wahre Natur ist grenzenlos. Je mehr Du suchst, umso mehr wirst Du finden. In den fortgeschrittenen Free Soul Kursen und Arbeitsgruppen wirst Du entdecken, daß, je mehr Du lernst, umso mehr wirst Du neuen Methoden begegnen, um weiter zu forschen. Das letztendliche Ziel von Free Soul ist, Dir zu helfen, zu lernen, wie Du Dein eigener Lehrer sein kannst.

Der beste spirituelle Meister, um den Weg und die Suche Deines Lebens zu bestimmen, bist Du selbst. Niemand anders kennt Deine Bedürfnisse, Deine Vergangenheit und Deine Lebensziele besser als Du. Trachte danach, Deine eigene Wahrheit zu finden, und Du wirst lernen, nie ohne Antworten zu sein. Das Universum wird Dein Spielfeld werden. Du wirst die unbegrenzten Potentiale erreichen, die Dein Geburtsrecht als freie Seele sind.

# INDEX

Abhängigkeit, mediale 15
Aggressivität, mentale 128
Akademischer Bereich, Anwendung im 74
Akasha-Chroniken 295
Alpha-Gehirnwellen Aktivität
- Seelen-Sprung und 230-231
- Übersinnlicher Wahrnehmungsbereich der Intuition 72
- siehe auch Gehirn
Angst 40-41
- Aura und 290-291
- Außersinnliche Warnung 283
- Hellseher 152
- Kontrolle durch andere 282-283
- Mediale Fähigkeit 277-278
- siehe auch Gefahr
- siehe auch Streß
Spannung 40, 41
- siehe auch Streß
Arbeit
- Hellsehen und 87, 142-143
- Intuition und 87-89
Asimov, Isaac 208
Atmung
- Schlüssel zu Selbstentspannung 198-199
- siehe auch Selbstentspannung
- siehe auch Entspannungs Atemmuster
Augen
- siehe Sehen (physisches)
Aura
- Beschreibung der 165
- Farbe und 180-181, 290
- Hellseher und 28, 33, 36, 136
- Intuitive und 97-98
- Medial Fühlende und 45, 52
- Schutz/Sensibilität von 291-293
- Erste Erfahrung beim Sehen der 12-13
- Seelen-Verschmelzung und 293
- Sitz der Seele und 228-230
- Unterschiede beim Channeln 14-15
Aura Wahrnehmung 165-191
- Alltäglicher Gebrauch von 190-191
- Beispiel für die Vorteile der 166-167
- Dimensionen der 176-177
- Entwicklung der 171-172
- Farbinterpretation 180-182
- Gegensatz zu Nachbildern 172-173
- Hellhörende und 189-190
- Interviews und 184-185
- Intuitive und 187-188
- Medial Fühlende und 185-187
- Schritt für Schritt Anleitungen

zur 173-175
- Test zur Farbinterpretation 182-183
- Tips für 169-171
- Übungen zur 175-176, 289
- Unterschiedliche Wahrnehmung 289-290
- Warnsignale und 178-180
- Wissenschaft und 168-169
Ausbildung, übersinnliche 16-18
Außerkörperliche Erfahrung, siehe Seelen-Sprung
Außersinnliche Wahrnehmung
- Abschirmung unerwünschter Gefühle 283-284
- Alltägliche Anwendungen von 9-10
- Alltägliche Beispiele von 20
- Angst vor 277-278
- Beweis durch ein Experiment 26-27
- Déjà vu 295-296
- Erziehung von Kindern und 274-275
- Fehlschläge bei 279-280
- Geschlechtliche Unterschiede und 272-273
- Grenzen von 299-300
- GUS (früher Sowjetunion) und 281
- Hellsehen und 134
- Intuition 64, 76
- Kontrolle über andere 282-283
- Laborexperimente 271-272
- Mystifizierung von 10
- Persönliche Erfahrung mit 11-13
- Persönlichkeitstyp und 276-277
- Planung und 288-289
- Probleme der Definition 286-287
- Realität von 10
- Reichweite von 10-11
- Selbstwahrnehmung und 250-252
- Verkümmerung der Fähigkeiten 273-274
- Vertrauen in 278-279
- Warnungen und 283
- Weltfrieden und 268-269
- Wissenschaft und 23-26
- siehe auch übersinnliche Wahrnehmungsbereiche
- siehe auch Eintragungen unter Medial...
Autofahren 133, 140
Autonomes Nervensystem
- Atmung und 198-199
- Beschreibung von 206
- Biofeedback und 24-25
- Gefahr und 297-298
- Hindernisse bei der Kontrolle des 207-208
- Kontrolle der Pulsfrequenz und 210-212
- Solarplexus und 42
- siehe auch Gehirn
- siehe auch Nervensystem
- siehe auch Willkürliches Nervensystem
Bauch, siehe Solarplexus
Bauch-Gefühle 30
- siehe auch mediales Fühlen
- siehe auch übersinnlicher Wahr-

nehmungsbereich des
Fühlens
Benson, Herbert 196-197
Bewußtsein
- Seelenbewußtsein 226-227
- Superstring Theorie 227-228
Biofeedback
- Autonomes Nervensystem und 24-25
- Innere Belebung 218-220
- Kontrolle der Körpertemperatur und 196
- Körperfunktionen 204-206
- Seelen-Sprung 230-231
- Streßreduzierung 195-197
- Vorgeburtliche Kommunikation 256
- siehe auch Selbstheilung
Blutdruck
- Autonomes Nervensystem u. 42
- Entspannungs-Atemmuster und 203
- Gefahr und 297-298
- Selbstentspannung und 197-198
- Selbstheilung 197-198
Bluthochdruck, siehe Blutdruck
Brustkrebs 214-216
California Institute of
Technology 26
Cettina, Eddy 88-89
Chakra
- Solarplexus und 42
- übersinnlicher Wahrnehmungsbereich der Intuition 72
- übersinnliche Wahrnehmungsbereiche allgemein 280-281
Chemische Reaktionen
- Elektrizität 22
- Geschmack und Geruch 21
Corpus Callosum 31, 72
- siehe auch Gehirn
Cortex 22
- siehe auch Gehirn
Cortex, vorderer
- Träumen 136
- übersinnlicher Wahrnehmungsbereich des Sehens 136
- siehe auch Gehirn
Déjà vu 295-296
Denken, logisches 58
- siehe auch Kreativität
Depression 40-41
Drittes Auge
- Aurainterpretation 180
- Aurawahrnehmung 13, 169-170
- Hellsehen 33-34, 134
- Lage des 137-139
- Traditionell 135-136
Duke Universität 271
Duker, John 262-263
Dwyler, Suzanne 264
Einsichten 70, 98
Eitner, Gerry 269
Elektrizität 21-22
- Aura und 168
- Million-Volt Demonstration 222-223
- Nervensystem und 205
Elektromagnetische Vorgänge 168
Elektron 223
Emotion 42

Empfindungsfähigkeit, mediale
- Aura 292-293
- Direkte Erfahrung der 252-254
- Medial Fühlende 56-57
- Selbstwahrnehmung und 250-252
Endokrine Drüsen 42
Energie
- Funktionsweise der Sinne und 21
- Seele und 238
- Seelen-Verschmelzung 243-245
- Universum und 23
Entscheidungen
- Aurawahrnehmung 166-167, 169
- Hellseher 142-143, 159
- Intuitive 84
- Medial Fühlende 53-54
- siehe auch Problemlösen
Entspannungs-Atemmuster
- Erkennung des 199-202
- Körperwahrnehmungstechniken 208-210
- Kontrolle des Pulsschlags 210-212
- Seelen-Sprung und 239-240
- Selbstentspannung 198-199
- siehe auch Selbstheilung
Entspannungsreaktion
- Aurawahrnehmung 12-13
- Streß und 196-197
- Streßreduzierung und 195-197
Erscheinung
- siehe Kleidung
- siehe persönliche Erscheinung
Erster Eindruck
- Aurawahrnehmung 187
- Mediale Fühlende 49-50
ESP (Extrasensory perception) 10
- siehe Außersinnliche Wahrnehmung
Farbe
- Aura und 290-291
- Auradeutung und 180-181
- Aurawahrnehmung 176
- Hellseher und 148
- Nachbilder und 172-173
- Test zur Interpretation von Aurafarben 182-183
Felzer, William D. 218
Fernwahrnehmung 76-79
Finden von Objekten
- Hellhörende 125-126
- Kommunikation auf Seelenebene 254-255
Fliegen
- Außersinnliche Wahrnehmung und 30-31
- Intuitives 65-66
Flüssigkeitsausgleich 42
Flugzeuge, siehe Fliegen
Fokus und Fokussieren
- Aurawahrnehmung 169-170, 174
- Biofeedback 25
- Kontrolle des autonomen Nervensystems 208
- Mediale Sinne 20
- Seelen-Sprung 231-234
- Übersinnlicher Wahrnehmungsbereich des Hörens 108-109

- Übersinnlicher Wahrnehmungsbereich der Intuition 73-74
- übersinnlicher Wahrnehmungsbereich des Sehens 136, 139
- Zwei-stufiges Bewußtsein 259
Fokussierung an einer bestimmten Stelle 25
Frauen 272-273
Free Soul 17
Fühlen, Fähigkeit zu 19
Fühlen, mediales
- Aurawahrnehmung durch 36, 185-187
- Beziehungen zu Fühlenden 56-57
- Bilder und 288
- Entscheidungen 53-54
- Erfolgsgeheimnisse mit medial Fühlenden und 58-59
- Erste Eindrücke durch 52
- Gefährliche Situationen 52-53
- Gegensatz zu Hellsehern 158
- Hellhörende und 128
- Hellseher und 154
- Persönlichkeit von Fühlenden 37, 38, 40, 49-60, 87, 90, 92
- Stärken/Schwächen von Fühlenden 60
- Verunreinigung durch Schwingungen 40-41, 51-52
- Vorahnungen und 64
- Vorteile/Nachteile von 59
- Wahrnehmung der Umgebung durch 50-52
- Wohlgefühl und 55-56
- Zeitsinn und 57-58
Fühlende 35
- siehe auch Fühlen, mediales
- siehe auch übersinnlicher Wahrnehmungsbereich des Fühlens
Funktionsweise der medialen Sinne 21, 23
Ganzheitliche Behandlung 186-187
- siehe auch Selbstheilung
Gedächtnis
- Visuelle geistige Erinnerungen 149-150
- Wissenschaft und 22
Gedankenlesen 286-287
Gedankenprojektion 286-287
Gedankenübermittlung 286-287
Gefahr
- Medial Fühlende und 52-53
- Beeinflußung des autonomen Nervensystems 297-298
- Seelen-Sprung 298-299
- siehe auch Angst
Gegenwart
- Intuitive und 65-67
- siehe auch Zukunft und Vergangenheit
Gehirn
- Außersinnliche Wahrnehmung 22-23
- Elektrizität 21-22
- Erkennen von Namen 120-121
- Geheimnisse des 22-23, 224-226
- Kommunikation 11
- Nervensystem und 205

- Räumliche Beziehungen 26-27
- Seele und 226
- Seelen-Sprung und 230-231
- Studium des 16
- Träumen 136
- Übersinnlicher Wahrnehmungsbereich des Hörens 32, 108
- Übersinnlicher Wahrnehmungsbereich der Intuition 31, 72
- übersinnlicher Wahrnehmungsbereich des Sehens 135-136
- siehe auch Autonomes Nervensystem
- siehe auch Nervensystem
- siehe auch Willkürliches Nervensystem

Geisteszustand
- Aura und 177
- Auradeutung und 180-182

Geistiges Auge, siehe drittes Auge
Gelassenheit 143
Geruch
- Funktionsweise 21
- Selektives Fokussieren 19

Geschlechtliche Unterschiede 272-273
Geschmack
- Funktionsweise 21
- Selektives Fokussieren 19

Gesetz der Energieerhaltung 238
Gibbs, Elaine 171-172, 264
Großhirn 108
- siehe auch Gehirn

Habib, Ali 46
Händigkeit, rechts/links 26-27
Hände
- Gebrauch als abtastende Sensoren 48-49
- Selektives Fokussieren 19
- übersinnlicher Wahrnehmungsbereich des Fühlens 47

Harvard Medical School 196
Haus, die Wahl des
- Aurawahrnehmung 166-167
- Intuition 92-93

Haut 19
Heilen
- Aurawahrnehmung 190
- siehe auch Selbstheilung

Hellhörende 35
- siehe auch Hören, mediales
- siehe auch übersinnlicher Wahrnehmungsbereich des Hörens

Hellhören
- siehe Hören, mediales
- siehe übersinnlicher Wahrnehmungsbereich des Hörens

Hellseher 35
- siehe Sehen, mediales
- siehe übersinnlicher Wahrnehmungsbereich des Sehens

Hellsichtigkeit
- siehe Sehen, mediales
- siehe übersinnlicher Wahrnehmungsbereich des Sehens

Hellsichtiger Bildwahrnehmungsbereich
- siehe übersinnlicher Wahrnehmungsbereich des Sehens

Herz
- Biofeedback 25

- Kontrolle über 210-212
- siehe auch Puls
Hill, John 149-150
Hinterhauptslappen
- Sehen und 136
- siehe auch Gehirn
Hören
- Funktionsweise 21
- Selektives Fokussieren 19
Hören, mediales 102-132
- Auras von Hellhörenden 184
- Aurawahrnehmung durch 189-190
- Beispiel von 32, 102-103, 113-116
- Bilder und 288
- Gedankenprojektion 126-127
- Hellsehen und 154
- Hellseher im Gegensatz zu Hellhörenden 158
- Innerer Dialog 125-126, 285-286
- Kommunikation zwischen Minds und 286-287
- Kreatives Analysieren 111-112
- Lieder (Melodien) 123-125
- Mantra Wahl 117-118
- Meditation 118-119
- Namenhören 119-121
- Persönlichkeit des Hellhörenden 87, 89-90, 125, 128
- Selbstgespräche 285-286
- Skepsis und 104, 106-107, 285-286
- Stärken/Schwächen von 131-132
- Subtilere Formen des 286
- Übung zum 106-107
- Verstehen, Notwendigkeit des 105
- Vorahnungen und 64
- Vorteile/Nachteile von 110-112, 131
- Wahrnehmung der Umgebung 50
- Zwischen den Zeilen 121-123
- Zwischenmenschliche Beziehungen 130
Hypnose
- Geheimnis der 22-23, 224
- Möglichkeiten der 217
- Moralkodex und 282
Imagination 145-146
Immunsystem
- Innere Belebung 217-218
- Selbstheilung 296-297
Inneres Auge, siehe drittes Auge
Inneres Heilen, siehe Selbstheilung
Innere Belebungstechniken 218-220
Intuition
- Aurawahrnehmung 187-188
- Beispiel von 62-64
- Bilder und 288
- Persönlichkeit des Propheten 37-38, 86-99
- Falsche Botschaften 284-285
- Gedankenprojektion und 127
- Gegenwart und 65-67
- Gültige Vorahnungen 285
- Hellhörende 128
- Kommunikation zwischen Minds und 287

- Häufigkeit von 96
- Schwierige Menschen 82-83
- Stärken/Schwächen von 100-101
- Therapiebeispiel 80-82
- Vergangenheit und 67-70
- Vergleich zu medial Fühlenden 57
- Vorteile/Nachteile 100
- Wahrnehmung d. Umgebung 50
- Zukünftige Ereignisse 70-71
- Zukunftsplanung mit 83-85
- Zwischenmenschliche Beziehungen 79-80, 96-99
Intuitives Wissen 154
Johnston, Gail 263
Kalinovsky, Ilja 281
Kalinovsky, Zhanna 281
Kampf-oder-Flucht Reaktion 283, 297
Kinder, das Aufziehen von 274-275
- siehe auch Schwangerschaft
Kirlian Fotografie 168
Kleidung
- Aurawahrnehmung 172-173
- Intuition und 62, 67-69
- Mediales Fühlen und 55
Körperliches Sehen, siehe Sehen (physisches)
Körpersprache
- Auradeutung 182
- Aurawahrnehmung 165
- übersinnlicher Wahrnehmungsbereich des Fühlens 43
Körperwahrnehmungstechniken 208-210
Kommunikation
- Aurawahrnehmung 177
- Definitionen außersinnlicher Wahrnehmung 286-287
- Gehirn und 11
- Globale Auswirkungen von 268-270
- Nervenzellen 23-24
- Seelenebene 254-255, 262
- Seelensignal für Veränderung 266-268
- Vorgeburtliche 256-257
Kommunikation zwischen Materie 11
- siehe auch Superstring Theorie
Kontrolle der Körpertemperatur 193, 196, 217
Konzentration 207, 279-280
Krankenpflege 28-29
Kreativität
- Seele und 226, 235-236
- Solarplexus und 42
- Wissenschaft und 22
Krebs
- Kontrolle üb. T-Zellen 213-214
- Selbstheilung 214-216
Kroger, William S. 218
Leonard, Sue 39-40
Levtin, Jerome 24
Licht
- Hellseher 136, 160-161
- Seelenverschmelzung 243-245
- Sehen (physisches) 21
Lieder (Melodien), Hören von 123-125
Linkshändigkeit, siehe Händigkeit

Lucas, George 228
Männer 272-273
Maley, Scott 261
Mandell, Fran 41, 52
Manning, Emily 214-216
Mantra
- Hellhörende 117-118
- Meditation 118-119
- Selbstentspannung 198
Massachusetts Institute of Technology (MIT) 9, 16, 24, 27, 42, 74
Medial etwas überfliegen
- Intuitive 77-78, 83-84
- Traumdeutung 143-145
Mediale Abhängigkeit 15
Mediale Persönlichkeit
- Entdeckung der eigenen 37-38
- siehe auch Zwischenmenschliche Beziehungen
- siehe auch Persönlichkeit
Mediales Fühlen
- siehe Fühlen, mediales
- siehe übersinnlicher Wahrnehmungsbereich des Fühlens
Mediales Hören
- siehe Hören, mediales
- siehe übersinnlicher Wahrnehmungsbereich des Hörens
Mediales Sehen
- siehe Sehen, mediales
- siehe übersinnlicher Wahrnehmungsbereich des Sehens
Medien
- Erfahrung mit 12-13, 14-15, 27-28
- Lesungen 275-276
- übersinnlicher Marktplatz und 14-16
Meditation
- Aura und 293
- Fühlende 36
- Hellhörende 111, 112, 118-119
- Hellseher 135
- Intuitive 63, 97
- Kontrolle der Körpertemperatur 196
- Persönliches Entspannungs-Atemmuster 200
- Selbstentspannung 198
- Vorgeburtliche Kommunikation 256
- Weltfrieden 269
Metabolismus 42
Metall, Objekte aus 47
Metaphysik
- Akasha Chroniken 295
- Hellseher 135
- Intuition 72
- Solarplexus 42
Miller, Mimi 235-236
Mind
- Geheimnisse des 23
- siehe auch Gehirn
Mind-Körper Kontrolle
- Innere Belebungstechniken 218-220
- Physische Körperfunktionen 204-206
- siehe auch Selbstheilung
Möbel 55-56
Nachbilder (mediales Sehen) 172-173
Nase, siehe Geruch

Neal, Kathy 140-141, 150-151
Nervensystem
- Autonomes 24, 42, 198, 206
- Beschreibung des 297-208
- Elektrizität und 21-22
- Gehirn und 205-207
- Kontrolle über 204-206
- Mediale Wahrnehmung und 24-26
- Techniken zur Körperwahrnehmung 208-210
- siehe auch Autonomes Nervensystem
- siehe auch Gehirn
- siehe auch Willkürliches Nervensystem
Nervenzelle 24
Neutrino 168
Neyra, Luce 54-55
Nirvana 259-260
Nowak, Anna Marie 186-187
Östliche Metaphysik 42
- siehe auch Meditation
- siehe auch Yoga
Ohr, siehe Hören
Oldenburg, Don 263
Padilla, Terry 188
Paranormale Fähigkeiten 10
- siehe auch außersinnliche Wahrnehmungen
Partnerwahl 89-90
Penfield, Wilder 108
Pentagon (U.S.) 268-269
Peripheres Sehen 171
Persönliche Erscheinung
- Intuitive 68-69
- siehe auch Kleidung
Persönlichkeit
- Aurawahrnehmung 289-290
- Beziehungen zu medial Fühlenden 56-57
- Hellhörende 125, 128-130
- Hellseher 158-159, 160-162
- Intuitive 86-99
- Mediale Fähigkeit 276-277
- Medial Fühlende 40, 49-56
- siehe auch Zwischenmenschliche Beziehungen
Physik
- Neutrino 168
- Seele und 238
- Superstring 11, 227-228
- siehe auch Quantenphysik
- siehe auch Wissenschaft
Pierce, David 235
Privatsphäre 291-292
Problemlösungen
- Zwei-stufiges Bewußtsein 261
- siehe auch Entscheidungen
Projektion, siehe Gedankenprojektion
Propheten 35
- siehe auch Intuition
- siehe auch übersinnlicher Wahrnehmungsbereich der
Intuition
Prophezeiung 61
- falsche Botschaften 284
- Hellseher 152-153
- Intuitive 64-65, 70-71
- siehe auch Intuition
Psychometrie
- Hände als abtastende Sensoren 48-49

- übersinnlicher Wahrnehmungsbereich des Fühlens 47
Puls
- Autonomes Nervensystem 42
- Biofeedback 24-25
- Entspannungs-Atemmuster 201-202
- Gefahr und 297-298
- Kontrolle des 210-212
- siehe auch Herz
Quantenphysik
- Elektron und 223
- siehe auch Physik
- siehe auch Wissenschaft
- siehe auch Superstring Theorie
Räume, siehe Umgebung
Räumliche Beziehungen 26-27
Realität 224
Rechtshändigkeit, siehe Händigkeit
Relativitätstheorie 223
- siehe auch Physik
- siehe auch Quantenphysik
- siehe auch Superstring Theorie
Religion
- mediales Sehen und 135
- Seele und 226, 236
- Seelenverschmelzung und 244
Reiseziel, Wahl des 94-95
REM (rapid eye movement) Schlaf 136
Rhine, J.B. 271-272
Richards, Whitman 224-226
Russell, Ann Stacy 254-255
Rußland, siehe GUS
Salbs, Jesse 136
Scharlatane 15
Schläfenlappen (Gehirn) 32, 108
- siehe auch Gehirn
Schlaf 136, 195
- siehe auch Traum und Träumen
Schmerz
- Entspannungs-Atemmuster 203-204
- Hypnose und 217
Schwangerschaft
- Entspannungs-Atemmuster 203-204
- Vorgeburtliche Kommunikation 256-257
- siehe auch Kinder, Aufziehen von
Schwingungen
- Akasha Chroniken 295
- Aurafarbe 180
- Aurawahrnehmung 186
- Beständigkeit von 67
- Empfang von 22
- Hellseher 156
- Intuitive 67
- Lokales Fokussieren 25-26
- Mantra 117
- Medial Fühlende 39, 45, 57
- Seelensignal 266-268
- Übersinnliche 22
- Wahrnehmungen durch die Hände 47
Seele
- Definition von 226-227
- Existenz der 236-237
- Globale Effekte 268-270
- Grenzen der Erforschung 299-300
- Kommunikation über die 265

- Kommunikation auf der Ebene der 254-255
- Kreativität und 235-236
- Selbstheilung 250, 296-297
- Wahrnehmung als 250-254
- Sitz der 228-230
- Superstring Theorie 227-228
- Übermittlung von Signalen 266-268
- Unbegrenzte Natur der 238
- Vorgeburtliche Kommunikation 256-257
- Zusätzliche Dimensionen der 232-234
- Zwei-stufiges Bewußtsein 257-259

Seelenverschmelzung
- Anwendungsbereiche der 242-243
- Energie/Licht 243-245
- Identität und 293-295
- Mediale Sicherheitsüberprüfungen 241-243
- Universum 245-247
- Umgebung 239-240
- Verwundbarkeit und 293
- Zwei-stufiges Bewußtsein 259-260

Seelen-Sprung 229
- Alpha-Gehirnwellen und 230-231
- Direkte mediale Empfänglichkeit 252-254
- Erfahrung des 232-234
- Gefahr und 298-299
- Mediale Sinne und 299
- Problemlösungen und 261
- Tips beim 231-232

Sehen (physisches)
- Funktionsweise 21
- Nachbild 172-173
- Selektives Fokussieren 19

Sehen, mediales
- abstrakt/symbolisch 148
- Angst und 152-153
- Arten von Bildern 148-152
- Aurawahrnehmung 169-172
- Bedeutsamkeit der Symbole 147
- Beispiel für 133
- Bilder und 288
- Bildempfang und 155-157
- Clairvoyance 134-135
- Erkennen des 153-154
- Gegensatz zur Imagination 145-146
- Licht und 160-161
- Nutzen des 152-153
- Persönlichkeit und 37, 87, 90, 92-93, 158-162
- Physisches Sehen und 159-160
- Planung und 288-289
- Lage des Dritten Auges 137-139
- Schlüssel zur Traumdeutung 141-143
- Stärken/Schwächen 163-164
- Symboldeutung 287
- Träume als hellsichtige Erfahrung 140-141
- Traumdeutung 141-145
- Übung und 289
- Vergleich zu medial Fühlenden 57

- Visuelle geistige Erinnerungen 149-150
- Vorahnungen und 64, 151-152
- Vorteile/Nachteile 163
- Wörtlich zu nehmender visueller Eindruck 150-152
Selbstentspannung 197
- Befreiung von Bluthochdruck 197-198
- Entspannungs-Atemmuster 199-200
- Kontrolle des autonomen Nervensystems 207-208
- Schlüssel zur 198-199
- siehe auch Entspannungs Atemmuster
Selbstheilung
- Befreiung von Bluthochdruck 197-198
- Beispiel für 192-195, 216-217
- Entspannungs-Atemmuster 199-202
- Fortgeschrittene Methoden 192-221
- Grenzen der 296-297
- Hindernisse bei der 207-208
- Innere Belebungstechniken 218-220
- Körperfunktionen 204-206
- Kontrolle über das Herz 210-212
- Krebs 213-216
- Nervensystem und 206-207
- Gefahrensituationen 203-204
- Schlüssel zur Selbstentspannung 198-199
- Techniken zur Körperwahrnehmung 208-210
- Vermeidung des Streßreflexes 195-197
- Verwirklichung des vollen Potentials der 220-221
- Visualisation und 218-220
- Wissenschaft und 213-214
Selektives Fokussieren
- Beispiel für 19
- Mediale Sinne 20
- Sinne und 19-20
- siehe auch Fokus und Fokussieren
Siegel, Bernie S. 213-214
Sinne
- Selektives Fokussieren 19-20
- Studium der 16
- Übersinnliche Schwingung 22
- siehe auch Sinne, mediale
Sinne, körperliche 278-279
Sinne, mediale
- Brennpunkte 20
- Funktionsweise 21, 23
- Selektives Fokussieren 19-20
Shiple, Marlene 31-32
Solarplexus
- Gefahrensituationen 52-53
- übersinnlicher Wahrnehmungsbereich des Fühlens 30-31, 41-43
- Hand und 47
- Mediale Warnung und 283
Sorgen 85-86
- siehe auch Streß
Sowjetunion
- siehe GUS
Spain, Marybeth 110-111

Spiritualität 223, 227
Standford Forschungsinstitut 271
Stanley, Marianne 90-92
Stimmung, siehe Geisteszustand
Stirnbereich
- Platz des dritten Auges 137-139
- Übersinnlicher Wahrnehmungsbereich des Sehens 135-139
Streß
- Atmung und 198-199
- Entspannungs-Atemmuster 203-204
- Entspannungsreaktion und 197
- Selbstheilung und 193
- Vermeidung von 195-197
Superstring Theorie
- Beschreibung 227-228
- Kommunikation zwischen Materie 11
- Seele und 236
- siehe auch Quantenphysik
Swersky, Carol 189-190
Symbole
- Aurafarbe 180-182
- Hellseher und 147-149, 287
- Traumdeutung 141-145
T-Zellen 213
Tachyonen 23
Tagträume und Tagträumen
- Aura und 177
- Hellseher und 135, 159
- Interpretation von 144
- Seelen-Sprung und 298
Telepathie 120, 286-287
Tests
- Aura Farbinterpretationsfähigkeiten 182-183
- Außersinnliche Wahrnehmung 271-272
- GUS (Sowjetunion) und 281
- Übersinnlicher Wahrnehmungsbereich des Fühlens 42-43
Therapie
- Aurawahrnehmung 186-187, 188
- Hellsichtigkeit 152
- Eigentherapie durch Hellhören 111-112
- Krisenberatung 122-123
- Beispiel mit Intuition 76-78
Tod
- Aura und 290
- Vorahnungen vom 151-152
Träume und Träumen
- Deutungsschlüssel für 141-145
- Hellseher und 136, 140-141
- REM während 136
- Selbstinterpretation von 143-145
- Seelen-Sprung und 298
- Wissenschaft und 22
Trauernde, Beratung von 278
Tumo Yoga 196
- siehe auch Yoga
Übersinnliche Schwingungen 22
- siehe auch Schwingungen
Übersinnliche Wahrnehmungsbereiche (allgemein) 19-23
- Chakras und 280-281
- Entdeckung der 25-26
- Intuition und 27-28

- Mediale Persönlichk. u. 37-38
- Möglichkeiten 20-21
- Seelen-Sprung und 252-254, 299
- Spezialisierung auf eigene Stärken 34-37
- Testen der 26-29
- Überblick über 30-34
- siehe auch übersinnlicher Wahrnehmungsbereich des Fühlens, des Hörens, der Intuition, des Sehens
Übersinnlicher Wahrnehmungsbereich des Fühlens 39-60
- Auswertung der Empfindungen im 43-44
- Hände (Psychometrie) 47
- Hände als Sensoren 48-49
- Krankenpflege und 28-29
- Lage des 41-43
- Schutz vor unerwünschten Gefühlen 283-284
- Subtile Eindrücke 46
- Testen des 42-43
- Überblick über 30-31
- Wahrnehmung von Menschen durch 45-46
- Zugang zu 43-44
Übersinnlicher Wahrnehmungsbereich des Hörens 108-110
- Anzapfen des 109
- Lage des 108
- Beispiel 29, 117-118, 125-126
- Überblick über 32
- Zugang zu 109-110
Übersinnlicher Wahrnehmungsbereich der Intuition 27-28, 61-101
- Anzapfen des 73-75
- Lage des 72-74
- Überblick über 31
- Wahrnehmungen über Entfernungen hinweg 76-79
Übersinnlicher Wahrnehmungsbereich des Sehens
- Anzapfen des 136, 154-156
- Aurawahrnehmung 28, 169-172, 174, 176
- Hellsichtiger Bildempfang 33-34
- Lage des 135-139
- Überblick über 32-33
- Wahrnehmen der Umgebung 50
Umgebung
- Von medial Fühlenden 50-52, 57
- Seelen-Verschmelzung 239-240
- Unerwünschte Gefühle 283-284
Unbewußter Mind 42
Universität von Chicago 10
Universum
- Energie und 23
- Seelenverschmelzung mit 245-247
- Zwei-stufiges Bewußtsein 259
Unwillkürliches Nervensystem
- siehe Autonomes Nervensystem
- siehe Gehirn
- siehe Nervensystem
- siehe Willkürliches Nervensystem
Vergangenheit
- Hellseher 147
- Intuitive 67-70
- Visuelle geistige Erinnerungen 149-150

Verkaufen 262-264
Verletzlichkeit 293
Verschmelzung mit dem Universum 245-247, 293-294
Verstehen
- Aurawahrnehmung 189
- Hellhörende 105
Verunreinigungen durch Schwingungen 40-41, 283-284
Visualisationsübungen 146, 218-220
Visuelles Gedächtnis 149-150
Vorahnungen
- falsche 284
- Gültigkeit von 285
- Hellseher 133, 151-152
- Intuitive 64
- siehe auch Zukunft
Vorgeburtliche Kommunikation 256-257
Vorherwissen 64
- siehe auch Vorahnungen
Wahrheit 224
Wahrnehmungsbereiche siehe übersinnliche Wahrnehmungsbereiche
Wells, H.G. 249
West, Barb 266-268
Willkürliches Nervensystem
- Beschreibung 206
- Kontrolle des 207
- siehe auch Auton. Nervensystem
- siehe auch Gehirn
- siehe auch Nervensystem
Wissenschaft
- Aurawahrnehmung und 165-166
- Außersinnliche Wahrnehmung 23-27
- Grenzen der 22-23
- Seele und 238
- Selbstheilung 213-214
- Spiritualität und 223, 227-228
- Träume 140
- Wahrheit und 224
- siehe auch Gehirn
- siehe auch Physik
- siehe auch Quantenphysik
Wörtlich zu nehmender visueller Eindruck 150-152
Wohlgefühl 53, 55
Yale University Medical School 213
Yoga
- Atmung 199
- GUS (Sowjetunion) 281
- Kontrolle der Körpertemperatur 196
- Macht des 217-218
- physische Körperfunktionen 205
Zehn Dimensionen
- Superstring Theorie und 11, 227-228
- Wissenschaft und 23
Zeit/Raum 23, 223
Zeitsinn 57-58
- siehe auch Zukunft, Gegenwart, Vergangenheit
Zentraler Spalt (Gehirn) 72
Zirbeldrüse 135-136
Zugang
- Übersinnlicher Wahrnehmungsbereich des Fühlens 43-44

- Übersinnlicher Wahrnehmungsbereich des Hörens 108-110
- Übersinnlicher Wahrnehmungsbereich der Intuition 73-74
- Übersinnlicher Wahrnehmungsbereich des Sehens 137-139, 155-156
Zukunft
- Hellseher 157
- Intuitive 70-71, 83-85
- Planung und 288-289
- Vorausahnung 152-153
- siehe auch Vorahnungen
Zunge, siehe Geschmack
Zwei-stufiges Bewußtsein
- Anwendung beim Verkaufen 227-228
- Beschreibung 257
- Erreichen des 257-259
- Liebe für die Erde 264
- Nirwana und 259-260
- Problem-Lösungen und 261
Zwischenmenschliche Beziehungen
- Aurawahrnehmung 176-180
- Hellhörende 128-130
- Hellseher 160-162
- Intuition 79-80, 82-83, 96-99
- siehe auch Persönlichkeit

# *Adressen*

Free Soul verfügt mittlerweile über Hunderte von Lehrerinnen und Lehrern, die überall in den Vereinigten Staaten Kurse durchführen. Natürlich gibt es auch Tonbandkassetten mit Kursmaterial und dazu die geeigneten Lehrbücher. Interessenten mögen sich bitte an die folgende Adresse wenden:

Free Soul, P.O.BOX 1762, Sedona, AZ. 86339, U.S.A.

Demian zur Strassen

## Amaridiane – Energiebahnen der Liebe

**Ein neuer Weg zur Stärkung unserer Liebesfähigkeit**

Kaum jemand kommt uns so nahe wie ein Liebespartner, kaum jemand löst so starke Gefühle aus.
Dieses Buch zeigt, wie wir in Krisenzeiten aus dem Wirrwar der Gefühle herausfinden, innere Stärke und Kraft entwickeln können.
Das Geheimnis: Im Einklang mit den sechs Amaridianen leben.
Amaridiane sind Energiebahnen, in denen Liebe zwischen zwei Menschen fließt.
Wenn wir die sechs Amaridiane bewußt erleben und gezielt stärken, öffnen wir uns auf den verschiedenen Ebenen der Beziehung für das Fließen der Liebe und gestalten kreativ das gemeinsame Wachsen.

ca. 224 Seiten, ISBN 3-89385-170-4
ca. DM 24,80, SFr 23,00, ÖS 181,00

Petra Schneider · Gerhard K. Pieroth

## LichtWesen Meisteressenzen

**Ein Weg zur Meisterschaft im Leben · Eine systematische Einführung in die Energie der Aufgestiegenen Meister**

Was hindert uns eigentlich, so zu leben wie wir wollen? Warum geraten wir immer wieder in Schwierigkeiten, unangenehme Verhaltensmuster und Krankheiten?
Die LichtWesen Meisteressenzen enthalten die Energieschwingung „Aufgestiegener Meister“ und wirken auf mentaler, emotionaler, physischer und spiritueller Ebene und lösen Blockaden. Dadurch erhalten wir Mut zum Handeln, Vertrauen, Freude, können unsere Wahrheit erkennen und leben, das Leben genießen und Liebe erfahren.
So entfalten wir uns immer mehr, leben unser Potential und führen ein erfolgreiches Leben.

280 Seiten, DM 29,80, SFr 27,50
ÖS 218,00  ISBN 3-89385-189-5

René van Osten

## Das große I Ging Lebensbuch

**Handlungsanweisungen für alle Fragen und Bereiche des Lebens · Mit dem dreistufigen I-Ging-Karten-Set**

Die Zukunft ist nicht unabwendbar, sie entspringt früheren Taten, formt sich im Denken und Handeln des Hier und Jetzt und manifestiert das, was zukünftig sein wird.
Einzigartig ist die umfassende Interpretation der klaren Handlungsanweisungen: die Bedeutung der Linien. Nirgendwo sind sie bisher lebensnaher und sicherlich nicht ausführlicher beschrieben: allgemein, psychologisch, typologisch und auf die Chakraebenen bezogen.
24 Karten zeigen die universale Symbolik der Trigramme. Element- und Farbzuordnungen machen das I Ging leichter denn je begreiflich.

432 Seiten + 25 I-Ging-Karten in Buchbox, DM 49,80, SFr 46,00 ÖS 364,00 ISBN 3-89385-174-7

Evelyn Thomsen

## Die spirituelle Wellnesskur

**Das Geheimnis innerer und äußerer Schönheit und Vitalität mit Edelsteinen, Edelsteinkosmetik, Farbtherapie, Farbfrischkost und Farbdrinks**

Wenn Sie sich wohlfühlen, fit sein und eine gesunde Haut haben möchten, dann ist dieses Buch genau das richtige für Sie.
Hier erfahren Sie, wie sich Edelsteine, Edelsteinkosmetik und die farblich entsprechende Frischkost ergänzen und wie sie zum Wohlbefinden des Menschen in seiner Ganzheit beitragen. Durch die feinstofflichen Edelsteinenergien und die gezielte Versorgung des Körpers mit den Vitalstoffen und Farbschwingungen bestimmter Früchte und Gemüse tritt ein umfassender Reinigungs- und Transformationsprozeß ein, was sich nicht zuletzt am „Spiegel“ Haut ablesen läßt.

128 Seiten, DM 19,80, SFr 19,00 ÖS 145,00 ISBN 3-89385-179-8